铁路专业系列教材

铁路接触网

中国国家铁路集团有限公司工电部　主编

中国铁道出版社有限公司

2025 年·北 京

内容简介

为加强铁路专业技术和技能人才队伍建设，增强铁路职业教育和技术业务培训的系统性、针对性，中国国家铁路集团有限公司组织编写了铁路专业系列教材。

《铁路接触网》为铁路专业系列教材之一，全书包含电气化铁路概述，接触网维修基础知识，接触网的组成和结构，接触网的运行管理，接触网设备运行维修，常用接触网实作培训，接触网安全管理，接触网作业车安全管理，接触网施工与新线建设提前介入，接触网事故案例，职工队伍建设等内容。

本书既可作为高等职业学校铁道类相关专业基本教材，又可作为普通高等学校铁路专业入门教材，同时也可作为铁路企业管理人员、专业技术人员、技能人员岗位培训和业务学习参考用书。

图书在版编目(CIP)数据

铁路接触网/中国国家铁路集团有限公司工电部主编. —北京：中国铁道出版社有限公司，2022. 8(2025. 11 重印)

铁路专业系列教材

ISBN 978-7-113-29187-7

Ⅰ. ①铁… Ⅱ. ①中… Ⅲ. ①高速铁路-接触网-教材 Ⅳ. ①U238②U225

中国版本图书馆 CIP 数据核字(2022)第 095800 号

书　　名：**铁路接触网**
作　　者：中国国家铁路集团有限公司工电部

责任编辑：田　甜　　**编辑助理**：朱培杰　　**编辑部电话**：(010)51873116
封面设计：崔丽芳
责任校对：孙　玫
责任印制：高春晓

出版发行：中国铁道出版社有限公司(100054，北京市西城区右安门西街 8 号)
网　　址：https://www.tdpress.com
印　　刷：北京联兴盛业印刷股份有限公司
版　　次：2022 年 8 月第 1 版　2025 年 11 月第 8 次印刷
开　　本：787 mm×1 092 mm 1/16　**印张**：17.75　**字数**：395 千
书　　号：ISBN 978-7-113-29187-7
定　　价：53.00 元

前言

为加强铁路专业技术和技能人才队伍建设，增强铁路职业教育和技术业务培训的系统性、针对性，在全国铁道职业教育教学指导委员会指导下，中国国家铁路集团有限公司组织编写了铁路专业系列教材。

近年来，随着我国铁路事业的快速发展，铁路技术装备加快升级，铁路生产组织、作业方式、作业规章发生了较大变化，对铁路专业技术及技能人才的知识结构、技能结构提出了更高要求。从对院校铁路专业教学调研的情况看，部分院校专业教材存在知识老化、与现场岗位技能要求脱节的问题，影响了铁路技能人才培养质量。中国国家铁路集团有限公司组织编写本套教材，旨在引导院校加强铁路主专业建设，将铁路企业现场新技术、新规章、新技能融入专业教材中，指导院校完善课程体系，改进专业教学，提高铁路人才队伍源头培养质量。

本套教材由中国国家铁路集团有限公司各业务部门组织铁路企业专业技术人员及院校专家共同编写，历时一年完成。在教材编写过程中，广泛征求了铁路企业和院校专家意见，并经多次修改完善。整套教材紧扣铁路现代化发展，系统梳理了近年来我国铁路发展特别是高速铁路发展理论和实践经验，全面概括了铁路各专业学科的基本内容、基本要求，是我国铁路专业教材建设的重要成果。本教材有以下主要特点：

第一，系统性。系列教材涵盖铁路主要行车工种对应的行车、客运、货运、机务、车辆、动车组、工务、信号、通信、供电等各专业，编写思路清晰，结构科学严谨。通用教材与专业教材承接紧密，各专业教材之间协调互补，构建了全面、系统的铁路专业知识体系，反映了铁路专业学科特色和基本要求。

第二，权威性。坚持专业领航、产教融合、校企合作，组建“企业（技术管理、运营维护、科学研究、生产制造）+院校”的编写团队，由中国国家铁路集团有限公司各业务部门牵头把关，组织来自铁路局集团公司、铁科院集团公司、高等学校、高职院校以及生产制造企业的数百名专业人士，潜心撰写，深入研讨，既有理论阐释，又有现场作业演示，全方位、多视角呈现了铁路专业学科知识。

第三，实用性。坚持学以致用，注重对最新规章标准文件的运用和解读，针对铁路现场岗位技能要求，确保教材内容与铁路运输岗位标准相契合，突出铁路职工岗位必知必会内容。本套教材减少大篇幅的理论推导和施工报告式的工艺流程堆砌，避免晦涩难懂的专业术语和理论运算，体现实用性和可读性相互兼顾。根据普通高校、职业院校和铁路职工岗位专业学习的特点，系列教材既有一般教材的共性，又有铁路专业学科的知识体系、逻辑结构和体例风格，特别是结合现场工作要求，突出岗位技能，使广大师生和铁路从业人员学得懂、用得上。

第四，融合性。坚持融合出版，本套教材收入了大量的现场设备及现场作业实景图片，图文并茂，生动易懂。在编写和出版过程中，积极运用“互联网+职业教育”的思维方法，推动传统教学理论变革，打造立体化新型教材，推进学术性与知识性结合。同时，充分运用现代信息技术，融合电子图书、课程视频、知识库等多种数字资源，进一步丰富教材内容，通过手机浏览器扫描二维码，下载安装教材 App，获得电子教材与规章标准数据联通共享，知识内容检索等增值服务，便于读者深入学习和拓展阅读。

本套教材既可作为高等职业学校铁道类专业基本教材，又可作为普通高等学校铁路专业入门教材，同时也可作为铁路企业管理人员、专业技术人员、技能人员岗位培训和业务学习参考用书。

本书为《铁路接触网》，包含电气化铁路概述，接触网维修基础知识，接触网的组成和结构，接触网的运行管理，接触网设备运行维修，常用接触网实作培训，接触网安全管理，接触网作业车安全管理，接触网施工与新线建设提前介入，接触网事故案例，职工队伍建设等内容。

本书由中国国家铁路集团有限公司工电部主编。参加编写人员有：中国国家铁路集团有限公司工电部刘玉辉，郑州局集团公司张宝奇，北京局集团公司宋新江（第一章）；武汉局集团公司方卫健，中国国家铁路集团有限公司工电部乔凯庆(第二章);西安局集团公司余颢,乌鲁木齐局集团公司高金山(第三章);郑州局集团公司张宝奇、周宗纪、王亮(第四章);武汉局集团公司方卫健,中国国家铁路集团有限公司工电部裴海滨、乔凯庆(第五章);郑州局集团公司周宗纪、陈海波、拜虎啸(第六章);成都局集团公司李军,郑州局集团公司王亚鹏、陈曦(第七章);北京局集团公司刘国庆,中国国家铁路集团公司乔凯庆(第八章);郑州局集团公司周宗纪、侯耀斌、董仁信(第九章);中国国家铁路集团有限公司调度中心张宁,郑州局集团公司张宝奇(第十章);郑州局集团公司韩保全,武汉高铁训练段胡志刚,郑州铁路职业技术学院吉鹏霄(第十一章)。另外,南宁局集团公司雷阳成,西安局集团公司李军,兰州局集团公司喻红军,呼和浩特局集团公司亢佳增,济南局集团公司陈志朋,沈阳局集团公司贾冰也参与编写工作。审定人员有:中国国家铁路集团有限公司韦友春、郭小青、安拓,成都局集团公司张华,北京局集团公司韩东钊、张锐。

本书在编写过程中得到了武汉高速铁路职业技能训练段和郑州铁路职业技术学院的大力支持,在此一并表示感谢。

由于编者水平有限,书中难免有遗漏和不妥之处,诚请读者批评指正。

编 者

2022 年 7 月

目录

第一章

电气化铁路概述

学习任务

电气化铁路是铁路现代化的标志，是铁路运输电力牵引能量之源。接触网是特殊的供电线路，是牵引供电系统最重要的组成部分之一。电力系统的电能通过牵引变电所和接触网，为电力机车和动车组列车供电，牵引列车运行。SCADA 系统实现了牵引供电调度管理自动化。组成电气化铁路的各个部分既相互独立又相互联系，为接触网安全不间断供电提供保证。

本章主要介绍中国电气化铁路的发展历程和接触网零部件的发展，电气化铁路的组成，电流制式和额定电压，电力机车和动车组，牵引变电所以及 SCADA 系统。

通过学习，了解中国电气化铁路发展历程，掌握电气化铁路组成的基本知识以及与接触网设备相关的电力机车和动车组、牵引变电所和 SCADA 系统的基本知识。

第一节　中国电气化铁路发展简介

一、中国电气化铁路发展历程

中国电气化铁路发展历程可以分为六个阶段。

（一）第一条电气化铁路的诞生（1958—1961）

中国第一条电气化铁路在宝成线宝鸡至凤州段修建，全长 91 km。起初按照直流 3 000 V 设计。经过 1957 年 8 月论证对比后，决定改用工频单相 25 kV 交流制。接触网在区间采用半补偿弹性链型悬挂，在车站采用半补偿简单链型悬挂，机务段采用简单悬挂。宝凤段电气化铁路于 1961 年 8 月 15 日正式交付运营。

（二）困难时期的电气化铁路建设（1961—1968）

20 世纪 60 年代初，国民经济遇到严重困难，国家压缩基本建设投资。1961 年已施工近 2 年的包头至白云鄂博电气化铁路工程也停止了建设步伐。我国铁路电气化建设进入了困难时期。

(三)恢复调整时期的电气化铁路建设(1968—1980)

这一时期主要围绕一度停建的宝成线,穿越秦巴山区的阳安线,晋煤外运的石太线和襄渝线、宝兰线等山区铁路干线展开电气化工程建设,探索并总结出了一套比较完整的建设电气化铁路的经验。

(四)改革发展时期的电气化铁路建设(1981—1996)

这一时期,我国电气化铁路建设速度进一步加快。特别是20世纪80年代以后,制定了利用外资引进国外先进技术,加快电气化铁路建设的开放政策,使我国电气化铁路建设有了蓬勃的发展,电气化铁路开始由山区走向平原。"六五"规划期间,修建电气化铁路2 507.6 km,比过去20年修建的总和还多。以前平均每年修建电气化铁路不足100 km,"八五"规划期间每年修建电气化铁路已超过500 km。1985年,京秦线首次采用外资引进了自耦变压器供电技术及其成套设备,标志着我国电气化铁路装备向世界先进水平迈进。1992年12月21日,大秦铁路开通运营,此后单元列车载重由6 000 t提升至万吨级。

(五)快速发展时期的电气化铁路建设(1997—2007)

这一时期,我国电气化铁路建设得到快速发展。到2007年底,电气化铁路里程达到2.55万km。1997年4月1日至2007年4月18日,中国铁路进行了六次大提速。列车最高运营时速由120 km以下依次提速至时速140 km、160 km,2007年4月18日,实施了第六次大提速,京哈、京广、京沪、陇海等既有干线提速到200 km/h,部分区段达到了250 km/h,"和谐号"高速动车组穿行于大江南北,标志着中国铁路既有线提速水平跻身世界先进行列。2002年12月1日,秦沈客运专线正式开通运营,"中华之星"动车组列车最高试验速度达到321.5 km/h,成为高速铁路建设的序曲。

(六)高速铁路电气化建设快速发展时期(2008至今)

这一时期,我国高速铁路建设得到快速发展。2008年8月1日,京津城际铁路开通运营,设计时速达到了350 km,成为世界铁路运营速度之最。2011年6月30日,京沪高速铁路开通运营,在先导段创造了时速486.1 km的中国运营列车试验最高速度记录。到2021年底,中国电气化铁路营业里程突破10万km,高速铁路营业里程超过4万km,均居世界第一。

二、电气化铁路工程智能建造

电力牵引供电及电力工程智能建造是将BIM、GIS、数字孪生、可视化、人工智能、5G通信、预制化等技术与工程建造技术相融合,实现铁路电力牵引供电及电力工程施工过程的精细化和智能化的建造技术。

2019年12月30日,北京—张家口高速铁路开通,这是中国第一条采用自主研发的北斗卫星导航系统,时速为350 km的智能化高速铁路。2020年12月27日,设计时速为350 km的京雄城际铁路大兴机场至雄安新区段开通运营。在这两条高速铁路建设中,接触网施工智能建造技术广泛应用,标志着中国电气化铁路工程施工技术达到世界领先水平。

中国电气化铁路工程智能建造技术部分成果如图1-1至图1-3所示。

图 1-1 高速铁路接触网腕臂自动化装配平台

图 1-2 腕臂安装施工装备

图 1-3 智能隧道壁打孔设备

三、接触网零部件发展简介

20 世纪 80 年代前，在接受苏联电气化铁路接触网设计理念与技术的基础上，我国接触网零部件设计与制造体系得以建立。大部分零件材质采用可锻铸铁。1989 年，首次实施接触网零部件行业标准。1992 年，对主要受力零件材质、工艺及结构进行改进。1999 年，引进德国接触网技术，腕臂定位装置采用铝合金，标志着我国接触网有色金属零部件开始使用。制造工艺由铸造变成铸、锻、焊并举。21 世纪初，高速铁路大规模建设之后，接触网零部件技术水平基本与国际同步。

2018 年以来，针对高速铁路接触网零部件结构复杂、连接件多、紧固件多、易存在铸造缺陷、定位空间安全裕度小等问题，中国电气化铁路开展了接触网零部件简统化技术探索。以《高速铁路简统化接触网装备暂行技术条件》(TJ/GD 026—2018)发布为标志，中国高速铁路接触网零部件制造技术达到了新的水平。简统化接触网装备结构简约，采用组合式零件，零部件制造采用锻造工艺。具有紧固件少、工艺稳定、定位空间安全裕度大的优点。

部分接触网零部件简统化前后对比如图 1-4 至图 1-6 所示。

按照《铁路技术管理规程》要求，目前我国接触网重要零部件执行行政许可和产品认证等铁路产品准入制度。

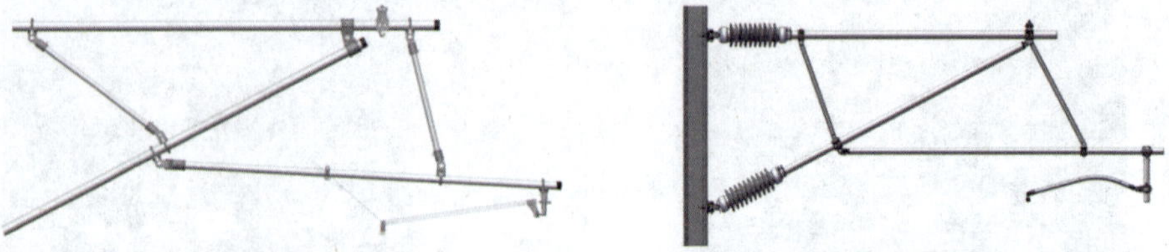

(a)原结构　　(b)新型结构

图 1-4　接触网支撑定位装置

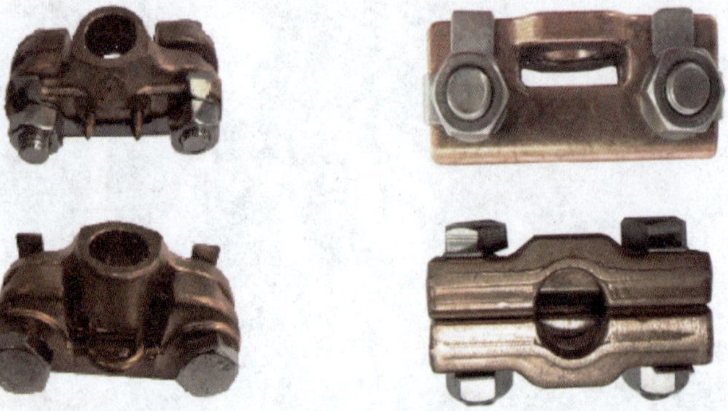

(a)原结构　　(b)新型结构

图 1-5　定位线夹

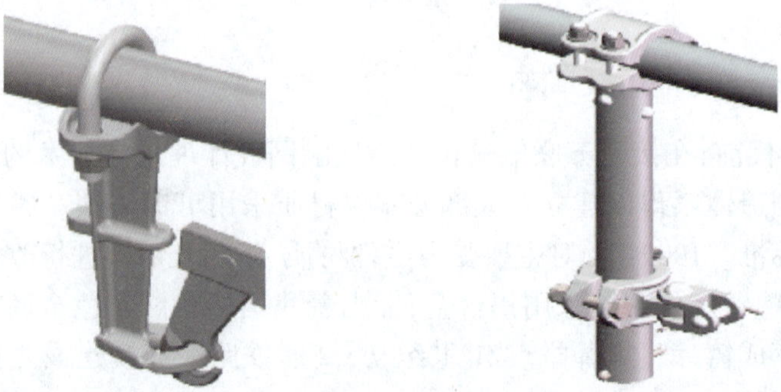

(a)原结构　　(b)新型结构

图 1-6　定位立柱

第二节　电气化铁路的组成

电气化铁路由电力机车(除特指动车组外均含动车组,下同)和牵引供电设备两大部分组成。牵引供电设备主要包括接触网和牵引变电所两部分。牵引变电所将电力系统输电线路的电压从 110 kV(或 220 kV、330 kV)降到 27.5 kV,经馈电线将电能送至接触网;电力机车通过受电弓从沿铁路上空架设的接触网取得电能牵引列车。

牵引变电所由两路独立可靠的电源供电,两路电源互为备用。普速铁路牵引变电所进线电源电压一般为 110 kV,高速铁路则普遍为 220 kV 及以上。高速铁路牵引变电所由两路 220 kV 或 330 kV 电源供电的主要优点是保证牵引供电系统较高的供电质量和电压水平,且降低了电气化铁路对电力系统的负序和谐波影响。

牵引变电所和接触网组成牵引供电系统。牵引变电所至分区所之间的接触网(含馈电线)称为供电臂。

牵引供电回路是由牵引变电所—馈电线—接触网—电力机车—钢轨—回流连接—(牵引变电所)接地网组成的闭合回路,其回路电流称牵引电流。通常将接触网、馈电线、钢轨回路(包括大地)和回流线统称为牵引网。

直接供电方式的电气化铁路供电系统示意如图 1-7 所示。

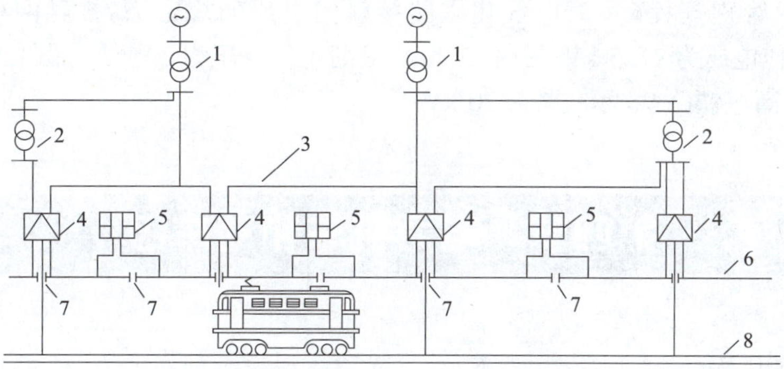

图 1-7　电气化铁路供电系统示意

1—发电厂;2—电力系统区域变电所;3—电力系统供电线;4—牵引变电所;5—分区所;6—接触网;7—电分相装置;8—轨道

第三节　电流制式和额定电压

电气化铁路根据接触网上的电压和电流性质,分为不同的电流制式和额定电压。

一、电流制式

电流制式主要有直流制、低频单相交流制、工频单相交流制三种。

(一)直 流 制

直流制是电力牵引早期采用的电流制式。优点是电力机车结构简单;缺点是要求牵引变电所内设置整流装置,将交流电变成直流电向电力机车供电。直流接触网一般只有 600 ~ 3 000 V,目前国内只在厂矿企业内部、城市电车和城市轨道交通中采用。国外在早期电气化铁路干线较多采用。

(二)低频单相交流制

低频单相交流制主要是指 15 kV、16. 7 Hz 电流制式。1912 年由德国首先采用,奥地利、瑞士、挪威和瑞典也陆续采用。这种牵引电流制式的电气化铁路是专用电网,接触网不设置电分相装置。

(三)工频单相交流制

工频单相交流制主要是指 25 kV、50 Hz 电流制式,目前在世界电气化铁路较多采用。我国电气化铁路均为该制式。

二、接触网电压

接触网和电力机车受电弓之间的电压是一种波动电压,电压大小与电力机车和牵引变电所的距离有关。

《铁路技术管理规程》[1] 对电气化铁路接触网电压的规定为:接触网标称电压值为 25 kV,最高工作电压为 27. 5 kV,短时(5 min)最高工作电压为 29 kV。最低工作电压,普速铁路为 19 kV,高速铁路、城际铁路为 20 kV。

第四节 电力机车和动车组

一、电力机车

电力机车和动车组的工作原理是受电弓从接触网获得高压单相交流电能,经过降压和整流,把高压交流电变成低压直流电或交流电供给牵引电动机,用以驱动列车。所以电力机车根据传动方式,有“交—直流”和“交—直—交流”两种。如韶山系列电力机车采用“交—直流”传动方式,和谐系列电力机车采用“交—直—交流”传动方式。

目前,我国电力机车主要为 SS(韶山)型和和谐系列电力机车。我国部分电力机车如图 1-8 至图 1-10 所示。

图 1-8　SS_8 型电力机车

图 1-9　HXD_{1B} 型电力机车重联运行

图 1-10　HXD_3 型电力机车

二、动 车 组

按动力配置方式,分为动力分散式和动力集中式两种。动力分散式动车组的特点是动力来源分布在列车多个车辆的发动机上。动力集中式动车组的动力则集中在列车的一端或两端机车上。

图 1-11 是一种动力分散型 8 辆编组的动车组示意图。该型动车组受电弓安装在 4 号拖车和 6 号动车上。

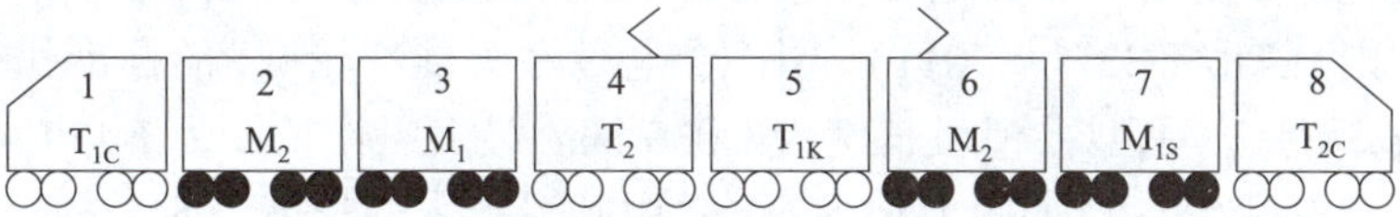

图 1-11　某型 8 辆编组的动力分散式电动车组

T—拖车;M—动车

国产某型动力分散式和动力集中式复兴号动车组照片如图 1-12、图 1-13 所示。

图 1-12　动力分散式动车组

图 1-13　动力集中式动车组

三、受 电 弓

受电弓是电力机车或动车组从接触网上取得电流的装置,由弓头、主架、上下臂和传动装置等部分组成。主架包括抬升装置和缓冲装置。受电弓与安装平台的车顶电气绝缘,升弓取电时，通过车顶安装的绝缘套管将电流从接触网传输到车内的电气系统。受电弓性能的好坏直接影响取流质量。

1. 受电弓类型

根据电力机车（动车组）的运行速度、取流要求，受电弓主要有TSG系列、DSA系列及CX-NG型等。中国高速铁路动车组常用的两种受电弓如图1-14、图1-15所示。

图1-14　CX-NG型受电弓

图1-15　DSA250型受电弓

2. 受电弓弓头轮廓

我国电气化铁路电力机车受电弓弓头轮廓按照《轨道交通　受流系统　受电弓与接触网相互作用准则》（TB/T 3271—2011）[2]中"受电弓弓头推荐轮廓"的标准执行。通常采用1 950 mm受电弓弓头（Ⅰ型），滑板长度为1 030 mm，最大工作长度为1 450 mm。我国干线区段受电弓标准轮廓（半边）如图1-16所示，其中碳滑板半边长度为515 mm。

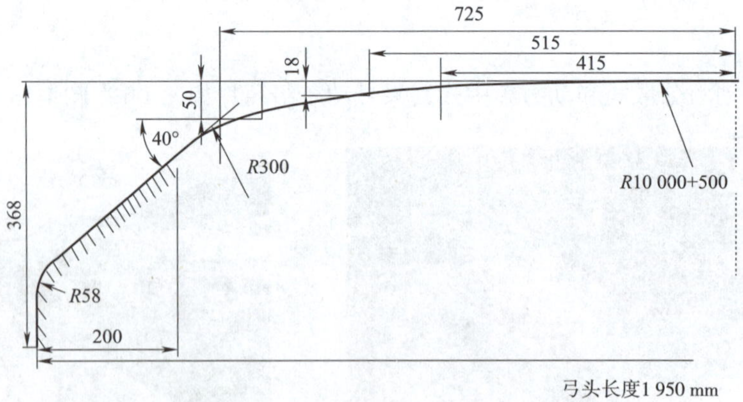

图1-16　我国干线区段受电弓标准轮廓（半边）（单位：mm）

3. 受电弓故障自动降弓装置

自动降弓装置（ADD）是机车的一个保护装置。当发生弓网故障造成滑板断裂或磨损到限时，会导致控制管路内的气压下降。自动降弓装置检测到气压变化后动作，使受电弓快速脱离接触线，以避免接触网和受电弓的进一步损坏。

第五节　牵引变电所

牵引变电所的任务是将电力系统三相电压降低,同时以单相方式馈出至接触网上。降低电压是由牵引变压器来实现的,将三相变为单相或两相是通过变压器的接线方式来达到的。牵引变压器(主变)是一种特殊的电力变压器,应满足牵引负荷剧烈变化、外部频繁短路的要求,它是牵引变电所的“心脏”。

常用变压器的接线方式有单相变压器、Scott、Vv、Vx 和 Y/Δ-11 等。Vx 接线变压器结构简单,容量利用率高,两套绕组容量可以分别配置,已成为我国高速铁路牵引变压器的主要选择方案之一。

牵引变电所高压设备有室外、室内布置两种方式。高压设备室内布置时采用 GIS(Gas Insulated Substation)组合电器,内部充有一定压力的 SF_6 绝缘气体。优点是节约土地,免维护程度高,近年来在我国新建电气化铁路中广泛采用。

典型的牵引变电所现场照片如图 1-17 所示。

图 1-17　牵引变电所

除了牵引变电所,还有分区所(也称分区亭)、开闭所以及 AT 供电方式(又称自耦变压器供电方式)时设置的 AT 所。分区所设置在两座相邻牵引变电所供电范围接触网交界处,用于供电臂末端并联供电,以提高供电能力的需要。开闭所实际上是开关站,用于灵活供电,一般在枢纽地区设置,实现一条馈线为多个供电单元供电,或者在长距离供电臂(如 AT 供电方式)中间设置,实现分区段灵活供电。

为保障牵引供电设备安全运行,牵引变电所设有综合自动化保护装置以及用于接触网故障时准确定位故障位置的故障标定装置。

第六节 SCADA 系统

SCADA(Supervisory Control and Data Acquisition)系统,即数据采集与监视控制系统。SCADA 系统是以计算机为基础的生产过程控制与调度自动化系统,利用远程通信技术进行信息传输,实现对远方设备的监视和控制、数据采集、设备控制、测量、参数调节、各类信号报警以及视频监视等各项功能。

我国干线电气化铁路已推广使用具有集中监视及控制功能的 SCADA 系统。在铁路供电系统中使用的 SCADA 系统又称远动系统。

SCADA 系统由调度主站(监控站和调度端,即供电调度台)、被控站[又称 RTU(执行端)、被控端]及传输通道(信道)三大部分组成。它设置在铁路供电调度台,邻近行车调度台。

复习思考题

1. 什么是牵引供电回路?什么是牵引网?
2.《铁路技术管理规程》对电气化铁路接触网电压的规定是什么?
3. 电力机车根据传动方式,分为哪两种?
4. 牵引变电所、分区所和开闭所的作用分别是什么?
5. 什么是 SCADA 系统?由哪三个部分组成?

引用规章文件

[1]《铁路技术管理规程(普速铁路部分)》(铁总科技〔2014〕172 号、〔2017〕221 号)第七章第 197 条,《铁路技术管理规程(高速铁路部分)》(铁总科技〔2014〕172 号、〔2017〕221 号)第七章第 177 条

[2]《轨道交通　受流系统　受电弓与接触网相互作用准则》(TB/T 3271—2011)附录A. 8

第二章

接触网维修基础知识

学习任务

电气化铁路接触网是与高速运行的电力机车、动车组受电弓直接接触并提供电能的特殊供电线路。检修人员须掌握电气化铁路的供电方式、设备特点、弓网关系及绝缘性能要求等基础知识。

本章主要介绍电气化铁路的供电方式，接触网供电分段，弓网关系，接触网工程图，绝缘配合及主导电回路等方面的知识。

通过学习，了解牵引网、接触网的供电方式，供电分段的结构及作用，弓网关系的基本要求；掌握接触网识图、绝缘配合的规定及主导电回路的维护等知识。

第一节　电气化铁路的供电方式

一、牵引网的供电方式

牵引网供电方式主要有直接（TR）供电、带回流线直接供电、吸流变压器（BT）供电、自耦变压器（AT）供电四种。

（一）直接（TR）供电方式

直接（TR）供电方式不采取电磁干扰防护措施，对电气化铁路沿线通信等设施影响大，只适用于对防电磁干扰影响要求不高的地区，目前一般很少采用。

（二）带回流线直接供电方式

带回流线的直接供电方式中，回流线每隔一定距离通过吸上线与钢轨相连，既起到防干扰作用，又起到接地作用。该供电方式接触网结构简单可靠。在我国新建和改建普速电气化铁路得到广泛应用。

（三）吸流变压器（BT）供电方式

吸流变压器（BT）供电方式是在接触网上每隔一段距离装一台吸流变压器（BT，变比为

1:1),其原边串入接触网锚段关节,次边串入回流线。其作用是将钢轨中的回流“吸上”去,经回流线返回牵引变电所,起到防干扰作用。

(四)自耦变压器(AT)供电方式

自耦变压器(AT)供电方式,牵引变电所输出电压为 55 kV,经沿线自耦变压器(AT,变比 2:1)降压后向接触网供电。自耦变压器一端接接触网,另一端接正馈线(简称 AF 线,架设在田野侧,与接触悬挂近似等高),自耦变压器中点抽头与钢轨相连。

AT 供电方式接触网结构较其他供电方式复杂。田野侧挂有 AF 线,AF 线电压与接触网电压相等,方向相反,起到防干扰作用。由于牵引变电所馈出电压高,所间距可增加一倍,接触网负荷电流均衡,目前已成为我国高速铁路和重载铁路的首选供电方式。

二、接触网的供电方式

(一)并联供电

双线铁路区段通过分区所将上、下行接触网末端连接,实现并联供电,可均衡上、下行负荷电流,提高牵引网的供电能力。双线铁路区段上、下行并联供电方式如图 2-1 所示。图中 A、B、C 和 D 为四个不同的供电臂。Ⅰ为下行线路,Ⅱ为上行线路。通过分区所处接触网末端连接,电力机车从供电臂 C 的上、下行接触网线路同时取电。

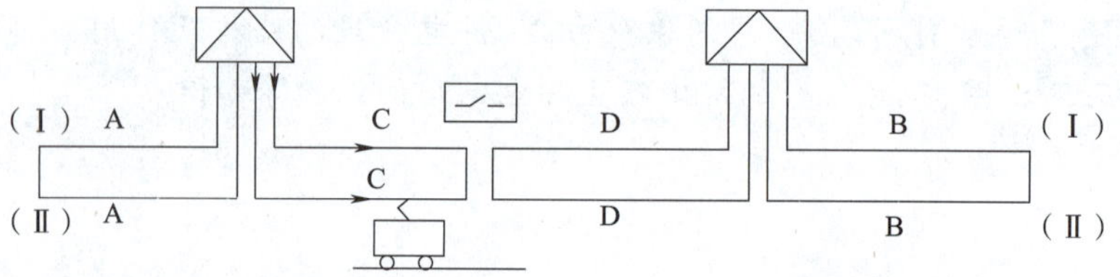

图 2-1　双线铁路区段上、下行并联供电示意

(二)全并联 AT 供电方式

目前我国新建高速铁路和重载铁路普遍采用 AT 供电方式,接触网在分区所、AT 所处均并联,即为全并联 AT 供电方式。全并联 AT 供电方式虽然使牵引变电所馈线保护整定变得相对复杂,但均衡了供电臂内的牵引网电流,极大地提高了供电能力,满足了高速铁路和重载铁路大负荷电流要求。某高速铁路全并联 AT 供电牵引网正常供电方式示意如图 2-2 所示。

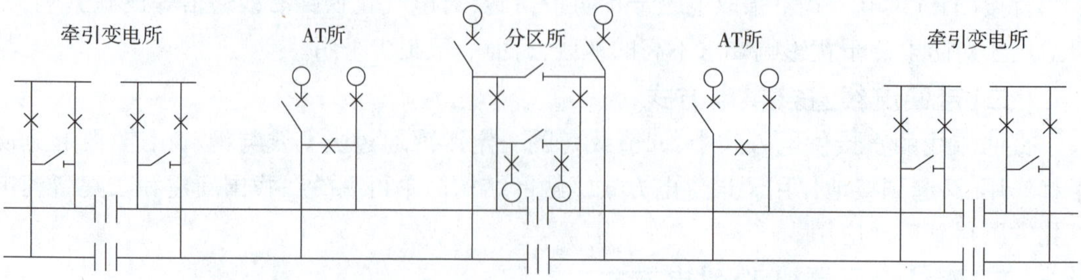

图 2-2　某高速铁路全并联 AT 供电牵引网正常供电方式示意

(三)越区供电

当一座牵引变电所发生故障撤出运行时,相邻变电所可以通过分区所实现越区供电。此时牵引变电所供电范围扩大,网压降低。采取限速、减少列车对数或牵引定数的方式降低负荷,可以维持列车运行。以单线区段为例,牵引变电所越区供电示意如图2-3所示。

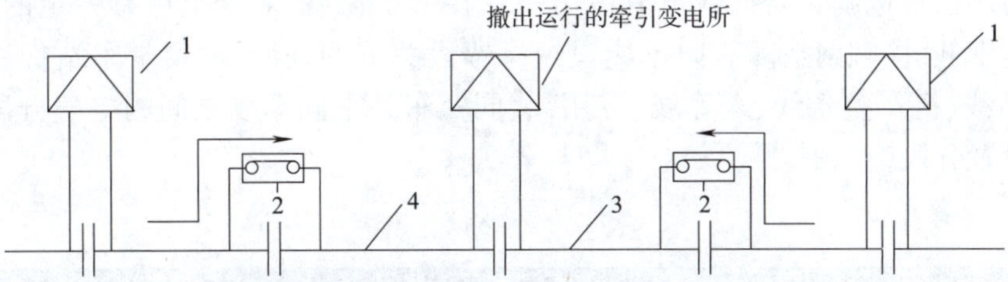

图2-3　单线区段牵引变电所越区供电示意

1—牵引变电所;2—分区所;3—撤出运行的牵引变电所的一个供电臂;
4—撤出运行的牵引变电所的另一个供电臂

第二节　接触网的供电分段

一、供电分段的用途[1]

在牵引变电所和分区亭所在地的不同相接触网处设置的分相绝缘装置称为电分相;在同相供电范围内设置的电分段为同相电分段,如车站上、下行渡线处,区间和站场之间(纵向),站场内的货物线、装卸线、段管线,枢纽地区场与场之间等(横向)。同相电分段设置的目的是增加接触网供电的灵活性,如缩小停电事故范围,满足供电、检修以及其他特殊需要等。

对电力机车运用而言,电分段与电分相的区别是电分相存在中性区和无电区,电力机车须断电通过。电分段不存在中性区和无电区,电力机车通过电分段无须断电。

二、电分相

电分相有锚段关节式电分相和器件式电分相两大类。由于锚段关节式电分相具有与接触网锚段关节相同的特性,相比分相绝缘器集中荷载,具有硬点小、受电弓过渡平滑等优点,在提速区段和高速区段普遍采用。

电力机车在通过分相绝缘装置时,要“断电”通过,即在通过前将主断路器断开,滑行通过后,再闭合主断路器继续运行。否则,电力机车“带负荷”过分相,弓网之间会产生强烈的电弧,造成相间短路,甚至烧断接触网线索。

三、电分段

同相电分段的实现有分段绝缘器和绝缘锚段关节两种形式。按绝缘介质分类,可分为空气式(绝缘锚段关节)电分段和器件式(分段绝缘器)电分段。电力机车通过电分段时,受电弓会短接电分段两端供电单元,所以对电分段两端电压差应限制在一定范围。根据《铁路技术管理规程》规定,电分段处禁止电力机车停留。

高速铁路,绝缘锚段关节电分段一般用于正线或场间线路较长的联络线,绝缘锚段关节不限制列车运行速度。器件式电分段由于存在集中荷载,对受电弓有一定的冲击,一般用于线路速度低、接触网空间有限不能设绝缘锚段关节的处所,主要是车站货物线及有装卸作业的站线、机车整备线、车库线、专用线、同一车站不同车场之间的电气分段。正线一般不允许设置分段绝缘器。

第三节　接触网设备特点和弓网关系要求

一、接触网设备特点

(一)没有备用

接触网沿铁路上空架设,和轨道一样无备用措施。一旦故障,电力机车失去电能供应,列车停运。接触网一个供电臂长达数十公里,一处故障,整个供电臂停电,对运输影响范围大。

(二)滑动接触

与一般电力线路固定连接传输电能方式不同,受电弓与接触线接触面小,高速铁路动车组受电弓以动态压力贴在接触线下取流,接触网处于受电弓摩擦冲击、振动、电弧动态作用中,对电气、机械性能要求高。

(三)环境恶劣

接触网露天架设,受温度变化、雷、风、雪、雨、雾及大气污染作用,运行环境恶劣,故较一般电力线路具有更高的故障率。在特别区域,接触网还要满足高寒、大风、高海拔和沿海高盐等气候或地理条件下电气和机械安全性能的要求。

(四)结构复杂

除了和电力设备一样的电气要求外,接触网还需要有较高的绝缘水平(距离地面低、距离列车近,环境恶劣)、可靠的机械连接(大张力要求)和较多的设备(分段、分相、线岔、锚段关节等)。

二、弓网关系要求

(一)弓网匹配安全[2,3]

接触网的几何参数(拉出值、接触线高度、接触线坡度、定位器坡度)应保证受电弓滑板沿接触网安全地滑动。弓网匹配的基本点是任何情况下接触线都应处于受电弓的有效工作范围以内。

受电弓动态包络线是指运行中的受电弓在最大抬升及摆动时可能达到的最大轮廓线。

接触网的任何零部件不得侵入受电弓的动态包络线。受电弓动态包络线示意如图 2-4 所示。

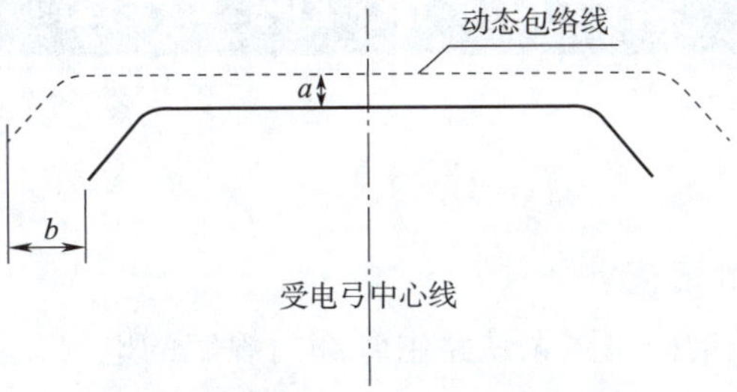

图 2-4　受电弓动态包络线示意

a—设计规定的受电弓动态抬升量；b—设计规定的受电弓横向摆动量

《高速铁路接触网运行维修规则》和《普速铁路接触网运行维修规则》附件规定了不同速度等级下受电弓动态包络线 a、b 值。

(二) 良好的受流质量

为了使滑板与接触线维持不间断地(电)接触,弓网之间动态接触力必须保持在一定范围。接触线高度变化量大的地方(如锚段关节两工作支转换点和接触线中心锚结线夹处安装不当)、集中荷载(分段绝缘器)和接触线自身不平顺(有弯曲)的处所会造成接触力偏大。弓网间接触力偏大,接触线和受电弓的磨耗和冲击加大,会降低使用寿命。

在列车高速运行中,应保证受电弓与接触线始终保持密切接触,一般用离线率来评价受流质量的好坏。离线发生次数越多,时间越长,表明受流质量越差。离线伴随着燃弧。燃弧一般用最大燃弧时间 T_{max}(ms)、燃弧率 μ、燃弧次数 n(次)来评价。产生的电弧会对周围环境产生电磁干扰和噪声,应采取措施减少电弧。

《高速铁路接触网运行维修规则》和《普速铁路接触网运行维修规则》规定了不同速度下弓网接触力 F、燃弧和接触线抬升量 ΔH 等作为弓网受流参数评价标准。

(三) 良好的弹性

接触网弹性是接触悬挂在受电弓抬升力的作用下所具有的升高性能,即在受电弓压力的作用下,每单位垂直力使接触线的升高,单位为 mm/N。接触网弹性是影响受流质量的一个重要因素。衡量弹性好坏的标准有两个:一是弹性的大小,它取决于接触线张力(链型悬挂包括承力索)的大小,张力越大,弹性越小,受电弓抬升量就越小;二是弹性均匀程度,它取决于悬挂结构、悬挂类型和某些附在接触线上的集中荷载的集中程度等。弹性越均匀,受电弓高度变化越小。受电弓取流可靠,对接触网冲击小。

受电弓运行速度越高,对接触网弹性要求越高。

(四) 良好的振动特性

接触悬挂是一个弹性系统,受电弓在结构上也是一个弹性系统。接触网和受电弓之间组成了一个复杂的振动系统。多弓运行时振动更加复杂。设计部门通过仿真技术和试验验证,确定接触网和受电弓参数,以满足弓网取流质量要求。接触网零部件和线材要满足振动环境下防松和抗疲劳性能要求。

第四节　接触网工程图

一、平面布置图

（一）接触网平面布置图[4,5]

接触网平面布置图是指使用国家铁路主管部门规定的电气化铁路接触网图形符号［参考《铁路工程图形符号标准》（TB/T 10059—2015）］来表示接触网各种设备和结构的平面布置图。它具体描述了接触网的技术参数、技术性能和设备安装位置；综合了接触网结构、设备、设计计算、平面图绘制等内容；反映了接触网设计的主要技术原则，是接触网施工、运营和维修的主要技术依据。接触网图形符号见附录1。

接触网平面图包括站场平面布置图、区间平面布置图和隧道平面布置图三大类，基本布局由图框、图标、平面布置图、附栏、主要工程数量及材料设备表、设计说明、会签栏等内容组成，一般根据线路按1∶1 000或1∶2 000的比例绘制［参考《铁路工程制图标准》（TB/T 10058—2015）］，如图2-5所示。

接触网及线路平面图			主要工程数量及材料设备表		
侧面限界					
支柱类型					
地质(kPa)					
基础类型			说明		
安装图号					
附加导线	肩架/安装高度		设计者	设计单位	图号
	安装图号		复核者		比例
附注			设计负责人		日期
					第 张 共 张

图2-5　接触网平面布置图样

（二）供电线平面布置图

所有牵引所亭供电线均对应有供电线平面布置图，供电线平面布置图有所亭、供电线支柱、供电线型号、主要工程数量表等内容。

二、接触网安装图

接触网安装图是施工及运营维护的重要依据，主要有接触悬挂安装图、软横跨安装图、隧道悬挂安装图、硬横跨安装图、附加悬挂安装图、设备安装图等。在接触网平面布置图中标注有相应安装图的图号。接触网安装图有安装结构及安装尺寸图示、表格栏、材料统计表、说明、图标等内容。安装结构及安装尺寸如图 2-6 所示。

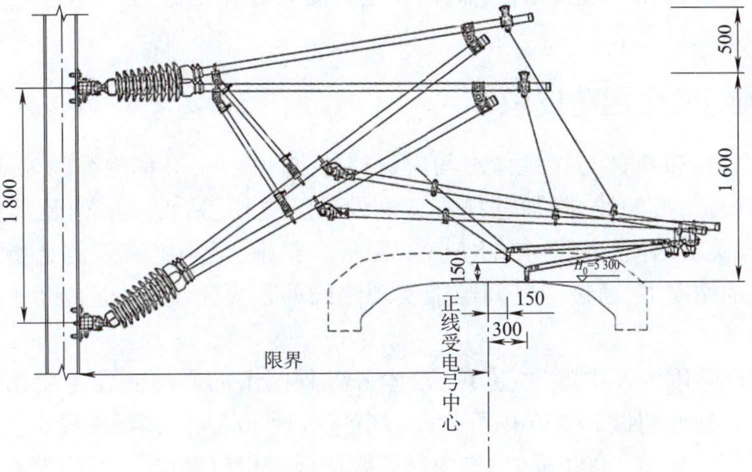

图 2-6　某线路直线中间柱腕臂安装图（单位：mm）

三、接触网供电分段示意图

接触网供电分段示意图是电气化铁路运营管理的重要技术资料，用来显示站场布置供电分束单元、接触网电分段和电分相、隔离开关及牵引变电所（亭）等的布置情况。一般按照线别绘制，大型枢纽地区一般单独绘制。

接触网供电分段示意图主要包含线路概况，如线路桥隧路基及里程体系、车站股道、进出站信号机位置及里程等；接触网主要设备，如挂网范围、供电臂划分、牵引所亭（含供电线）布局、重要设备（隔离开关、分段绝缘器、避雷器、吸上线、中心锚结等）；维修设施情况，如网工区分布、接触网作业车及抢修列分布、通道门等；外部环境情况，如上跨电力线、上跨桥、下穿涵洞等；主要线路情况，如车站、线路所、桥梁、隧道等；特殊区段情况，如禁止 V 停处所、多线并行区段、电力机车禁停区、侵限绝缘等。

日常作业中，接触网工班根据生产任务并依据接触网供电分段示意图编制工作票。供电调度根据供电示意图了解正常检修作业时的现场作业地点、作业范围，及时发布调度命令。遇有故障抢修时，供电调度、抢修班组能从中快速找出事故地点及相应的设备，并结合竣工图纸快速找出事故所需备料，制定正确的越区供电方案，为抢修争取时间。

第五节　接触网的绝缘距离相关要求

一、接触网过电压

电气化铁路接触网是沿铁路线架设的一条特殊输电线，除了承受正常的运行电压外，接触网还可能出现过电压，包括内部（操作）过电压和外部（大气）过电压。当发生过电压时，接触网上的电压大大高于正常的工作电压。因此，电气化铁路接触网要综合考虑可能出现的各种过电压，选取合适的绝缘部件，带电设备要确保足够的空气绝缘距离，确保接触网耐压能力满足运行要求。

二、接触网绝缘距离要求

绝缘距离是指带电体与接地体之间应保持的空间距离，又称绝缘间隙或空气间隙，如承力索至隧道拱顶；接触线、附加悬挂等有电设备至支柱、站台风雨棚及其他建筑物的距离；电分段锚段关节两支接触悬挂的空气间隙等。其中，最小绝缘距离是指在保证电气性能稳定和安全的情况下，通过空气间隙能实现绝缘的最短距离，这也是接触网维护中需密切关注的参数。

空气绝缘性会因大气中湿度、雾霾、粉尘等各种因素的影响而发生变化。接触网工作电压瞬时可能达到或超过 29 kV（内部操作过电压接近 90 kV），接触网最小空气绝缘距离见表 2-1，当海拔高度超出 1 000 m 时，表内数值应按规定相应增加。大风、严寒地区应预留风力、覆冰对绝缘距离影响的安全余量。

表 2-1 接触网最小空气绝缘距离要求

序号	项　目	正常情况下最小值(mm)
1	接触线、承力索、供电线、加强线、正馈线等带电部分至固定接地体的间隙	300
2	接触网带电部分至机车车辆或装载货物的间隙	350
3	接触线、承力索、供电线、加强线、正馈线等带电部分至跨线建筑物的间隙	500
4	受电弓振动至极限位置和导线被抬高的最高位置距接地体的瞬间间隙	200
5	25 kV 带电绝缘子接地侧裙边距接地体的间隙	100
6	43.3 kV 绝缘间隙（关节式分相）	400
7	50 kV 绝缘间隙（AT 区段正馈线与接触网间）	540

第六节　接触网主导电回路

一、接触网主导电回路的构成

接触网的主要功能是从牵引变电所向运行中的电力机车输送电能。为电力机车、动车组输送电能的主要电回路称为接触网主导电回路，接触网主导电回路主要由供电线、接触线、承力索及相互连接用的电连接线、隔离开关、电连接线夹等构成。接触网设计时应充分考虑主导电回路载流能力满足电力机车、动车组最大功率和行车密度要求，避免起机械配合作用的零部件分流。根据计算的额定载流量，对供电线、接触线、承力索及相关连接零部件进行选型、布置。

二、接触网主导电回路问题分类

由于主导电回路分流零部件不能承载牵引电流，零部件间接触电阻较大，长期运行会发热烧伤，受电弓通过时接触网振动影响零部件连接状态，产生间隙放电，加剧零部件连接处损伤，在拉力下断裂引发弓网故障，影响接触网和列车运行安全。典型主导电回路故障包括以下方面。

（一）电连接线夹接触不良

电连接线夹与电连接线接触不良，接触导流部分长时间过热，造成电连接线烧熔、断线或线夹烧熔、烧损，进而造成其他相关部件烧损、烧断线事故。如某次事故中，电连接线的连接未正确使用并沟电连接线夹，错误地采用了螺栓型承力索电连接线夹，大负荷取流时螺栓型承力索电连接线夹发热，烧伤、烧断电连接线，如图 2-7 所示。

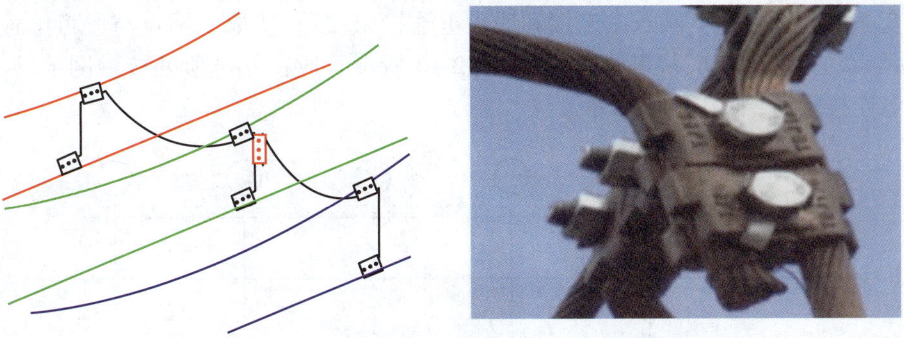

图 2-7　电连接线的连接线夹错误导致发热烧损线索

（二）导电通路不畅

如某牵引变电所邻近车站的最外侧软横跨处安全线（另一条线路）与正线单腕臂安装，造成软横跨分流，如图 2-8 所示。大负荷机车取流时承力索与悬吊滑轮（铁线）处分流烧伤，造成承力索断线，悬吊滑轮烧损。接触线连接处造成定位器烧损脱落或夹环处双股铁线烧断脱落。可采取在分流点外侧加装一组股道间电连接对此类缺陷进行整治，如图 2-9 所示。

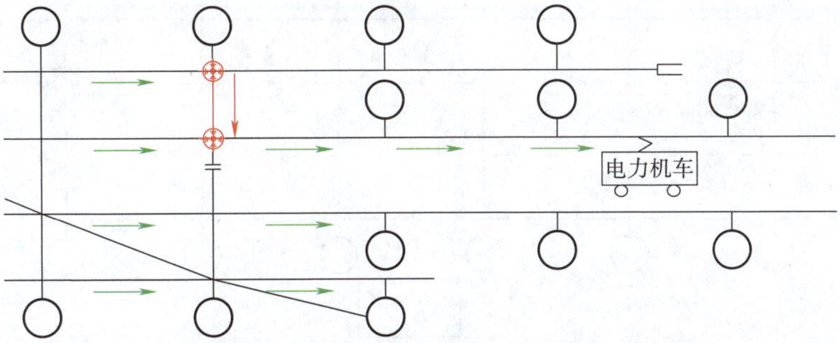

图 2-8　软横跨最外侧分流烧损示意

主导电回路电流路径；分流电流路径；烧伤点

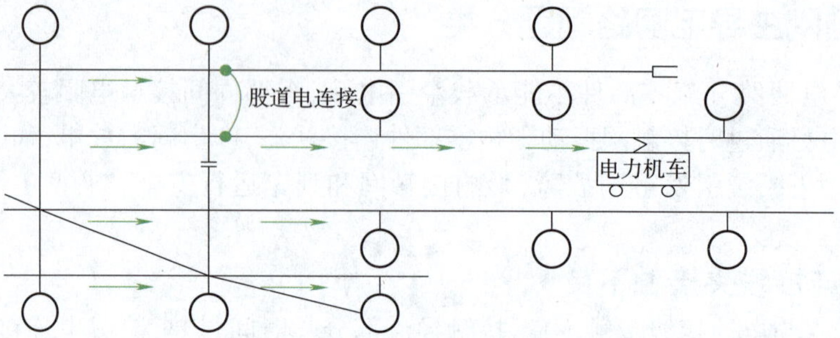

图 2-9　软横跨最外侧分流处理措施示意

——→ 主导电回路电流路径；●⌒● 股道电连接

(三)上网点电连接安装不当

如变电所处接触网上网点电连接和股道电连接未接通，造成上网点与股道电连接间承力索(接触线)过流，烧伤、烧断承力索，如图 2-10 所示。应在变电所处接触网上网点处，增加股道电连接接通，如图 2-11 所示。

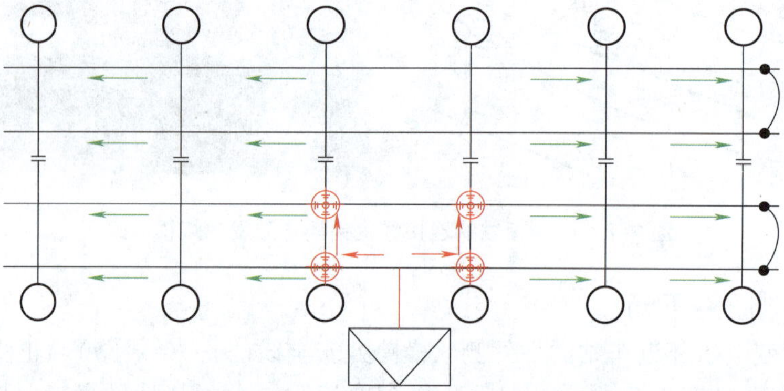

图 2-10　变电所上网点电连接安装不当烧损示意

——→ 主导电回路电流路径；——→ 分流电流路径；●⌒●既有股道电连接；烧伤点

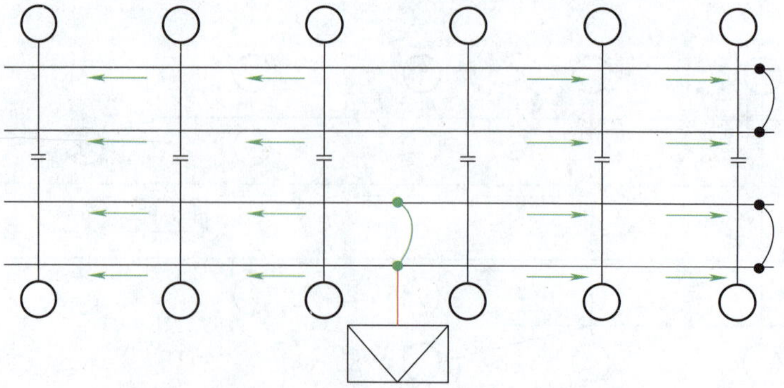

图 2-11　变电所上网点电连接安装不当整治示意

——→ 主导电回路电流路径；●⌒● 上网点处增设股道电连接；●⌒●既有股道电连接

三、主导电回路的维护与整治

1. 加强对主导电回路的巡视检查，及时发现是否存在错误接线、不同锚段线索之间立体交叉的垂直距离不符合标准、各零部件的烧伤及发热痕迹等问题。

2. 适当安排夜间巡视检查。以便发现电气连接及零部件受热严重发红的隐患。隔离开关、锚段关节的电气连接、站场横向电连接等要作为重点。

3. 可以根据不同区段的外部污染条件，缩短电连接的检修周期。抽样检测电气连接零部件的接触电阻，并对其解剖，进行腐蚀情况的检查、对比分析，以便不断掌握电气连接的阻抗变化与腐蚀情况，以及它们之间的关系。通过抽样检查对不同区段的不同情况采取针对性的措施。

通过上述方法可以强化对主导电回路的控制，另外应积极采用先进的检查手段，如利用红外线测温仪对主导电回路内的重点部位（如电气连接线夹等）进行温度测量，或将示温贴片贴在电连接线夹上，利用其颜色随温升而变化的特性来监测电气连接的性能和状态。

复习思考题

1. 电气化铁路主要有哪几种供电方式？
2. 接触网供电分段的用途是什么？
3. 接触网工程图主要有哪些？供电分段示意图需要显示哪些设备的分布情况？
4. 接触网带电部分与固定接地体、跨线建筑等的最小绝缘距离是多少？
5. 接触网主导电回路由哪些设备组成？

引用规章文件

[1]《铁路技术管理规程（高速铁路部分）》（铁总科技〔2014〕172 号、〔2017〕221 号）第七章第 179 条
[2]《高速铁路接触网运行维修规则》（铁总运〔2015〕362 号）第七章第九十七条
[3]《普速铁路接触网运行维修规则》（铁总运〔2017〕9 号）第七章第一百零一条
[4]《铁路工程图形符号标准》（TB/T 10059—2015）17. 1. 8
[5]《铁路工程制图标准》（TB/T 10058—2015）13. 2. 1

第三章

接触网的组成和结构

学习任务

接触网是沿铁路线路上空架设的向电力机车供电的特殊形式的输电线路。接触网作为一种露天设备，要经受风、雨、雪和温度的考验及环境污染对接触网性能的影响；接触网作为无备用的供电设备，必须保证高可靠性；电力机车的受电弓与其高速滑动接触，要求接触网和受电弓之间有严格的机电匹配关系和寿命。

本章主要介绍接触网的基本组成，接触悬挂，定位支撑装置，支柱、拉线及基础，附加导线，单项设备，接地回流装置及绝缘子，接触网标识和保安装置的类型、结构、用途。

通过学习，了解接触网的基本组成和结构，掌握接触网各组成部分的类型、结构、用途，了解接触网接地回流装置及绝缘子，了解接触网保安装置及供电类行车标识，提高对接触网的认识。

第一节　接触网组成概述

一、接触网概述

广义的接触网是电气化铁路和城市轨道交通中向电力机车提供电能的多种类型的特殊供电线路，包括架空接触网和接触轨。狭义的接触网是指架空接触网，包括柔性架空接触网和刚性悬挂接触网两类。

柔性架空接触网由接触悬挂、支撑装置、定位装置、支柱与基础等部分组成（图 3-1、图 3-2）。承力索、接触线、吊弦等柔性线索组成的链型悬挂具有较好的弹性，适合电力机车高速运行，广泛应用于电气化铁路或城市轨道交通。本书中所讲述的接触网主要是指柔性架空接触网。

刚性悬挂接触网是一种将接触导线夹装在汇流排上的悬挂方式，依靠汇流排自身的刚性使得接触线保持在同一安装高度，从而取消链型悬挂承力索，使接触悬挂系统具备最小的结构高度，最大程度上利用有限的悬挂空间。刚性悬挂接触网由吊柱、旋转可调底座、绝缘子、可调弹性悬挂线夹、汇流排、接触线等部分组成。刚性悬挂汇流排有Π形和T形两种。最常见的Π形刚性悬挂支撑装置如图3-3所示；Π形刚性悬挂汇流排结构如图3-4所示。

图3-1　高速铁路架空接触网

图3-2　普速铁路架空接触网

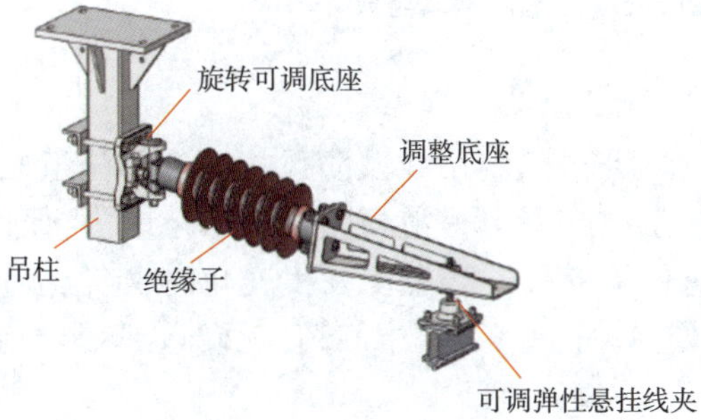

图3-3　Π形刚性悬挂支撑装置

图3-4　Π形汇流排结构

与柔性架空接触网相比，刚性悬挂接触网具有结构紧凑、占用净空小、接触线无须施加补偿张力、维护方便等优点。同时，刚性悬挂系统中接触线及汇流排不受张力作用，与柔性接触悬挂系统相比，运行安全性较好，无断线的可能，但刚性悬挂接触网的弹性小、跨距小，适用于线路设计速度较低（一般不超过160 km/h）的隧道内和安装净空狭小的结构物下，在隧道断面较小的普速铁路或城市轨道交通中应用较广。

二、接触网的基本组成

电气化铁路接触网由接触悬挂、支撑装置、定位装置、支柱与基础等部分组成。接触网基本组成如图3-5所示。

（一）接触悬挂

接触悬挂由承力索、吊弦、接触线以及连接零件等组成，接触悬挂通过支撑装置架设在支柱上，支撑装置悬挂固定承力索，承力索通过吊弦悬挂接触线，通过调整吊弦使接触线高度保持相对一致，受电弓滑板紧贴接触线滑动取流。

（二）支撑装置

支撑装置由平腕臂（或水平拉杆、压管）、斜腕臂、绝缘子及其他建筑物的特殊支持设备等组成,其作用是支撑接触悬挂,并将其负荷传递给支柱或其他建筑物。所在区间、站场和大型建筑物等位置不同,支撑装置也有所不同,一般有腕臂支撑、软横跨、硬横跨、隧道支撑等形式。

图 3-5　接触网基本组成

(三)定位装置

定位装置由定位管、定位器、定位管支撑、斜吊线及防风拉线等部分组成,其作用是固定接触线并形成"之"字形布置,使接触线在受电弓滑板安全工作范围内,保证接触线与受电弓不脱离,并将接触线的水平负荷传给支柱。当温度发生变化时,定位装置不能影响接触网线索沿线路伸缩移动。定位点处弹性良好,无集中载荷,无硬点,不影响受电弓快速取流通过。

(四)支柱与基础

支柱与基础由支柱、基础、横卧板等部分组成,其作用是将接触悬挂固定在规定的位置和高度,承担接触悬挂、支撑和定位装置的荷载,并将荷载和力矩传递给大地。接触网一般采用预应力钢筋混凝土支柱和钢柱。

第二节　接触悬挂

一、接触悬挂分类

(一)按终端下锚分类

接触线(或承力索)终端与支柱的连接称为线索的下锚。

链型悬挂按终端下锚方式分为无补偿、半补偿、全补偿三种,如图 3-6 所示。

1. 无补偿链型悬挂为将承力索和接触线终端与支柱直接连接的下锚方式,也称之为硬锚。

2. 半补偿链型悬挂为承力索未加装补偿装置、接触线加装有补偿装置的下锚方式,因线索张力和弛度随温度变化大,故已不采用。

3. 全补偿链型悬挂为承力索和接触线均加装补偿装置的下锚方式，当温度变化时，补偿装置能自动调整线索张力，保持线索张力不变。全补偿链型悬挂具有弹性好、线索张力恒定、接触线高度一致等优点，在我国电气化铁路中广泛应用。

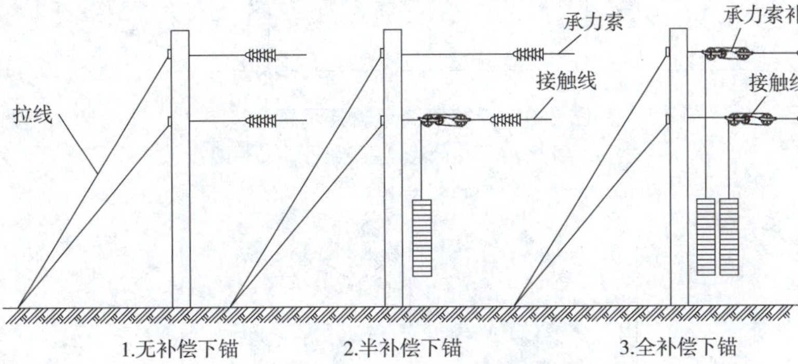

图 3-6　接触悬挂下锚示意

全补偿链型悬挂分为全补偿简单链型悬挂和全补偿弹性链型悬挂两种形式。这两种悬挂的主要区别在于定位点处有无弹性吊索。全补偿简单链型悬挂定位点处无弹性吊索，容易在定位点处出现硬点，产生弹性不均匀的现象，但安装调整较为简单，便于维护，如图 3-7 所示。全补偿弹性链型悬挂定位点处安装有弹性吊索，定位点处弹性好，适合行车速度较高的线路，但结构安装调整较为复杂，如图 3-8 所示。

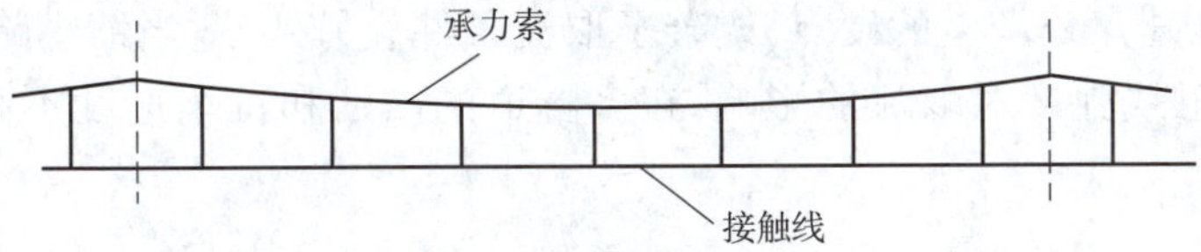

图 3-7　简单链型悬挂示意

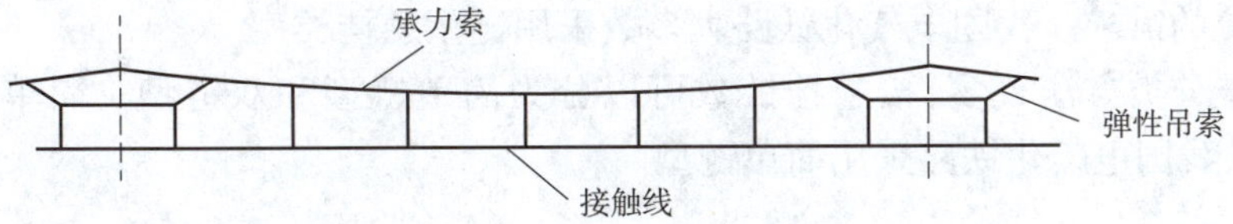

图 3-8　弹性链型悬挂示意

(二) 按接触悬挂分类

接触悬挂按结构分为简单悬挂和链型悬挂两大类。

1. 简单悬挂

简单悬挂无承力索，是由接触线直接固定在支持装置上的悬挂形式，有无补偿简单悬挂、带补偿装置及弹性吊索式简单悬挂等形式。其结构如图 3-9 和图 3-10 所示。

无补偿的简单悬挂具有结构简单、支柱高度要求较低、投资小、施工和检修方便等优点，其缺点是导线的张力和弛度随气温的变化较大，导线的弹性不均匀，不利于电力机车高速运行时取流。

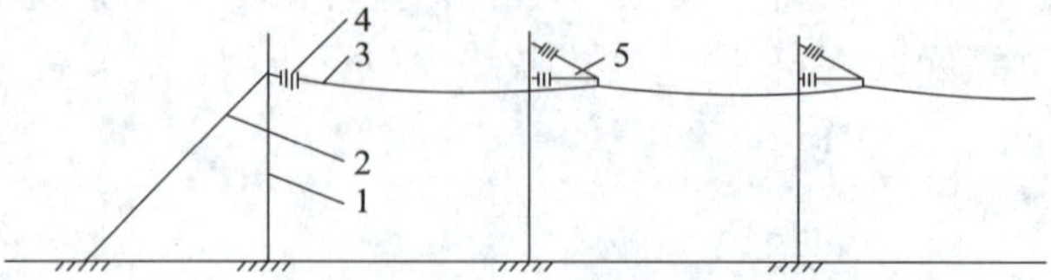

图 3-9　无补偿简单悬挂示意

1—支柱；2—拉线；3—接触线；4—绝缘子串；5—腕臂

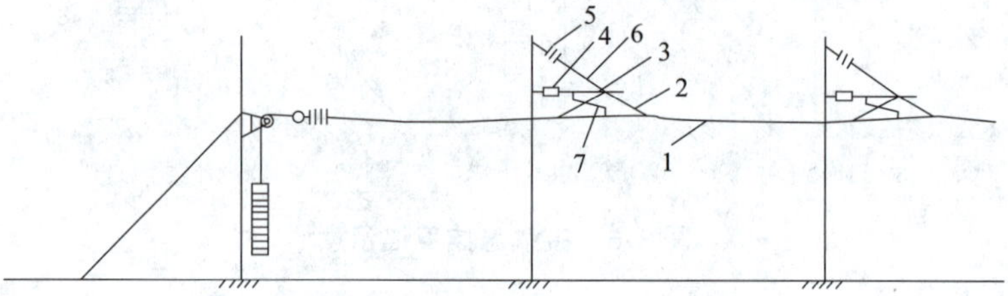

图 3-10　带补偿及弹性吊索简单悬挂示意

1—接触线；2—弹性吊索；3—腕臂；4—棒式绝缘子；
5—悬式绝缘子；6—拉杆；7—定位器

带补偿装置及弹性吊索的简单悬挂是在接触线下锚处装设了张力补偿装置，以调节张力和弛度的变化；在悬挂处加装 8 ~ 16 m 长的弹性吊索，通过弹性吊索悬挂接触线，增加了悬挂点，减小了悬挂点处产生的硬点，改善了取流条件。另外，适当缩小跨距、增大接触线张力也能改善接触线弛度对取流的影响，在多隧道的山区和行车速度不高的线路上可以采用。

2. 链型悬挂

链型悬挂是接触线通过吊弦悬挂在承力索，通过调整吊弦长度使接触线在整个跨距内对轨面的高度基本保持一致，减小了接触线弛度，提高了稳定性和平顺性，可满足电力机车高速运行取流的需求。我国电气化铁路大多数采用链型悬挂类型。

链型悬挂分类方法较多，按悬挂链数可以分为简单链型和双链型。简单链型悬挂如图 3-11 所示，我国电气化铁路采用简单链型。

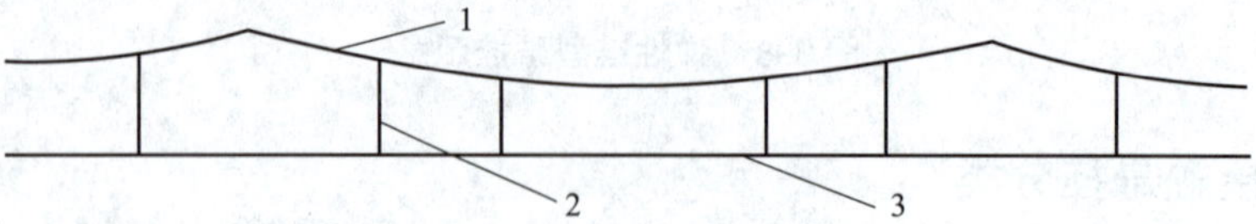

图 3-11　典型简单链型接触悬挂示意

1—承力索；2—吊弦；3—接触线

双链型悬挂的接触线经短吊弦悬挂在辅助吊索上，辅助吊索又通过吊弦悬挂在承力索上，如图 3-12 所示。双链型又叫复链型，以日本新干线为典型代表。我国很少采用这种悬挂。

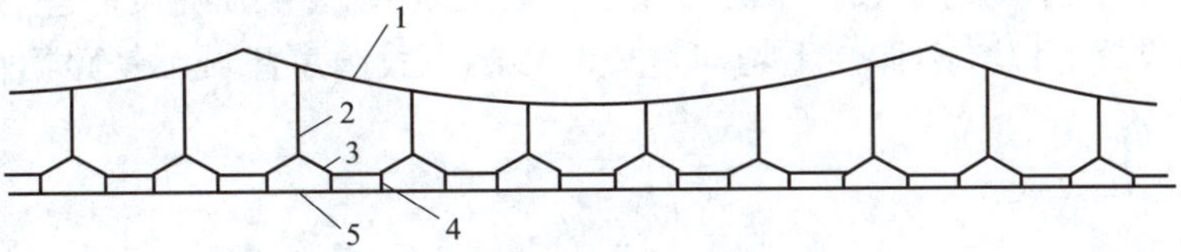

图 3-12　双链型接触悬挂示意

1—承力索;2—吊弦;3—辅助吊弦;4—短吊弦;5—接触线

双链型悬挂接触线弛度小,稳定性好,弹性均匀,有利于电力机车高速运行取流,但结构较复杂,投资及维修费用高。双链型悬挂及其他悬挂类型由于结构复杂、不易施工、维修困难、设计烦琐、造价高等原因,目前在全世界范围内应用较少。

(三)按承力索和接触线投影分类

链型悬挂按承力索和接触线投影位置分为直链型、半斜链型、斜链型悬挂。

1. 直链型悬挂

直链型悬挂在直线区段,承力索和接触线布置在同一铅垂面上,我国新建电气化铁路接触网基本采用直链型悬挂。

2. 半斜链型悬挂

在直线区段,接触线布置成“之”字形,承力索则布置在线路中心线的正上方,如图 3-13 所示。

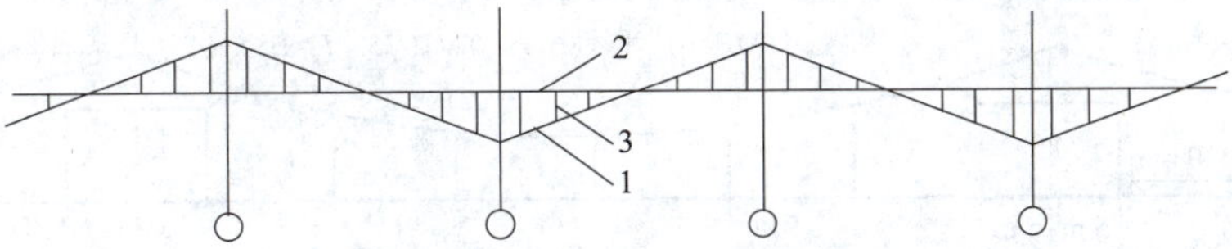

图 3-13　直线半斜链型悬挂示意

1—接触线;2—承力索;3—吊弦

3. 斜链型悬挂

在直线区段处,接触线和承力索均布置成方向相反的“之”字形,如图 3-14 所示。

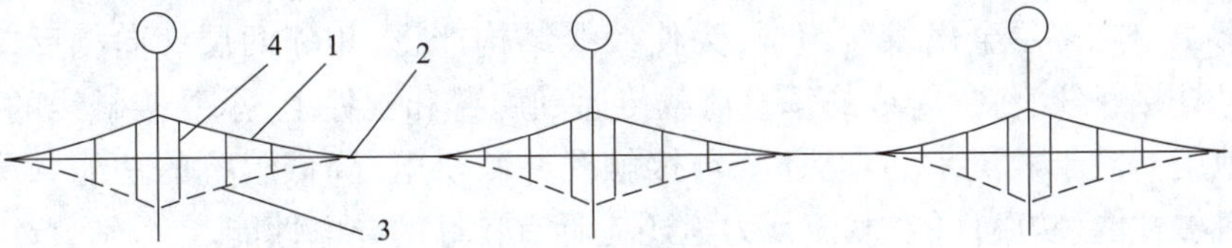

图 3-14　直线斜链型悬挂示意

1—接触线;2—线路中心线;3—承力索;4—吊弦

(四)按支柱定位处是否有弹性吊索分类

按定位点处是否有弹性吊索,链型悬挂分为简单链型悬挂和弹性链型悬挂两种。

简单链型悬挂结构简单、便于施工和维护调整,其不足是跨距中部弹性较大、定位点及附近弹性较小，弹性不均匀系数在30%以上，弓网集流的动态品质相对较差，但通过跨距和预弛度的适当设置可以减小弹性不均匀造成的影响。我国京津城际铁路简单链型悬挂如图3-15所示。

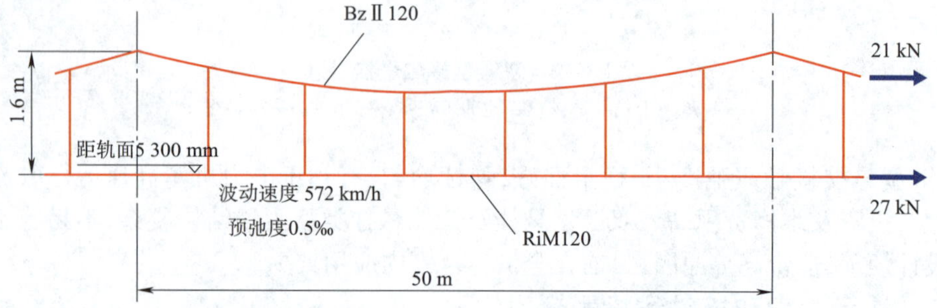

图3-15　京津城际铁路采用的高速铁路简单链型悬挂

弹性链型悬挂在支柱定位处增设了弹性吊索，使接触悬挂在定位点及其附近的弹性得到大大改善，也改善了受电弓的运行轨迹，弓网集流的动态品质略好于简单链型悬挂，但弹性链型悬挂的优秀表现是建立在弹性吊索的合理装配基础上的，弹性吊索的长度、安装工艺和施工精度决定了弹性链型悬挂的整体表现。我国京沪高速铁路采用的弹性链型悬挂如图3-16所示。

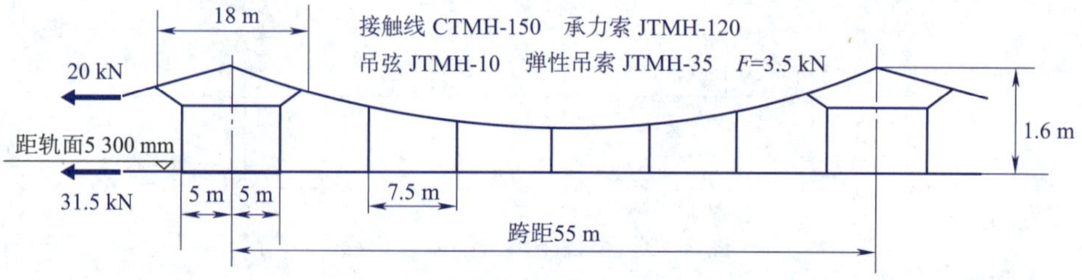

图3-16　京沪高速铁路采用的弹性链型悬挂

二、承力索

承力索由单芯多层金属绞线组成，为使绞线结构严密，相邻两层绕向相反。其作用是通过吊弦悬挂接触线，将接触线的垂直荷载传递到腕臂和支柱上，承受接触线的质量，减小接触线的弛度。对于载流承力索，还要与接触线并联供电，降低阻抗的功能。承力索应具有良好的机械性能、防腐性能，载流承力索还应具有良好的导电性能。

承力索按照材质可分为钢承力索、铝(铜)包钢承力索、铜(铜合金)承力索等。

钢承力索由多股镀锌钢绞线制成，其优点是强度高、耐张力大，缺点是电阻大、不耐腐蚀、易生锈，已不再作为承力索使用，一般用于软横跨横向承力索、上下部固定绳和下锚拉线等处所。铝包钢承力索、铝(铜)包钢承力索、铜包钢芯承力索等型号也很少使用。

铜承力索的优点是导电性能好，可作牵引电流的通道之一，可以降低压损和能耗，且抗腐蚀性能高，缺点是造价高且机械强度低，不能承受较大的张力，温度变化时弛度变化较大。铜合金承力索允许工作温度高、载流能力强，在电气化线道广泛使用。常见型号为JTM-70、JTM-95、JTM-120、JTM-150。铜承力索外形结构如图 3-17 所示，铜承力索横断面如图 3-18 所示。19 股铜合金承力索参数见表 3-1。

图 3-17　铜承力索外形结构示意

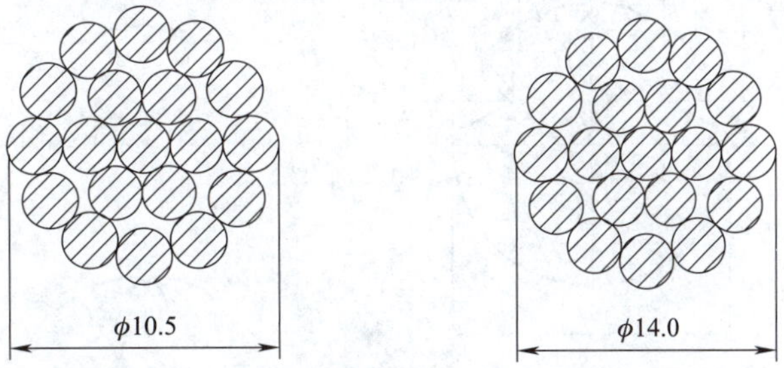

(a) JTM-70 铜镁合金绞线(19 股)　　(b) JTM-120 铜镁合金绞线(19 股)

图 3-18　19 股铜承力索横断面示意(单位:mm)

表 3-1　铜合金绞线参数

型号	截面积(标称值/计算值)(mm^2)	股数/单根直径(mm)	计算外径(mm)	有效电阻(Ω/km)	单位质量(kg/km)	载流量(A)	拉断力(kN)
JTM	70/65. 81	19/2. 30	10. 5	0. 346	599	≥245	≥32. 51
JTM	95/93. 27	19/2. 50	12. 5	0. 244	849	≥305	≥46. 08
JTM	120/116. 99	19/2. 80	14. 0	0. 195	1 065	≥350	≥57. 79
JTM	150/147. 12	37/2. 25	15. 8	0. 155	1 342	≥410	≥72. 67
JTMH	70/65. 81	19/2. 30	10. 5	0. 430	599	—	≥38. 64
JTMH	95/93. 27	19/2. 50	12. 5	0. 303	849	—	≥54. 76
JTMH	120/116. 99	19/2. 80	14. 0	0. 242	1 065	—	≥67. 57
JTMH	150/147. 11	37/2. 25	15. 8	0. 193	1 342	—	≥86. 37

注:表中 JTM 表示铜镁合金绞线;JTMH 表示高强度铜镁合金绞线;第 2 列数字表示该线的横截面积,例如,面积 95/93. 27,其中 95 为标称值,93. 27 为计算值。

三、接触线

接触线的作用是承载接触网电流，与受电弓滑板摩擦接触，向电力机车输送电能。接触线按材质分主要有钢铝接触线、纯铜接触线和铜合金接触线三种。钢铝接触线已被淘汰，我国主要使用铜合金接触线。

铜合金接触线有铜银合金接触线、镁铜合金、铜锡合金等型号。银铜合金接触线与铜接触线相比，具有电导率高、热软化特性高、耐高温的特点，更适合于大电流及高速运行的条件，但当温度超过 200 ℃时，银铜合金的机械强度下降很快。铜锡合金接触线的抗拉强度更高，耐磨耗性能更好，导电性能适中。铜镁合金接触线的强度高、耐软化性能好，能满足列车高速运行取流需要。目前我国高速铁路接触网大多采用铜镁合金接触线。

接触线的外观为中部带沟槽的圆柱体，沟槽是为了便于安装固定接触线的线夹，同时不影响受电弓取流。接触线底面与受电弓接触的部分呈圆弧状，铜合金接触线存在型号识别沟槽，各种沟槽分别代表不同的合金类型。接触线截面形状及识别沟槽配置如图 3-19 所示。各种型号接触线载流量见表 3-2。

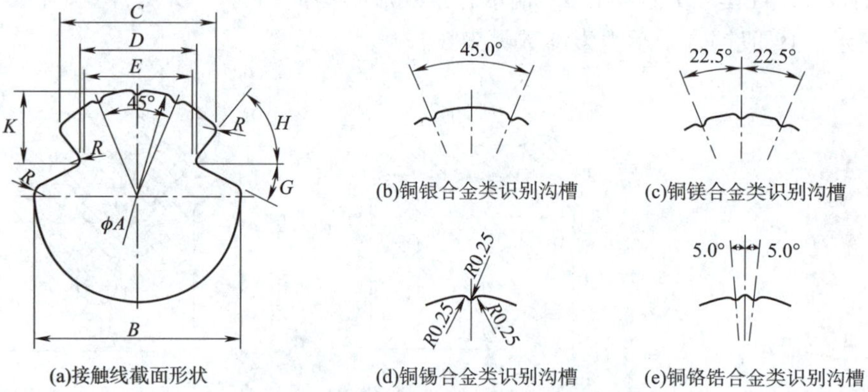

图 3-19　接触线截面形状及识别沟槽配置

表 3-2　各种型号接触线载流量

接触线规格	持续载流量(A)										
	工作温度 95 ℃						允许最高工作温度 150 ℃				
	CT	CTA	CTAH	CTN	CTMH	CTS	CTA	CTAH	CTM	CTMH	CTS
85	410	—	—	—	—	—	—	—	—	—	—
110	180	180	180	450	410	380	650	650	640	570	570
120	510	510	510	480	430	410	690	690	680	610	600
150	580	580	580	550	490	470	800	800	780	700	690

四、吊弦和弹性吊索

吊弦是接触悬挂的重要部件，由承力索吊弦线夹、吊弦线、接触线吊弦线夹等部件组成。吊弦将接触线吊挂在承力索上，调节接触线的弛度和高度，改善接触悬挂弹性。吊弦按照结构主要分为环节吊弦、整体吊弦等类型。

(一)环节吊弦

环节吊弦是用 ϕ 4.0 mm 镀锌铁线制成，一般由二节或三节连在一起，一般用于链型悬挂跨距中，结构长度及安装位置如图 3-20(a)所示。

(二)整体吊弦

整体吊弦按结构形式分为刚性结构式吊弦[图 3-20(b)]、不可调式整体吊弦[图 3-20(c)]和可调式整体吊弦[图 3-20(d)]三种；按是否载流分为载流式整体吊弦和非载流式整体吊弦两种。整体吊弦具有强度高、导流式结构、载流能力强、耐腐蚀、寿命长等特点。我国电气化铁路接触网主要采用载流式整体吊弦。

(三)弹性吊索

弹性吊索由弹性吊索线夹、弹性吊索、弹性吊索用整体吊弦组成，如图 3-21 所示。弹性吊索可增加定位处的接触悬挂弹性，消除定位点的不平滑，减少定位器对受电弓的影响。

我国高速铁路弹性吊索现场安装图如图 3-22 所示。

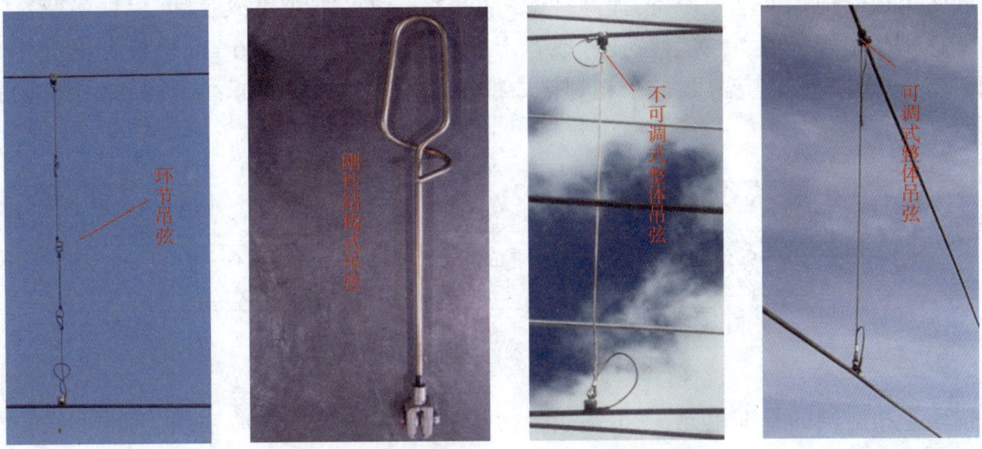

(a)环节吊弦　(b)刚性结构式吊弦　(c)不可调式整体吊弦　(d)可调式整体吊弦

图 3-20　吊弦示意

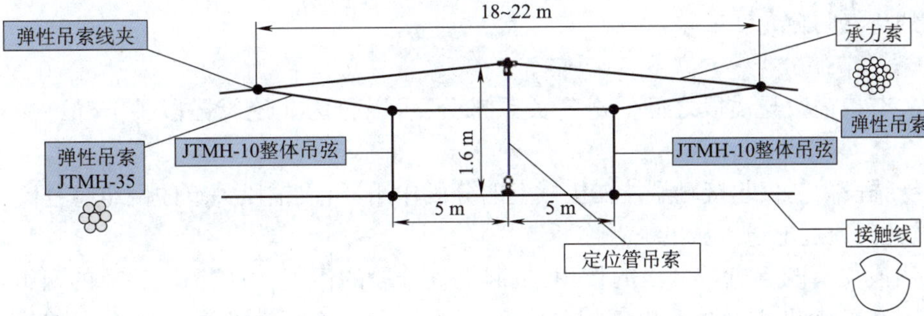

图 3-21　弹性吊索示意

图 3-22　弹性吊索现场安装

五、锚段关节及关节式电分相

(一)锚段及锚段关节

1. 锚段及锚段关节的概念

接触网同一支接触悬挂的两相邻支柱(悬挂定位点)中心之间的距离称为跨距。为保证接触线一直处于平顺状态，实现接触悬挂的机械分段和电气分段，便于安装张力补偿装置加载张力或其他辅助电气设备，提高接触网供电灵活性，缩小事故范围，保证吊弦及定位器的偏移不超出规定值，将接触悬挂分成若干个长度约为 1.2～1.6 km 机械和电气相对独立的段落，这种段落称为锚段，两个相邻锚段衔接部分称为锚段关节，如图 3-23 中的阴影部分所示。

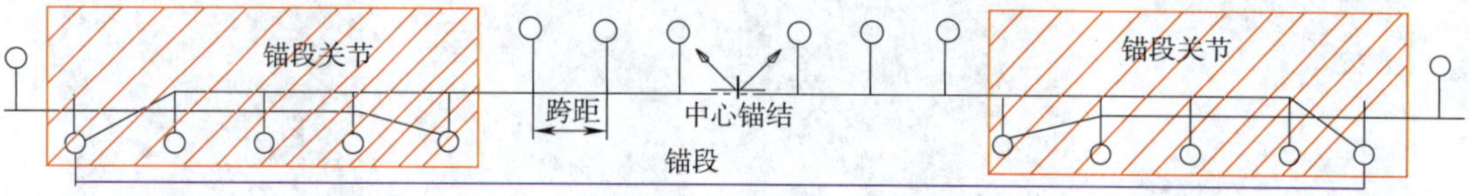

图 3-23　接触网纵向结构示意

锚段是接触网的基本单元，一个锚段包括若干个跨距、一个中心锚结、两端下锚装置以及与相邻锚段衔接的锚段关节。

锚段长度取决于接触网的实际工作环境（如：最高温度、最低温度、最大风速、线路状况）和接触网的机械特性（如：线索张力差、补偿装置的形式及有效工作范围、锚段关节内两组悬挂间的空气间隙允许偏差）。

2. 锚段关节的分类

锚段关节按锚段与锚段之间的电气关系来分，可以分为非绝缘锚段关节和绝缘锚段关节。

非绝缘锚段关节仅起接触悬挂在机械上的分段作用，组成锚段关节的两组悬挂空气间隙较小，彼此间通过电连接从电气上连通。

绝缘锚段关节既起机械分段的作用，也起电气分段的作用，组成锚段关节的两组悬挂彼此间利用空气绝缘间隙，实现电气相对分离，又称电分段绝缘锚段关节，电分段绝缘锚段关节一般与隔离开关配合设置，通过隔离开关的打开和闭合，实现不同供电单元间的电气连通和分割。

3. 锚段关节的结构形式

锚段关节按锚段关节所含跨距数来分，可分为三跨、四跨、五跨等结构形式。在锚段关节内，两锚段承力索和接触线相互重叠，其中一组接触线与受电弓接触工作的称为工作支；另一组接触线抬高脱离受电弓去下锚的称为非工作支。受电弓在锚段关节实现两个锚段过渡。

三跨非绝缘锚段关节由两根锚柱、两根转换柱形成三个跨距，只起机械分段的作用，不进行电分段。为保证相邻锚段在电路上的连通，在锚段关节两转换柱与锚柱间各装设一组电连接。直线区段三跨非绝缘锚段关节的结构如图 3-24 所示。

四跨绝缘锚段关节由两根锚柱、两根转换柱和一根中心柱形成四个跨距。结构如图 3-25 所示，电力机车受电弓在中心柱处实现两锚段的转换和过渡，通过转换柱上的转换柱上隔离开关实现电气连接与分割。

五跨绝缘锚段关节是锚段关节中含有五个跨距，结构如图 3-26 所示，电力机车受电弓在 ZJS2、ZJS3 柱跨中实现两锚段的转换和过渡，通过转换柱上的隔离开关实现电气连接与分割。

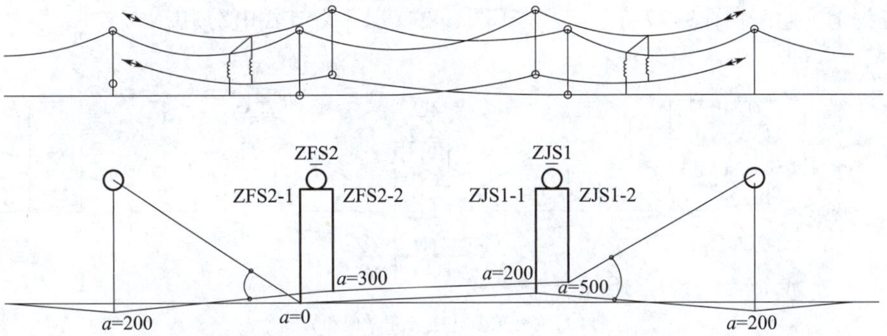

图 3-24　直线区段三跨非绝缘锚段关节结构示意(单位:mm)

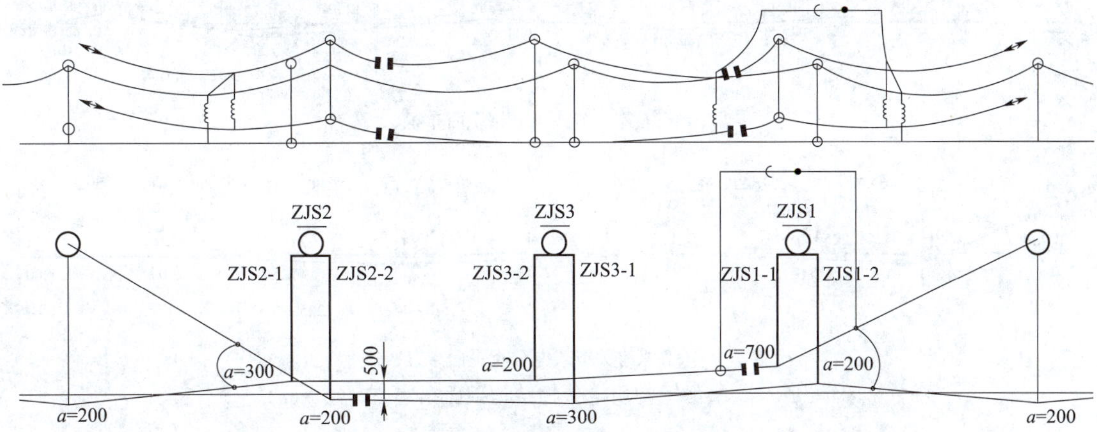

图 3-25　直线区段四跨绝缘锚段关节结构示意(单位:mm)

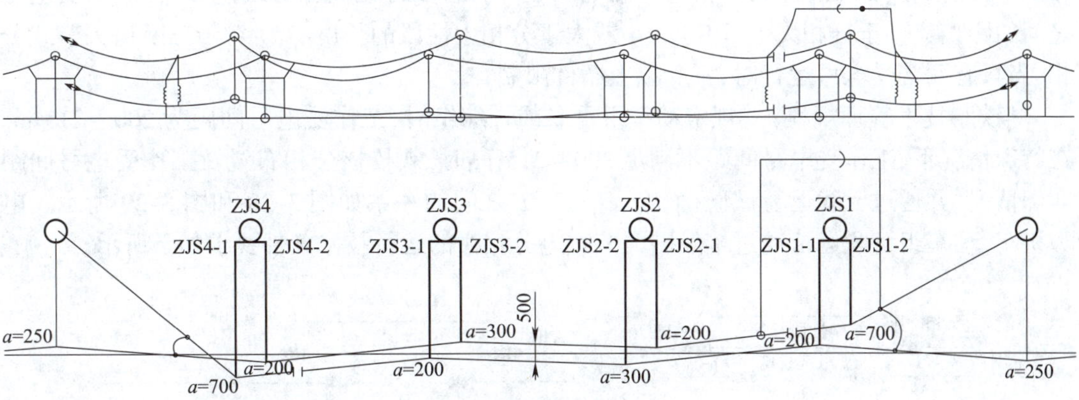

图 3-26　直线区段五跨绝缘锚段关节平面布置示意(单位:mm)

(二)关节式电分相

关节式电分相结构与绝缘锚段关节基本相同,关节式电分相结构形式多样,各种结构在现场实际中均有应用。按照跨距数分为六跨、七跨、八跨、九跨、十二跨、十六跨关节式电分相,按照断口数分为两断口和三断口关节式电分相,如图 3-27 所示,最常见的有六跨

[图 3-27(a)]、七跨[图 3-27(b)]、八跨[图 3-27(c)]关节式电分相。

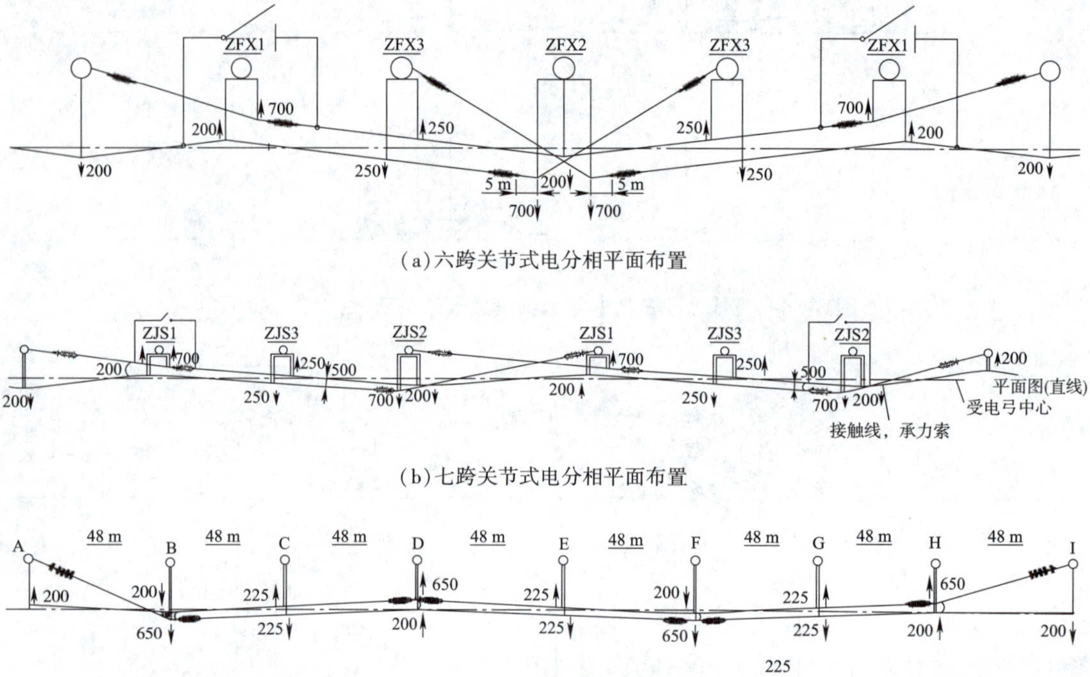

(a)六跨关节式电分相平面布置

(b)七跨关节式电分相平面布置

(c)八跨关节式电分相平面布置

图 3-27　接触网常用电分相结构平面布置(单位：mm)

当列车编组采用多弓运行时，若多弓有高压母线连接，任意两受电弓距离必须小于分相无电区的长度 D_1(器件式分相只有无电区 D_1)。若多弓无高压母线连接，任意两受电弓之间的距离应小于分相无电区长度 D_1 或大于分相中性段的长度 D_2。对于三断口关节式分相，当只有两个受电弓运行时，不受以上条件限制。

《铁路技术管理规程》[1]规定动车组重联或长编组时，工作受电弓间距为 200～215 m。在特殊情况下，工作受电弓间距不满足 200～215 m 时，须校核分相布置及工作受电弓间距匹配情况，并通过上线运行试验确认。D_1、D_2、L 之间的关系如图 3-28 和图 3-29 所示。电力机车、动车组重联运行通过接触网关节式电分相时的运行技术条件要求如下所示。

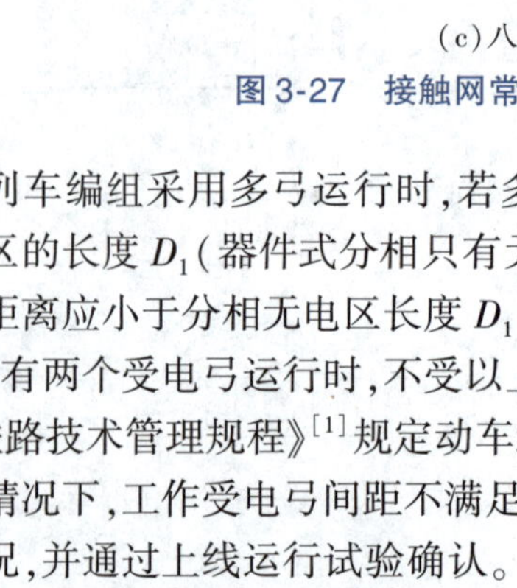

图 3-28　任意两受电弓间的距离小于无电区长度

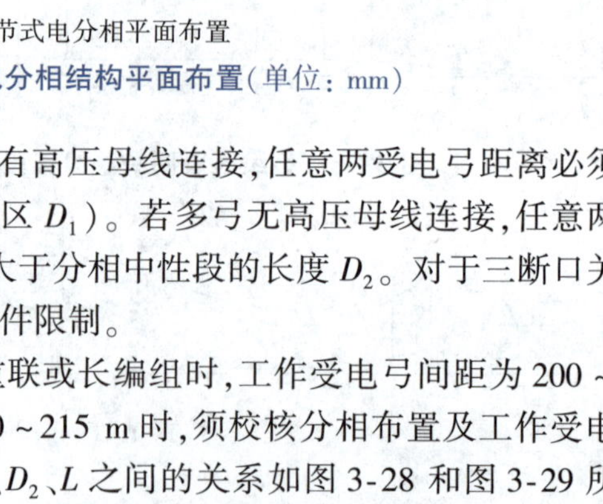

图 3-29　任意两受电弓间的距离大于中性段长度

六、中心锚结

中心锚结安装在链型悬挂锚段的中部，承力索对支柱、接触线对承力索锚固，这种固定形式称为中心锚结。其作用是防止接触线、承力索由于气温、曲线力等原因向一侧滑动；平衡接触线、承力索两端的拉力；缩小接触网事故范围。中心锚结按其作用来分，分为防断式中心锚结和防窜式中心锚结；按其跨距数分，分为两跨中心锚结和三跨中心锚结。

防断式中心锚结是指承力索通过中心锚结辅助绳在相邻支柱上下锚，可以防止承力索、接触线断线时波及相邻半个锚段的一种锚固形式。防断中心锚结分为两跨式和三跨式。两跨式中心锚结是指承力索中心锚结辅助绳在两个跨距内布置，接触线中心锚结呈“顺八”字形，分别布置在悬挂点两侧，如图 3-30 所示。三跨式中心锚结是指承力索中心锚结辅助绳在三个跨距内布置，接触线中心锚结呈“倒八”字形。近年来我国电气化铁路接触网一般采用两跨式中心锚结。

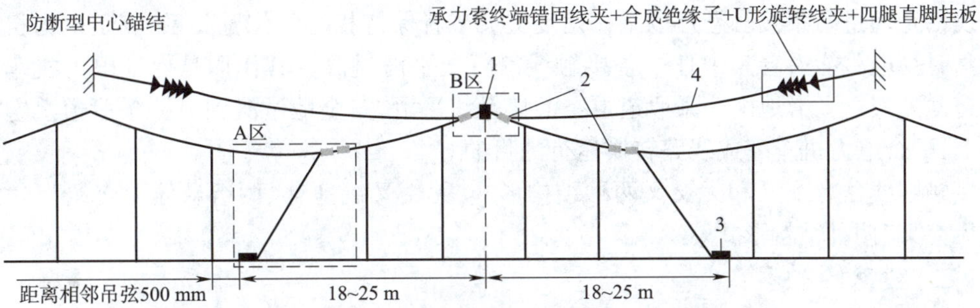

图 3-30　两跨式防断型中心锚结安装示意

1—承力索支座；2—承力索中心锚结线夹；3—接触线中心锚结线夹；4—承力索中锚辅助绳

防窜式中心锚结是指承力索未在锚段中部下锚固定，只在软横跨或腕臂上固定，接触线呈“顺八”字形。其只能防止承力索、接触线因气温变化、风雪影响、线路坡道和受电弓作用下发生窜动，而不能防止断线时波及相邻半个锚段，如图 3-31 所示。

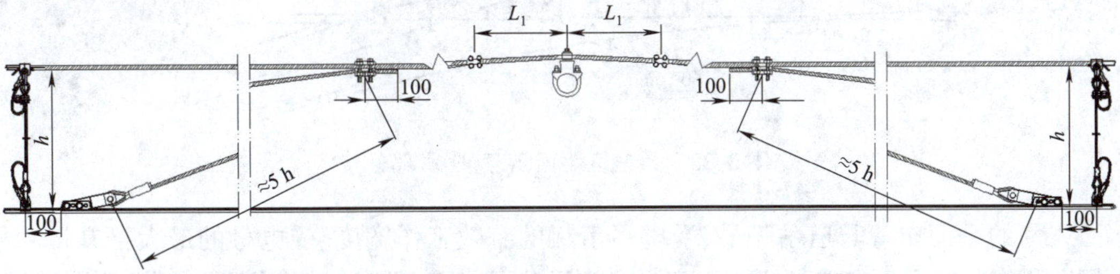

图 3-31　两跨式软横跨防窜型中心锚结安装示意（单位：mm）

三腕臂防窜式中心锚结是通过两根腕臂分别在两侧固定悬挂有承力索的水平腕臂，通过双槽承力索座将承力索固定，接触线中心锚结的安装形式和防断中心锚结相同。两跨式三腕臂防窜型中心锚结腕臂安装示意如图 3-32 所示。

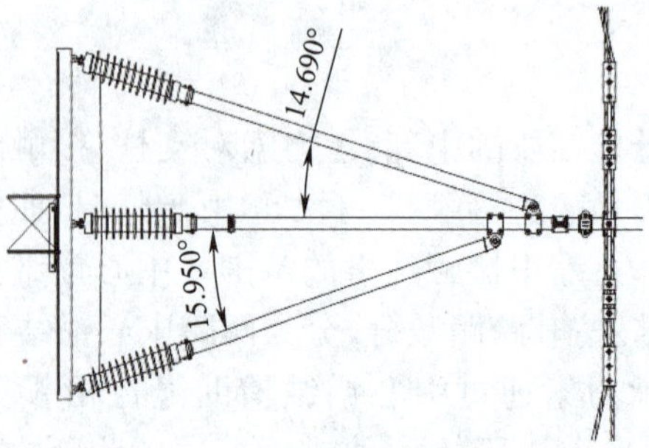

图 3-32　两跨式三腕臂防窜型中心锚结腕臂安装示意

七、线　岔

(一)线岔分类

线岔是通过两条接触悬挂以某一角度交叉或者保持相对的位置关系,满足电力机车通过道岔时受电弓能沿着其中任一条接触线滑行或平滑过渡。其作用是保证电力机车受电弓在道岔处安全平滑地由一条股道上空的接触线平滑、安全地过渡到另一条股道上空的接触线上,配合电力机车完成线路转换运行的目的。

接触网线岔有交叉和无交叉两种结构形式,无交叉线岔有"两组悬挂无交叉"和"三组悬挂无交叉"两种结构形式。

(二)线岔始触区[2]

线岔始触区是弓网几何匹配的非常重要的概念,线岔两工作支中,任一工作支的垂直投影距离另一股道线路中心 600 ~ 1 050 mm 范围内称为始触区。在线岔始触区范围不得安装除吊弦以外任何线夹,如图 3-33 所示。

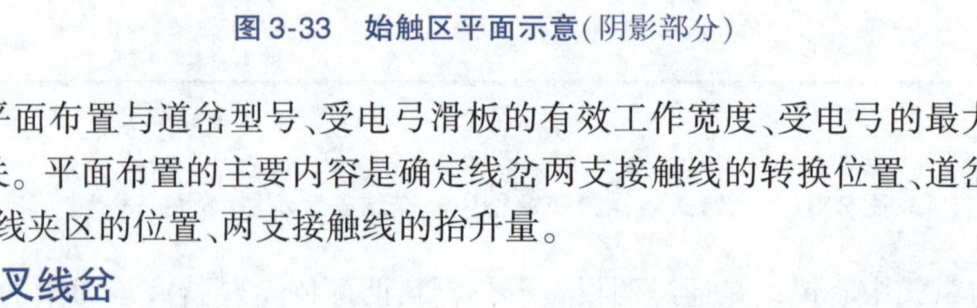

图 3-33　始触区平面示意(阴影部分)

线岔的平面布置与道岔型号、受电弓滑板的有效工作宽度、受电弓的最大抬升量和最大摆动量有关。平面布置的主要内容是确定线岔两支接触线的转换位置、道岔定位柱的位置、接触线无线夹区的位置、两支接触线的抬升量。

(三)交叉线岔

交叉线岔由两根交叉接触线、限制导杆及定位线夹等零件组成,限制导杆按材质分为钢管(G 型)、铝合金管(YG 型)或 T2 铜管(T 型)、钢管(G 型)和铝合金管(YG 型)等形式。限制导杆两端通过定位线夹(YG 型)或固定线夹(T 型)安装在下位接触线上,将两支悬挂的接触线约束在一起,使两接触线在受电弓抬升力的作用下能同步升降,保证受电弓从不同线路方向顺利通过线岔,如图 3-34 所示。

(a)接触网交叉线岔

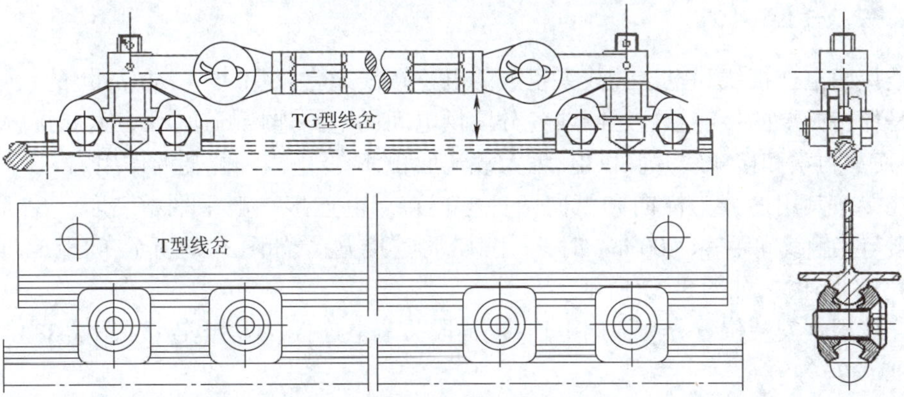

(b)线岔组成示意

图 3-34　线岔现场安装及组成示意

根据两支接触悬挂走向不同,道岔柱处交叉线岔定位方式分为 L 型、Y 型、LY 型三种。

(四)无交叉线岔

无交叉线岔的设计基本原则:侧线接触悬挂应尽量远离正线,使正线受电弓能在最大抬升及最大摆动的情况下高速、安全地滑过正线接触线,而不碰触侧线接触线。正线接触悬挂宜靠向侧线,使受电弓能在正线接触线与侧线接触线间安全平稳转换。侧线接触悬挂立面按一定坡度布置。侧线非工作支接触线应尽量抬高,工作支接触线(特别是始触区至过渡点)应适当降低,以保证正线受电弓顺利通过及侧线受电弓在正线、侧线间顺利过渡转换。

无交叉线岔由正线进侧线始触区、受电弓转换区、侧线进正线始触区三个区域组成。

随着我国采取的受电弓形式和尺寸的逐步统一,我国高速铁路正线主要采用无交叉线岔,平面布置如图 3-35 所示,采用了 2 个道岔定位柱(A 和 B),侧线在 C 柱抬高延长下锚的方式,通过调整 B 柱处侧线接触线、正线接触线与正线线路中心的拉出值和 B 柱处侧线的抬升量,保证线岔始触区控制在 600 ~ 1 050 mm 处,便于施工及运行维护。我国无交叉线岔是否使用交叉吊弦未达到统一,如京广、大西、西成高铁等线路在始触区前线间距 550 ~ 600 mm 处采用了交叉吊弦,而兰新、宝兰等高速铁路未采用交叉吊弦。

我国高速铁路正线普遍采用 1/18 道岔,正线速度可以达到 350 km/h,侧线速度限制在

90 km/h 以下。对于 1/38 及以上道岔的接触网，侧线速度可以达到 100 km/h 以上，多采用带辅助悬挂的无交叉线岔。

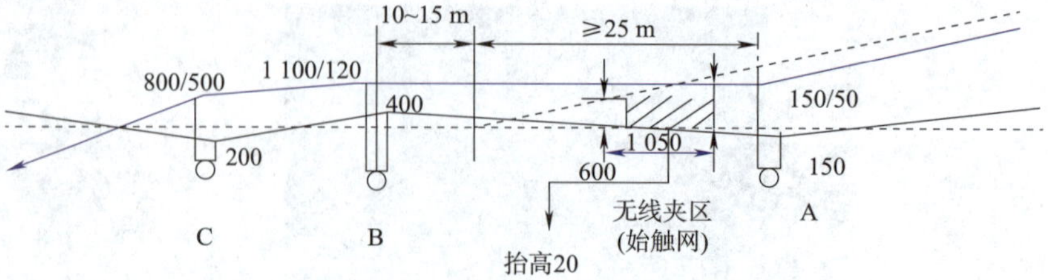

图 3-35　无交叉线岔平面示意（单位：mm）

八、电 连 接

电连接由电连接线和电连接线夹组成。电连接线通常采用 95 ~ 150 mm^2 的软铜绞线。其作用是保持必要的接触悬挂之间或各分段供电间的电路连接畅通，承力索和接触线间的电连接，使承力索和接触线并联供电，增大载流面积，降低电阻和能耗的作用。

电连接按其用途分为横向和纵向两种电连接。电连接一般采取“C”形、“S”形结构。当承力索与接触线间距≤1 000 mm 时，采用“C”形连接方式，如图 3-36 所示；间距 >1 000 mm 时，采用“S”形连接，如图 3-37 所示。

电连接根据安装位置分为横向电连接、锚段关节电连接、线岔电连接（图 3-38）、股道电连接（图 3-39）等。

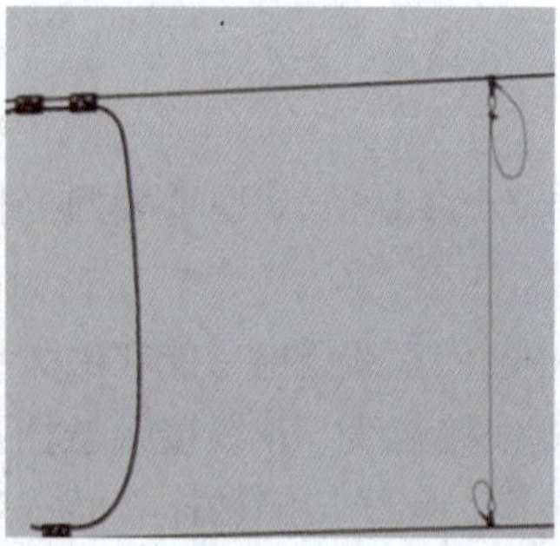

图 3-36　“C”形电连接

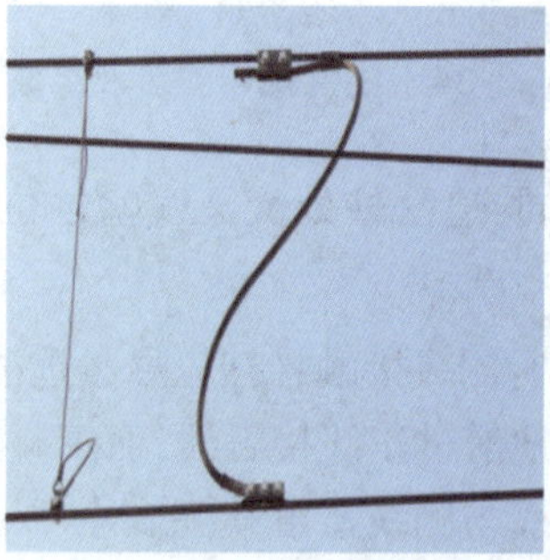

图 3-37　“S”形电连接

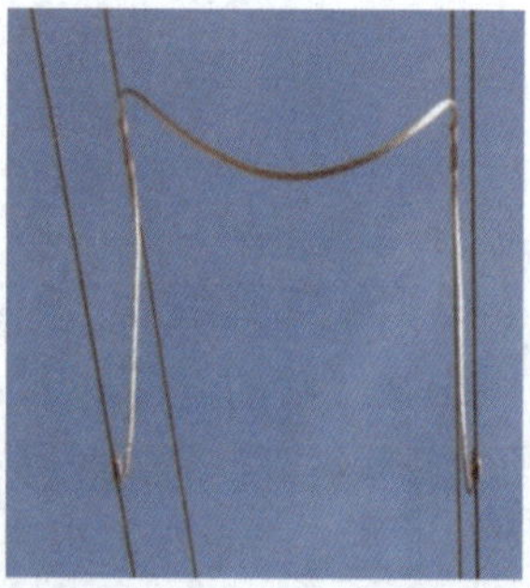

图 3-38　线岔电连接

图 3-39　股道电连接

九、补偿装置

补偿装置是自动调节接触线和承力索张力的补偿器及其制动装置的总称。用于调节因温度变化引起的线索张力和弛度变化，改善悬挂弹性，提高接触悬挂的机械稳定性。当温度变化时，线索长度发生变化，由于锚段两端安装补偿器，能自动调整线索的张力，保持线索弛度满足技术要求。

常见的补偿装置类型主要有滑轮补偿装置、棘轮补偿装置和弹簧补偿装置。

(一)滑轮补偿装置

滑轮组补偿装置由补偿滑轮、补偿绳、杵环杆、坠砣杆、坠砣串及连接零件组成。其安装示意如图3-40所示，现场装置如图3-41所示。我国普速铁路一般采用滑轮组补偿装置。

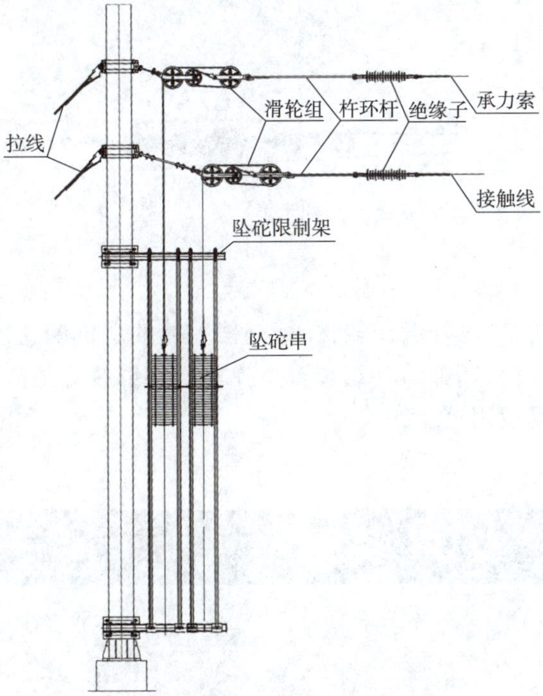

图3-40　滑轮补偿装置安装示意

图3-41　滑轮补偿装置

a 值为坠砣杆耳环孔中心至补偿(定)滑轮下沿的距离；b 值为坠砣串最下面一块坠砣的底面至地面(或基础面)的距离。

(二)棘轮补偿装置

棘轮补偿装置由棘轮、棘轮支架、平衡轮、补偿绳及连接零件组成。棘轮补偿传动比为1:3，补偿绳为柔性不锈钢丝绳，在工作状态下，棘齿与制动块之间有一定间隙，棘轮可自由转动；当接触网线索断线后，棘轮和坠砣在重力作用下下落，刺轮卡在制动卡块上，防止坠砣下落，缩小事故范围。其安装及结构示意如图3-42所示。我国高速铁路采用棘轮补偿装置。

图 3-42　棘轮补偿装置现场安装及结构示意

(三)弹簧补偿装置

弹簧补偿机构简单、安装方便,与滑轮、棘轮补偿比较,弹簧补偿装置的造价偏高,隧道内无下锚预留断面,站场受空间限制时可以采用弹簧补偿装置。弹簧式补偿装置虽能较好地保持张力恒定,但动作范围受限,在现场运用较少。

第三节　支撑装置

一、软、硬横跨支撑装置

(一)软横跨

站场或多线路并行地段,多股道接触悬挂通过横向线索悬挂在线路两侧的支柱上,这种装配方式称为软横跨。软横跨由支柱、横向承力索、上下部固定绳、直吊弦、斜拉线、定位器以及连接悬吊零件等组成。软横跨结构现场安装示意如图 3-43 所示。

横向承力索承受各股道接触悬挂的全部垂直荷载,根据荷载质量分有单横承力索和双横承力索。一般 5 股及以下接触悬挂采用单横承力索,5 股以上接触悬挂采用双横承力索。

上下部固定绳用来在水平方向固定承力索和接触线。上部固定绳固定各股道的承力索,并将承力索的水平荷载传递给支柱。下部固定绳通过定位器固定接触线,按技术要求调整接触线拉出值,并将接触线水平荷载传递给支柱。

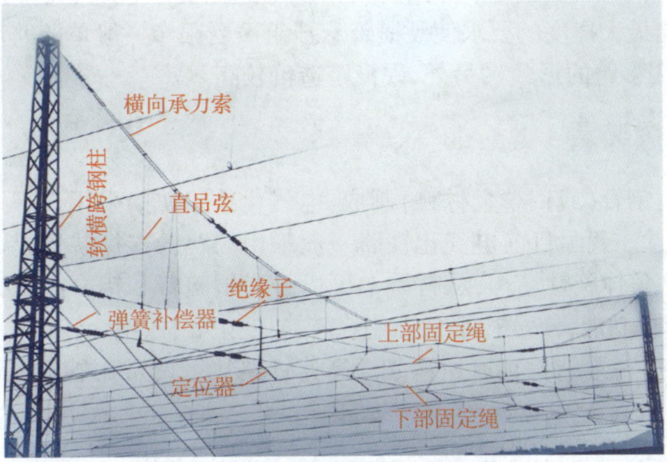

图 3-43　软横跨结构现场安装示意

直吊弦采用镀锌铁线或不锈钢软绞线连接悬吊承力索和上部固定绳，承担接触悬挂垂直荷载。

软横跨节点根据用途不同，分为节点 1 ~ 节点 14，如：节点 5 相当于一个一般中间柱装置，软横跨定位中采用最普遍的节点；节点 6、节点 7 相当于道岔定位柱的定位装配；节点 8 用于软横跨上下行正线股道间、不同供电分区间的电分段绝缘。

（二）硬 横 跨

硬横跨由两根立柱和一组钢横梁组成，使用条件与软横跨相同。硬横跨支撑装置分为水平定位绳和悬吊柱两种结构形式。硬横跨立柱多采用等径钢管柱或格构式钢柱；硬横跨一般采用格构式角钢或无缝钢管，形状有单钢管、双钢管和三钢管三种。为方便运输和安装，常将其分成 2 ~ 3 段，每段之间通过法兰盘和螺栓连接。

水平定位绳硬横跨支撑装置由硬横跨支柱、硬横跨、吊索、定位绳与定位装置组成，多使用在速度 120 km/h 及以下区段。

吊柱硬横跨支撑装置由硬横跨支柱、硬横跨、吊柱、腕臂支持与定位装置组成，如图 3-44 所示。

图 3-44　吊柱硬横跨支撑装置安装示意

与软横跨比较，硬横跨结构稳定，具有较强的抗振性能和抗风性能；机械独立性强、各股悬挂不相互影响；结构简化、整洁美观、抗振动抗风性能好、模块化结构、互换性强等优点。但硬横跨竖向最大挠度的要求使硬横跨悬挂组数受限（一般单跨跨度不超过 35 m 或 5 股道；超过时采用多跨的形式），另外，硬横跨造价较高。

二、腕臂支撑装置

接触网腕臂由钢管（或铝合金材料）制成，电气化铁路初期采用水平拉杆腕臂，因其稳定性差，已逐步淘汰。我国目前电气化铁路一般采用的腕臂支撑装置，从结构上分为平腕臂 + 斜腕臂结构和整体腕臂结构，从材质上可以分为钢腕臂和铝合金腕臂，腕臂柱根据其使用处所和所要求的功能，分为中间柱、非绝缘转换柱、中心柱、绝缘转换柱等腕臂支撑结构，不同的腕臂柱，支撑装置结构也有所区别。高速铁路接触网常用腕臂支撑结构如图 3-45 所示。

（a）平腕臂 + 斜腕臂方式（限位）　（b）平腕臂 + 斜腕臂方式（非限位）　（c）整体腕臂方式

图 3-45　高速铁路接触网常用腕臂支撑结构示意

三、隧道内支撑装置

隧道内接触悬挂是接触网结构中的重要组成部分。由于隧道接触悬挂的结构高度受到隧道净空的限制，所以要根据不同隧道断面来选择悬挂类型和支撑装置结构。隧道内支撑装置主要有简单悬挂、水平悬挂、弓形腕臂和吊柱腕臂支撑装置。隧道弓形腕臂支撑装置如图 3-46 所示，隧道吊柱整体腕臂支撑装置如图 3-47 所示。

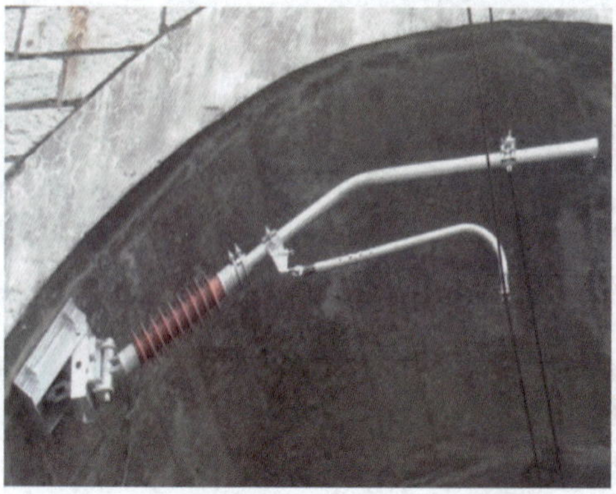

图 3-46　隧道弓形腕臂支撑装置

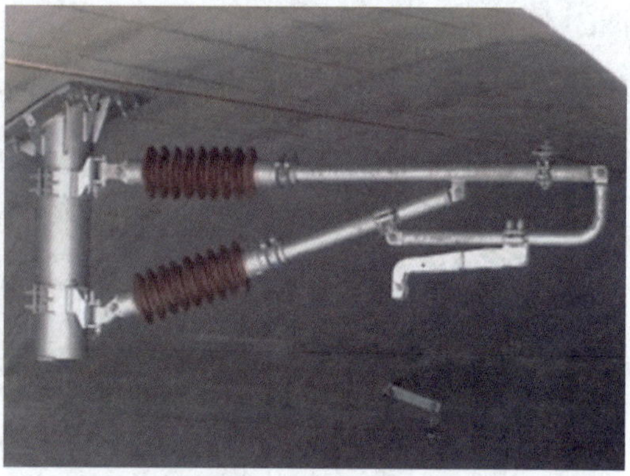

图 3-47　隧道吊柱整体腕臂支撑装置

第四节　定位装置

一、定位装置结构

定位装置就是把接触线进行横向定位，保证接触线始终在受电弓滑板的工作范围内，在直线区段，相对于受电弓中心把接触线拉成“之”字形状；在曲线区段，相对于受电弓中心运行轨迹被拉成切线或割线，使受电弓滑板磨耗均匀。

定位装置是由定位管、定位器、定位线夹及连接零件组成。定位管的作用是调节定位器的位置，增加定位装置安装的灵活性和弹性，在一定范围内调节接触线安装高度。平腕臂、斜腕臂、定位管应处于同一垂直面内。我国高速铁路典型支撑装置与定位装置连接方式如图 3-48 所示，定位装置及其组成零部件如图 3-49 所示，定位现场安装如 3-50 所示。

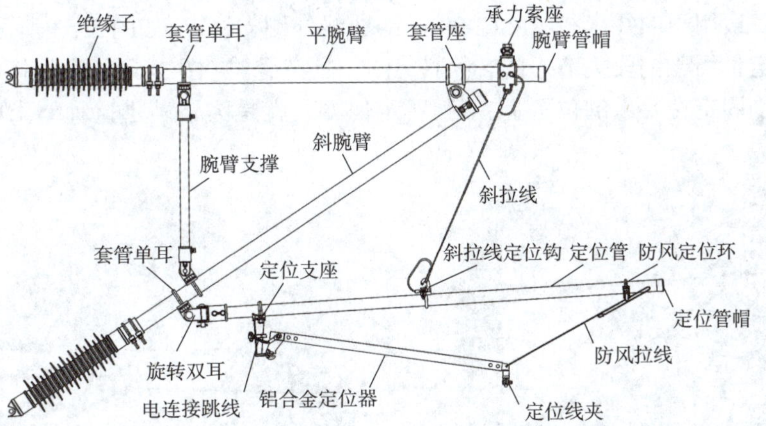

图 3-48　高速铁路定位装置（斜拉线和防风拉线）结构示意

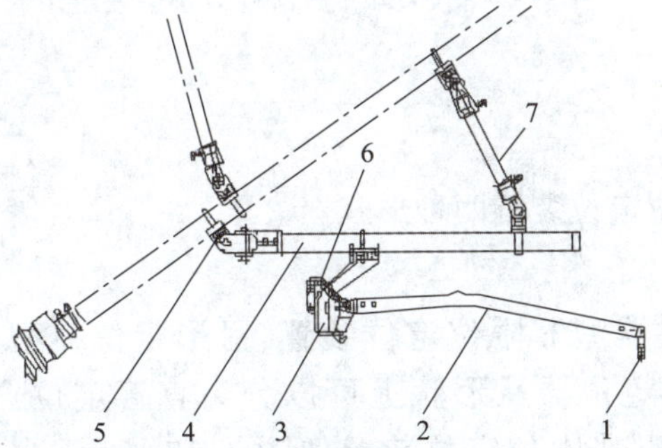

图 3-49　高速铁路定位装置（定位管支撑）结构示意

1—定位线夹；2—限位定位器；3—定位支座；4—定位管；
5—定位环（或 LB 型支撑连接器 + 旋转双耳）；
6—定位器等电位连接线；7—定位管支撑

图 3-50　现场定位装置

二、定位方式

根据支柱所在位置不同及受力情况，定位装置采用不同形式，一般有正定位（图 3-51）、反定位（图 3-52）、软定位、双腕臂定位及特殊定位等。

图 3-51　正定位

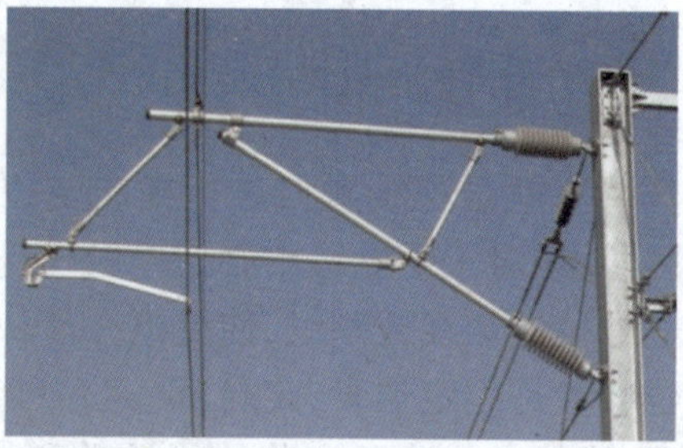

图 3-52　反定位

软定位用于小半径曲线外侧支柱上，软定方式只能承受拉力，且承受拉力较大，但不能承受压力。一般用于曲线半径 $R<1\ 000$ m 的曲线外侧支柱上，如图 3-53 所示。

双腕臂定位用于锚段关节中的转换柱、中心柱、道岔柱（图 3-54），两根接触线需要在同一支柱上分别固定在要求的位置上，双腕臂定位方式就是为了满足这种要求而采用的定位方式。

图 3-53　软定位安装示意

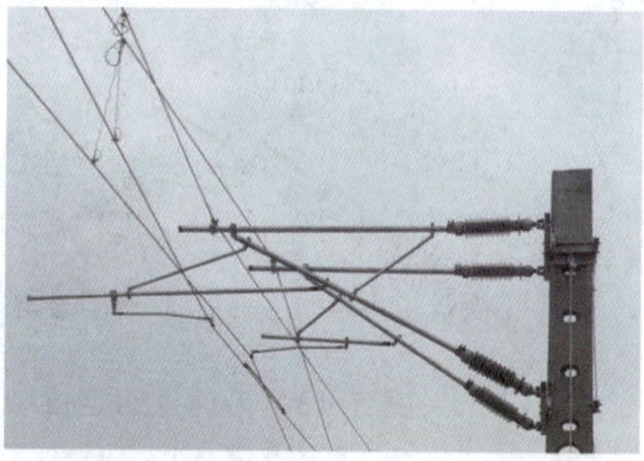

图 3-54　道岔柱双定位安装示意

三、定位限位方式

定位装置分为非限位定位装置和限位定位装置两种形式。

（一）非限位定位装置

非限位定位装置一般分为普通定位器型非限位定位装置、弓形定位器型非限位定位装置、软横跨结构非限位定位装置。定位器从形状上可以分为直管定位器、弯管定位器等几种常用的定位器，普通定位器型非限位定位装置如图 3-55 所示，多用于普速铁路。

（二）限位定位装置

限位定位装置一般分为非弹性限位定位装置、弹性限位定位装置、软横跨结构中固定接触线位置的限位定位装置，典型限位定位装置组成及定位器如图 3-56 所示，多用于高速铁路。

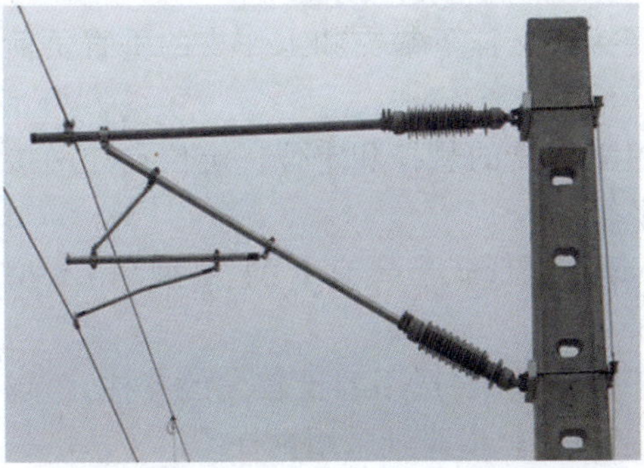

图 3-55　普通定位器型非限位定位装置

图 3-56　限位定位装置

第五节　支柱、拉线及基础

一、支　　柱

支柱是接触网的主要支撑设备，用于安装支持结构、悬挂和定位接触悬挂以及附加导线，承受接触网自身及各类附加荷载。支柱按材质分为预应力钢筋混凝土支柱和钢支柱两大类。预应力钢筋混凝土支柱有矩形横腹杆式和环形圆柱（等径式或圆锥式）；钢支柱有格构式、圆钢管式、方钢管式、H 型钢式。H 型热浸镀锌钢柱具有强度高、抗碰撞、体积小、安装运输方便、整齐美观、易于维护的特点，在高速铁路接触网中得到广泛应用。

支柱按其在接触网中的作用可以分为中间支柱、锚柱、转换柱、中心柱、道岔柱、定位柱、软横跨柱、硬横跨柱等。图 3-57 为以上各种支柱安装位置。

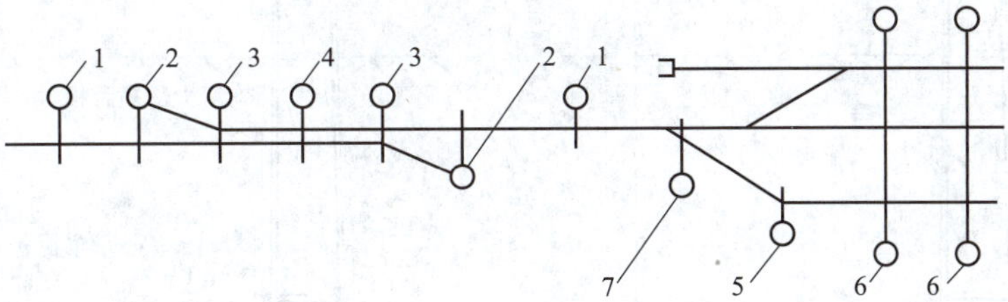

图 3-57　支柱安装位置

1—中间柱；2—锚柱；3—转换柱；4—中心柱；5—定位柱；
6—软（硬）横跨支柱；7—道岔柱

中间柱广泛用于区间或站场接触网悬挂和定位，承受接触悬挂垂直负荷和水平负荷。

锚柱位于锚段关节的两端或接触网需要下锚的其他地点，在垂直线路方向起中间柱的作用,在顺线路方向,承受接触悬挂下锚的全部拉力。锚柱分为带下锚拉线和不带下锚拉线两种,钢独立锚柱和分腿式钢柱用作锚柱时可不带拉线,其余锚柱用作下锚时均带拉线。

转换柱位于锚段关节处的两根锚柱之间,它承受接触悬挂下锚支和工作支的垂直负荷和水平负荷。

中心柱在四跨锚段关节两转换柱之间,完成两组工作支的悬挂和定位。定位点处两接触线相对于轨平面等高,即两定位点的连线与轨面平行。

道岔柱主要用于道岔处的两支接触悬挂定位,其装配形式主要有L型、Y型和LY型三种。

软横跨支柱一般用于跨越多股道的站场上,由于受力较大,选用容量较大的支柱,跨越5股道及以下的软横跨柱采用钢筋混凝土支柱;5股道以上软横跨则采用钢柱。

硬横跨支柱多用于全补偿链型悬挂的站场或区间支撑硬横跨使用,硬横跨悬吊柱用来悬挂接触悬挂。

二、基　　础

基础的作用是保持支柱稳定,并将支柱的荷载和力矩传给大地。

(一)预应力钢筋混凝土支柱基础

预应力钢筋混凝土支柱一般分为直埋和浅埋两种,以H93柱为例,有埋深3 m和1.5 m两种,直埋预应力钢筋混凝土支柱下部埋入土壤中的部分就作为支柱的基础。如果基础自身倾覆稳定不能满足安全要求,可以采用加横卧板的方法增加其稳定性,必要时在支柱底部安置底板。横腹杆式预应力钢筋混凝土支柱埋设示意如图3-58所示。现场直埋预应力钢筋混凝土支柱的横卧板安装如图3-59所示。埋深1.5 m的预应力钢筋混凝土支柱需浇筑杯形基础,支柱放入杯形基础孔内,用混凝土浇筑,使预应力钢筋混凝土支柱与杯形基础结构成一个整体,杯形基础施工支柱整正如图3-60所示。杯形基础多应用于土质松软、基坑难以开挖等处所。

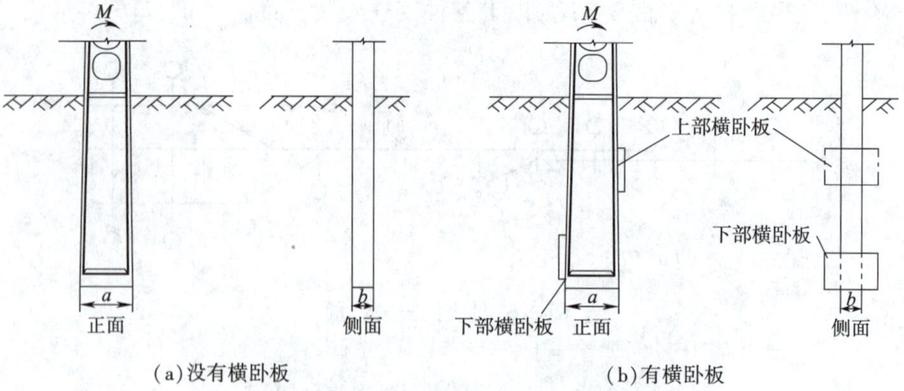

图3-58　横腹杆式预应力钢筋混凝土支柱埋设示意

图 3-59　横卧板安装

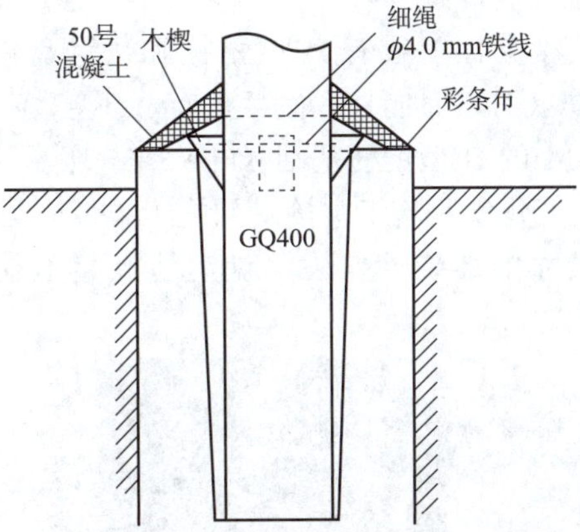

图 3-60　杯形基础支柱整正

(二)钢柱基础

1. 格构式及等径钢管支柱基础

格构式钢柱基础类型很多,承担荷载大小决定了基础外形、体积及基础螺栓长度,格构式钢柱基础按基础外形分类,目前大概分为工字形、锥形、单阶梯形、多阶梯形四大类,如图 3-61 所示。钢柱与基础安装如图 3-62 所示。格构式钢柱现场基础如图 3-63 所示。圆管硬横跨钢柱现场基础如图 3-64 所示。

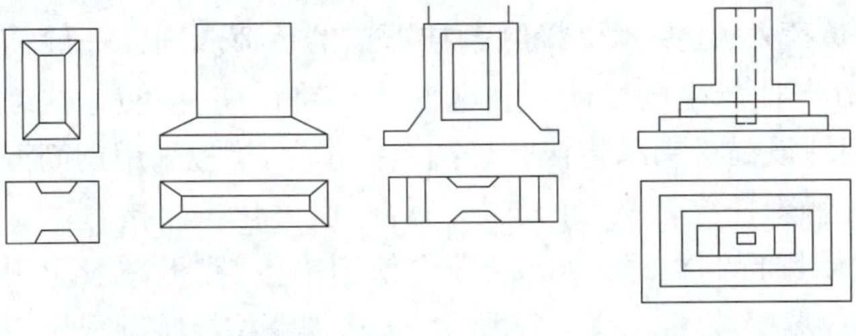

(a)工字形　(b)锥形　(c)单阶梯形　(d)多阶梯形

图 3-61　基础外形

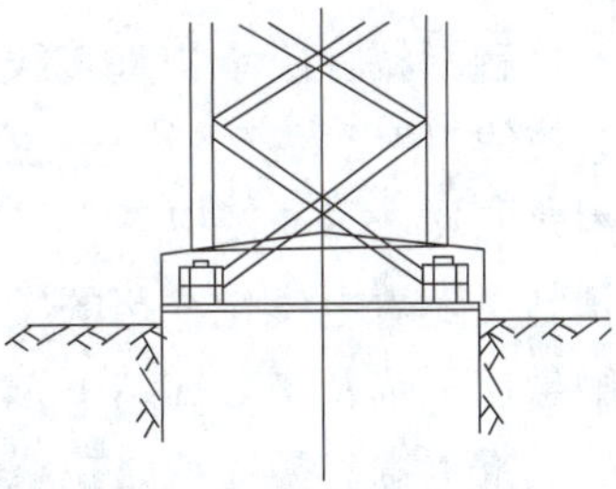

图 3-62　钢柱与基础安装示意

图 3-63　格构式钢柱现场基础

图 3-64　圆管硬横跨钢柱现场基础

2. 法兰盘支柱

法兰盘支柱一般有H型钢柱和法兰盘钢筋混凝土支柱两种，H型钢柱主要有GH、GHT、GHd、GHs四种，柱底法兰盘有A、B、C、E、F等型号，不同型号的法兰盘对应不同型号、布筋及大小的H型钢柱基础，如图3-65所示。H型钢柱基础大部分在桥梁、墩台等预留，所以在电气化铁路施工中接触网施工单位应与站前施工单位充分结合，保证H型钢柱基础位置及尺寸的准确性。法兰盘钢筋混凝土支柱基础常用有H93、H170两种，如图3-66所示。

图3-65　H型钢柱基础

图3-66　法兰盘钢筋混凝土支柱基础

三、拉线基础及锚板

接触网锚柱除承担垂直线路的负荷外，还要承受接触悬挂下锚的负荷。锚柱一般需要安装拉线，用以平衡下锚悬挂张力对支柱产生的影响。在电气化铁路初期，接触悬挂综合张力普遍在25 kN及以下，一般采用埋设锚板来承担接触悬挂下锚拉力，锚板采用钢筋混凝土预制。随着电气化铁路的发展，接触悬挂综合张力的增加，目前，电气化铁路接触网正线接触悬挂下锚及中心锚结下锚一般使用预制拉线基础，已很少使用锚板，锚板一般应用在附加线索下锚。高速铁路拉线基础现场安装图如图3-67所示，普速铁路拉线基础现场安装图如图3-68所示。

图3-67　高速铁路拉线基础现场安装

图3-68　普速铁路拉线基础现场安装

第六节　附加导线

牵引供电系统的供电方式不同,接触网附加导线也不同。电气化铁路牵引供电系统常用的供电方式有 AT 供电和直供加回流线两种方式,其附加导线有供电线、加强线、正馈线、回流线、吸上线、保护线、架空地线、架空避雷线等。附加导线大多采用铝绞线、钢芯铝绞线和铜绞线。

一、供电线

供电线是牵引变电所、分区亭、开闭所与接触网的供电线路。其作用是由牵引变电所或开闭所向接触网传送电能。供电线的截面大小根据所通过电流的大小决定。根据电流大小一般选用一支,电流较大区段则用两支并联供电。供电线的架设,一般与电力供电线相同,通过绝缘子、横担固定在支柱上。为保证接触网停电方便,目前基本独立设置供电线支柱,尽量不与接触网同杆架设。

二、加强线

为改善接触网的电压水平或载流能力、弥补悬挂截面等不足,在电流较大的区段,同接触悬挂并联架设以增加接触悬挂载流截面积的架空导线称为加强线。加强线架设在接触悬挂的上方或田野侧附加悬挂,每隔 300 ~ 500 m 与接触网并联 1 次。加强线一般采用 185 mm^2、240 mm^2、300 mm^2 钢芯铝绞线,加强线和并联线的电压与接触悬挂相同,一般与接触网同杆合架。设置加强线会使接触网结构复杂,荷载加大需要增大支柱容量。

三、正馈线

在 AT 供电方式中,有一条与接触悬挂电压方向相反,电压差 55 kV 的与接触悬挂同杆异侧的架空导线,该导线称为正馈线。正馈线是沿接触网架设的供电线路,是 AT 供电电路的组成部分。正馈线与接触悬挂配合形成供电回路,提高了供电电压,增加了电能输送能力,同时对通信线路起屏蔽作用,降低了对通信线路的干扰。

四、回流线

在带回流线的直接供电方式和 BT 供电方式中,与接触网同杆异侧架设的一条起回流作用的金属导线称作回流线。在牵引变电所附近,连接钢轨和牵引变电所接地网的回流线路,将牵引电流引回变电所的导线也称作回流线。其作用是使做功后的牵引电流返回变电所,以减少牵引电流对通信线路的干扰。回流线与接触网同杆平行架设,通过固定肩架、绝缘子将其固定在接触网支柱的田野侧。回流线的电压等级按 1 ~ 3 kV 考虑,根据电流大小一般采用单支,但在牵引变电所附近采用双支并联回流线。

五、保护线

保护线是起保护作用的电联络线，它也是一条架空导线，一般采用钢芯铝绞线。保护线通过一系列跳线与支柱上的棒式绝缘子或绝缘子串的保护连接点相连，在各个自耦变压器的中心与钢轨相连。

保护线电位一般在500 V以下，正常情况下不流过牵引电流。当绝缘子因某种原因发生闪络时，闪络电流将通过接地跳线经过保护线提供的金属通路迅速流回牵引变电所，闪络电流通过保护线能迅速反应到保护装置，以保证人身及设备的安全。另外，保护线又是随接触网支柱架空悬挂的，相当于架空地线，对接触网起屏蔽作用，可以减小对架空通信线路的干扰，同时也起到避雷线的作用。

在钢轨对地泄漏电阻和机车取流较大的情况下，为降低钢轨电位，还可在AT区段中部加横向连接线，将钢轨与保护线并联。

在AT供电区段保护线与正馈线、接触网设备同杆架设，而且保护线经保护跳线与正馈线、接触网设备接地端连接，所以在安装保护跳线时要充分考虑与正馈线之间的距离。

六、吸上线

在带回流线的直接供电方式和BT供电方式中，连接扼流变压器（钢轨）与回流线的电缆称作吸上线。吸上线中流过的是牵引电流，一般采用铜芯或铝芯电缆。在变电所和分区亭附近，吸上线的截面应比其他地点的吸上线的截面要大。

吸上线应根据铁路信号的要求，采取不同的连接方式。电气化铁路采用双轨回流、全自动闭塞时，吸上线应接至扼流变压器中性板上，如图3-69所示。

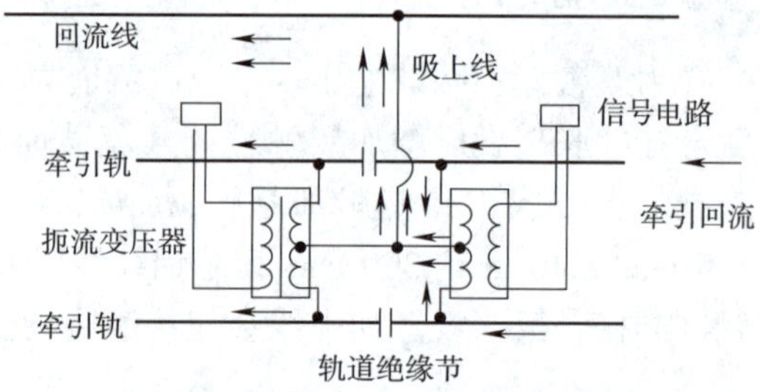

图3-69　吸上线与扼流变压器中性点的连接

七、架空地线

架空地线一般用于车站成排支柱或区间成排钢柱的工作接地和保护接地，为站台钢柱设置双重保护，增强站台支柱的电气安全。架空地线装设在车站支柱田野侧或顶部，顺线路方向架设，不设绝缘，直接固定在支柱支架上，并与钢柱相连，延长至站台两端下锚，并与专门接地装置相连。

第七节　单项设备

一、隔离开关

隔离开关一般装设在车站两端、车站装卸线、专用线、电力机车库线、机车整备线、绝缘锚段关节、电分段和电分相等处所。其作用是接通或切断接触网供电分段间的电路，增加供电的灵活性，在分闸状态时有明显的断开点，以保证其他电气设备的安全检修。

接触网常用隔离开关的类型和结构，按闸刀的极数分为单极、双极隔离开关；按有无接地闸刀分为带接地刀闸（图 3-70）和不带接地闸刀的隔离开关（图 3-71）；按工作状态分为常开隔离开关和常闭隔离开关；按操作方式分为手动和电动隔离开关；按开合方式分为水平和竖直开合隔离开关；按有无灭弧装置分为普通隔离开关和负荷隔离开关；按控制方式分为远动隔离开关和非远动隔离开关。

图 3-70　带接地刀闸的单极水平开合隔离开关

图 3-71　不带接地刀闸的单极竖直开合隔离开关

接触网一般采用电气化铁路专用耐污型单极隔离开关，按其用途分带接地刀闸和不带接地刀闸两种。

按隔离开关刀闸开合方向分为水平和竖直开合隔离开关。带接地刀闸的单极竖直开合隔离开关如图 3-72 所示。随着电动、远动隔离开关的逐渐普及，水平开合隔离开关开合闸时间长，动静触头压力相对小，通过电流有限等缺点日益显现。随着隔离开关技术的不断升级，出现了竖直开合隔离开关，竖直开合隔离开关就是刀闸竖直开合，在主刀闸上增加了绝缘拉杆，缩短了开合闸时间，增加了动静触头压力和通过电流，更加适用于电动、远动操作和大电流区段。在多根电缆上网点等处所使用不带接地刀闸的双极竖直开合隔离开关，如图 3-73 所示。

图 3-72　带接地刀闸的单极竖直开合隔离开关

图 3-73　双极竖直开合隔离开关

负荷隔离开关可以带负荷操作,能够代替断路器及时切断接触网线路上的负荷电流,有效地保护设备和人身安全。负荷隔离开关具有可开断负荷电流、可靠性高、操作简便等特点。单极负荷隔离开关主要由真空灭弧室、开断机构、隔离外断口、操纵机构、接线端子、柱式绝缘子、底座等组成,如图 3-74 所示。

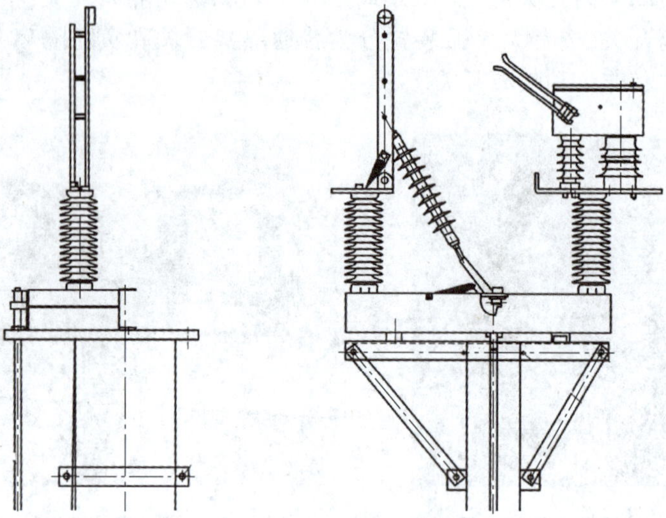

图 3-74 负荷隔离开关构造示意

在电气化铁路供电线上网点、隧道外绝缘锚段关节和分相处(负荷隔离开关)多为电动隔离开关,纳入供电调度远动控制。但是在动车运用所(库)和机务段检修线路处多为手动或集中控制。

二、分段绝缘器和分相绝缘器

(一)分段绝缘器

分段绝缘器分为接触式分段绝缘器和非接触式分段绝缘器。

接触式分段绝缘器是主绝缘部件运行时电力机车受电弓与其直接接触的分段绝缘器。该型分段绝缘器以菱形分段绝缘器为代表,因绝缘滑道与受电弓滑板直接接触,滑板上的碳等导电材料容易附着在绝缘滑道底面,降低了绝缘水平,目前正逐步淘汰。

非接触式分段绝缘器是主绝缘部件运行时电力机车受电弓不与其直接接触的分段绝缘器。该分段绝缘器利用不小于 300 mm 的空气间隙绝缘,绝缘滑道不与受电弓滑板接触,可靠性更高。

常见的非接触式分段绝缘器由硅橡胶绝缘棒、金属滑道、绝缘辅助滑道、引弧导流滑道、金属构架等部分组成,如图 3-75 所示。主体采用三角形立体结构,由三根硅橡胶复合绝缘子以三角形立体布置与两端金属构架通过高强度黏结而成整体,以增加整体的刚性,克服平面结构易产生挠度的缺点,主绝缘棒与受电弓为非直接滑动接触,在主绝缘两侧有相对斜边对称的金属导流滑道和构成平面的辅助绝缘滑道,使底面成为闭合平面,与受电弓接触,其本体通过接头线夹与接触线连接,在主绝缘子两侧有相对应的带引弧装置的导流滑道(两金属滑道间有 300 mm 的消弧间隙),当受电弓通过时产生的电弧由引弧棒引向外侧且向上漂移。承力索绝缘棒采用硅橡胶复合绝缘子,吊线与引弧棒之间的距离较大,可以避免电弧烧损分段绝缘器及其他部件。

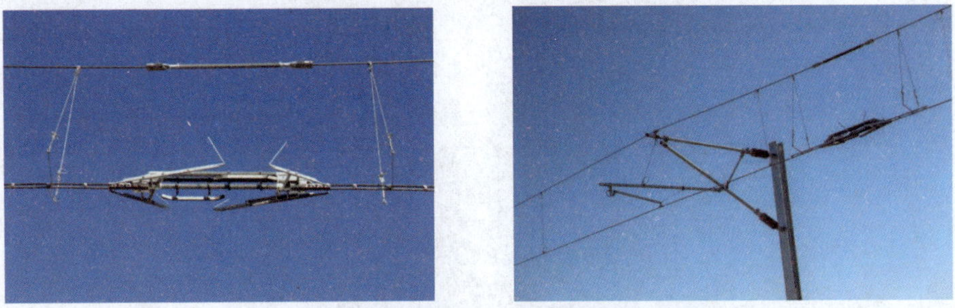

图 3-75　接触网常用消弧型分段绝缘器

分段绝缘器不应长时间处于对地耐压状态。在雨、雪、雾、霾、冻雨等恶劣天气下,货装线设置的起电分段作用的隔离开关严禁处于分闸状态。

(二)分相绝缘器

普速铁路器件式分相绝缘器因制造工艺的不同,型号、结构形式较多,由导线接头、绝缘件、消弧装置等部分组成。常见的分相绝缘器如图 3-76 所示。

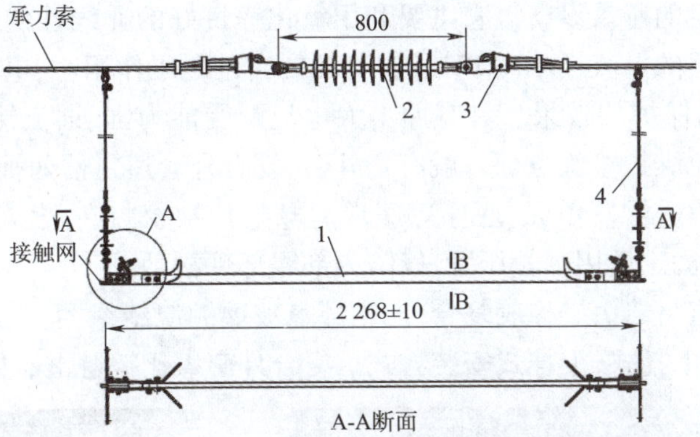

图 3-76　接触网常用器件式分相绝缘器示意(单位:mm)

1—分相主绝缘;2—承力索隔断复合绝缘子;3—承力索楔形耐张线夹;4—吊线

器件式分相绝缘器 2 ~ 3 套绝缘部件为一组,器件式分相绝缘器主绝缘组成的中性区长度不少于 30 m。现场安装示意图如图 3-77 所示。

器件式分相绝缘器的受电弓通过速度一般不超过 120 km/h,所以不适应速度等级较高的铁路。器件式分相位于受电弓中心,双线区段,在列车运行方向为 1‰的上升坡度;单线区段,为 50 mm ± 10 mm 负坡度;滑道底面应平行于钢轨连线。器件式电分相导线接头处应过渡平滑,承力索绝缘子一般采用质量较轻的复合绝缘子。

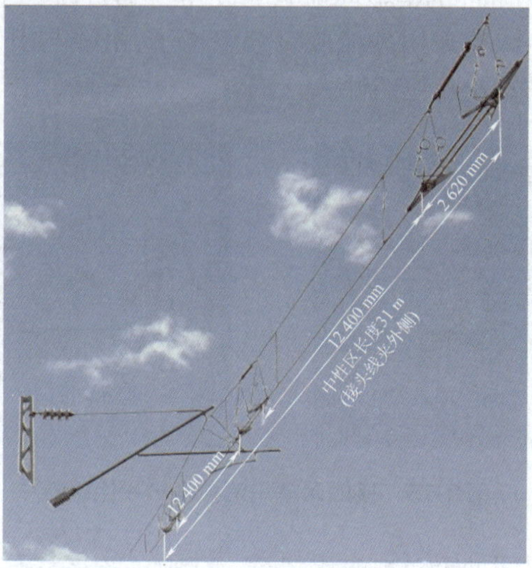

图 3-77 器件式电分相安装位置示意

三、避 雷 器

接触网用避雷器目前主要用氧化锌避雷器。氧化锌避雷器是一种保护性能优越、质量轻、耐污秽、性能稳定的避雷设备。它主要利用氧化锌良好的非线性伏安特性,使在正常工作电压时流过避雷器的电流极小(微安或毫安级);当过电压作用时,电阻急剧下降,泄放过电压的能量,以达到保护的效果。具有冲击大电流耐受能力强、通流能力大、保护可靠、灭弧快、老化寿命长、免维护等优点。一般有瓷外套、复合外套避雷器两种类型。

瓷外套避雷器由避雷器单元、底座等组成。电阻片被密封在避雷器单元内,电阻片由绝缘拉杆、固定卡盘固定后用弹簧压紧,以防内部零部件松动。

复合外套座式避雷器由硅橡胶复合外套、环氧玻璃缠绕绝缘筒、限压元件、脱离装置及连接金具等组成,有上托式、上挂式安装方式。复合外套氧化锌避雷器如图 3-78 所示。

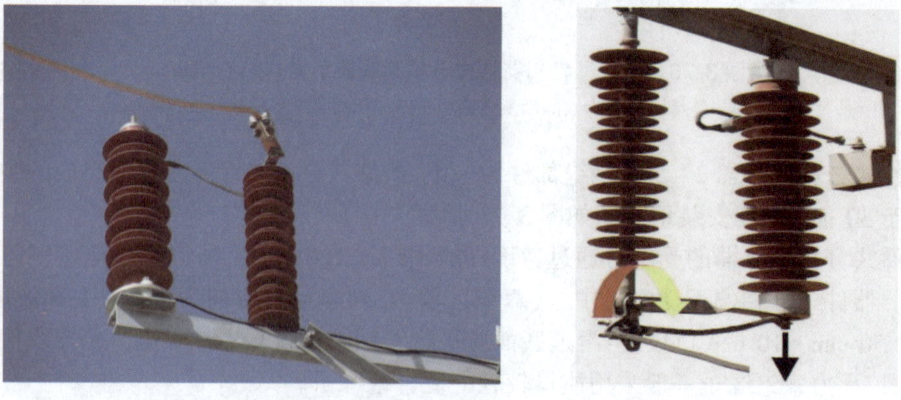

(a)上托式安装方式　　(b)上挂式安装方式

图 3-78 复合外套氧化锌避雷器

四、27.5 kV 电缆

（一）电缆及电缆头基本结构

电气化铁路接触网一般采用 27.5 kV 单相铜芯交联聚乙烯绝缘电力电缆，有细铝丝、双铝带、不锈钢带铠装等多种结构形式，其材质、参数也不尽相同，电缆载流量的大小与其材料和结构特性相关，受外部温度条件、敷设方式等的影响，铜带铠装电缆结构示意如图 3-79 所示。常见的 27.5 kV 单相铜芯电力电缆结构从里至外主要是由导体层、主绝缘层、屏蔽层（导体屏蔽和绝缘屏蔽）、隔离层、铠装层和外护套层组成。

图 3-79　铜带铠装电缆结构示意

1. 导体线芯。作为高压电缆中传递电流的载体，其使用的主要材料是铜或铝。铜芯导体其机械性和导电性较好，载流量大。

2. 绝缘层。保持电压稳定的屏障，承受电压，起绝缘作用。

3. 屏蔽层。用于屏蔽均衡电场、传输故障电流和电容电流。

4. 隔离层。在金属屏蔽层和铠装层之间设有挤包型隔离层，材料为聚乙烯材料。

5. 铠装层。应为非铁磁性材料，采用圆金属丝或扁金属丝，材质宜为铝材质。

6. 外护套。处于电缆的最外层，起到了保护和绝缘的作用，高压电缆绝缘层的作用是使电缆的导体线芯与接地部分及周边环境形成相互绝缘。普遍采用聚乙烯和聚氯乙烯绝缘护套。

27.5 kV 高压电缆终端头有预制式电缆头（直接插拔安装）和冷缩式电缆头（通过白色塑料条进行安装），预制式电缆头主要用于与高压柜之间的连接，冷缩式电缆头主要用于户内外与其他电气设备的连接。27.5 kV 电缆终端头基本结构如图 3-80 所示。

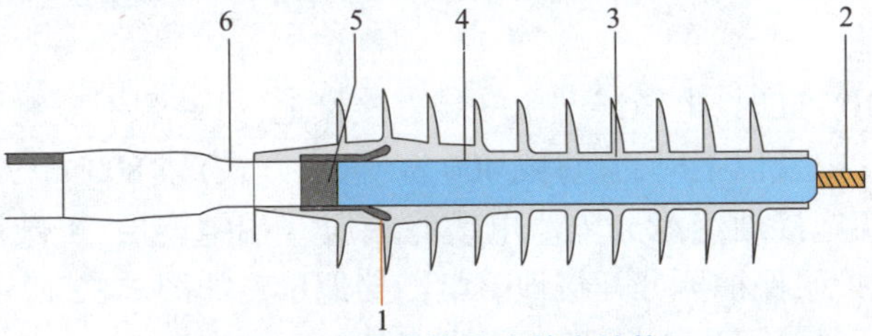

图 3-80　电缆终端头基本结构

1—终端主体半导体；2—导体；3—终端主体；4—绝缘层；5—外半导体层；6—热缩管

电缆中间接头是连接两根电缆形成连续电路的附件，主要使用在电缆间接续处，使用地点分为地面电缆沟、地下隧道、电缆夹层等。电缆中间接头的基本结构如图 3-81 所示。

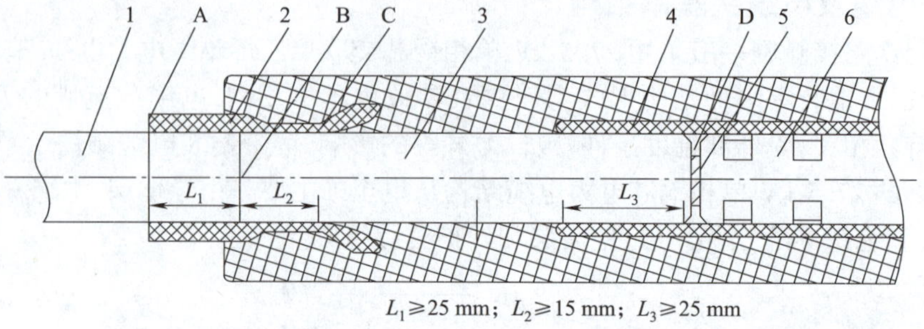

图 3-81　电缆中间接头基本结构

1—电缆半导体屏蔽层；2—应力锥；3—电缆绝缘层；4—屏蔽管；5—线芯；6—连接管；
A—应力锥端部；B—外半导电层切断处；C—应力锥控制起点；D—电缆绝缘端面

（二）电缆敷设

电缆采用地面敷设时须单独设置电缆沟槽，按规定设置地面电缆标识桩。同沟（槽）敷设 2 根以上电缆时，每隔 30 m 分别标识。

电缆应作波浪形敷设，在敷设过程中，不应出现铠装压扁、电缆绞拧、护套折裂破损等现象，电缆弯曲半径不小于电缆外径的 20 倍。电缆终端（上支柱、上桥等）处，电缆应预留不小于 5 m。

电缆上、下行间敷设应无交叉，供电线、正馈线电缆间无交叉（特殊区段用绝缘板做隔离），并按规定采取隔热及阻燃防护措施。

当电缆穿管敷设时，保护管长度、内径应符合要求；当采用磁性保护管防护时，应顺向切割开缝，防止构成闭合磁路。

当电缆直埋敷设时，电缆表面距地面不应小于 0. 7 m，穿越农田时不应小于 1 m；其径路应避开使电缆受到机械损伤、化学或地下电流腐蚀、振动、热影响、虫鼠等危害地段。困难情况下应设置电缆槽、沟，并采取必要的防护措施。电缆过轨时应加装防护套管，埋深低于轨面，且不少于 1 m。

直埋或以直埋电缆槽方式敷设的电缆，敷设后应及时填埋电缆沟，并采取减振、阻燃、阻断鼠道措施。同路径并排展放的多根电缆，相邻两根之间应有隔离措施。

电缆标桩埋设应清晰显示出路径状态，直线地段每 35 ~ 50 m 设置一根电缆标桩，在出所位置、电缆转弯处以及和其他管、线、路交叉处，可增加标桩数量。

（三）电缆接地[3]

电缆长度小于 100 m 时，电缆终端应一端直接接地，另一端不接地。

电缆长度为 100 m 及以上时，宜每隔 400 m（直供方式）或 800 m（AT 供电方式）划分区段且在每个区段应实施接地绝缘分隔。电缆终端应一端铠装层、屏蔽层直接接地，另一端铠装层、屏蔽层通过护层保护器分开接地。电缆接地示意如图 3-82 所示。

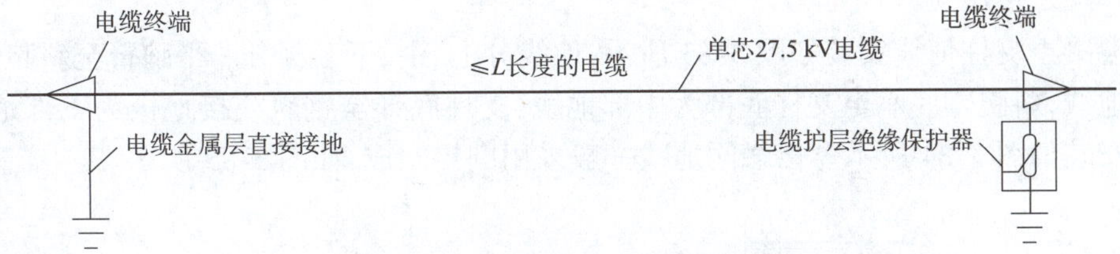

（a）电缆线路一端单点直接接地(电缆长度≤800 m)

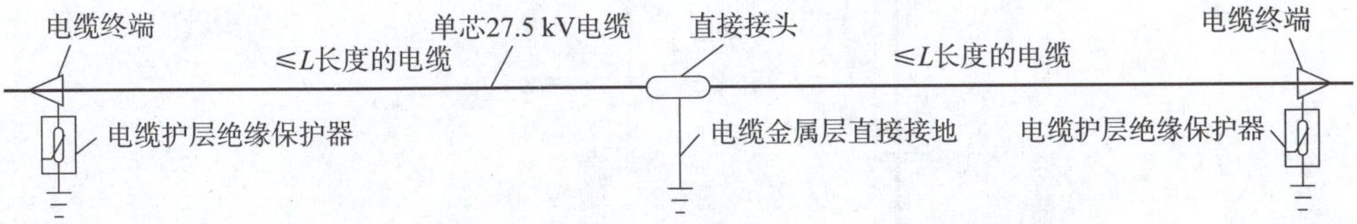

（b）电缆线路中央部位单点直接接地(800 m＜电缆长度＜1 500 m)

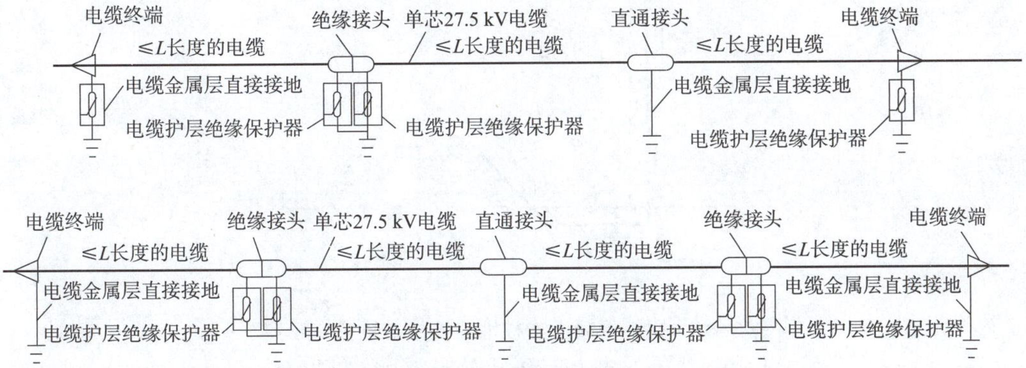

（c）电缆线路中间部位电缆护层绝缘保护器(电缆长度＞1 500 m)

图 3-82　电缆接地示意

第八节　接地回流装置及绝缘子

一、接触网接地

当绝缘元件绝缘强度下降，会有较大的泄漏电流，泄漏电流在支柱上形成较大过渡电压，严重时会危及人身安全。电流还会使混凝土柱内部金属部分钢筋发热，使金属软化造成支柱强度下降，拉断支柱，危及设备安全。接触网应设立接地装置，将接触网设备中非带电的金属部分与牵引轨经地线直接相连。根据其作用不同可以分为工作接地、保护接地、防过电压接地、防静电接地、屏蔽接地等。工作接地是指为保证设备安全运行而设置的接地，如混凝土柱、钢柱和避雷器接地侧接地等。保护接地是指以防护为目的而设置的接地。双接地是指一方面是工作接地，另一方面是出于防护目的接地。

(一)单支柱接地

钢筋混凝土支柱地线安装如图 3-83 所示，地线分上、中、下三部分。平腕臂至斜腕臂底座为上部地线，斜腕臂底座至支柱底部为中部地线，支柱底部至钢轨或接地极为下部地线。钢柱地线安装如图 3-84 所示。接触网地线一般采用圆钢制成，如图 3-85 所示。

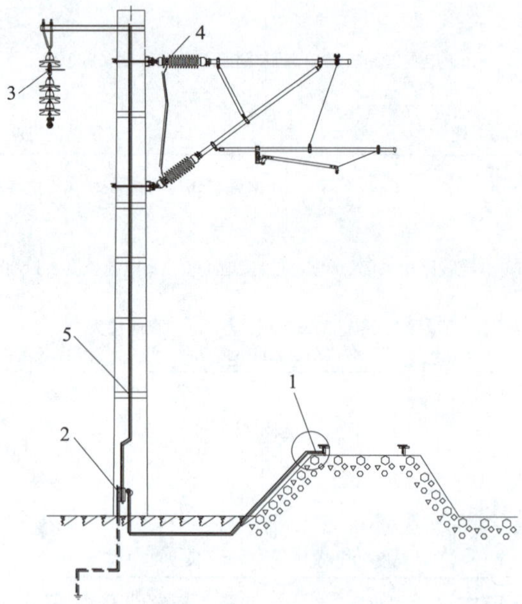

图 3-83　钢筋混凝土支柱地线连接装置安装示意

1—接地线夹；2—接地线连接线夹；3—接地跳线固定板；4—跳线卡箍；5—接地线固定抱箍

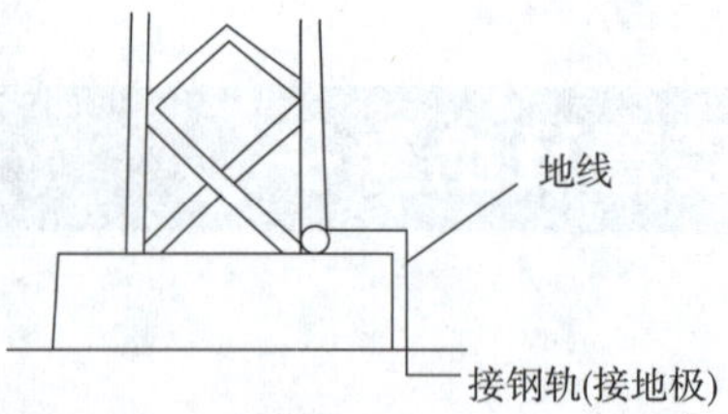

图 3-84　钢柱地线安装示意

图 3-85　接触网地线圆钢示意

(二)集中接地

所有支柱上非带电的金属部分用导体互相连接后，直接和同杆架设的架空地线或保护线连接，架空地线或保护线两端分别再接接地极或钢轨；隧道内所有埋入杆件的地线均接在一根架空地线上，架空地线沿隧道壁顺线路架设，在隧道每 500 m 处的集中接地点连接。这种接地方式称为集中接地。

(三)接触网闪络保护

接触网闪络保护采用了双重绝缘保护方式和不绝缘保护方式两种。

1. 双重绝缘保护方式,即保护线或回流线和支柱间绝缘的闪络保护方式,平腕臂、斜腕臂绝缘子选用双重绝缘棒式绝缘子,在双重绝缘棒式绝缘子主绝缘与辅助绝缘之间设置接地线,和接地跳线连接到保护线或回流线上。当绝缘子闪络或击穿时,其闪络或击穿电流不经过支柱和肩架,也不经过钢轨和大地回路流回牵引变电所,而是经接地跳线流至保护线或回流线,再经保护线或回流线流至牵引变电所,致使有关的保护设备动作。这样闪络或击穿电流就不会使支柱带电,保证了人身安全,也避免了对信号轨道电路的干扰。

2. 不绝缘保护方式,就是保护线或回流线在肩架上悬挂时,不经悬式绝缘子而直接挂在悬吊零件上。这种方式,接地连线就是把腕臂底座、肩架、固定角钢等接触网设备中非带电金属部分,用导体连接起来。当接触网绝缘子闪络或击穿时,短路电流直接从金属底座经零件、肩架流入保护线或回流线,从保护线或回流线流回牵引变电所,使保护动作。

(四)防雷接地

接触网防雷装置通常由避雷线(或避雷器)、引下线和接地装置组成。避雷器引下线应直接从避雷线(避雷器)连续、完整、以最短距离引下并可靠接地。接地装置应状态良好,接地极、接地线的敷设和焊接应满足要求。设有贯通地线地段,接触网单独设置的防雷接地体(极)在贯通地线上的接入点与其他设备在贯通地线上的接入点间距不应小于15 m。雷电活动强烈的地区,应增加防雷装置的检查次数。

(五)接地极的安装

接地极又称接地体,是深埋并直接与大地接触的金属导体或接地模块。接触网接地一般直接接至钢轨或保护线上,但是也有一部分接到接地极上,如:隔离开关、避雷器、隧道口两端集中接地等处所采用的接地极。牵引供电回路接地是将大地作为工作回路一部分的接地方式,即接地极上平时也有负荷电流流过。接地极根据使用材料的不同,可分为角钢接地体、钢管接地体、圆钢接地体等。

27.5 kV电缆、隔离开关、避雷器、架空地线接地电阻值不应大于10 Ω,零散的接触网支柱接地电阻值不应大于30 Ω。

二、综合接地

铁路综合接地就是将铁路沿线的牵引供电回流系统、电力供电系统、信号系统、通信及其他电子信息系统、建筑物、道床、站台、桥梁、隧道、声屏障等需要接地的装置通过贯通地线连成一体的接地系统,其实就是一个共用接地系统并通过等电位连接构成铁路的一个等电位体。局部综合接地系统构成示意如图3-86所示。距接触网5 m范围内需要接地的设施、线路两侧20 m内建筑的接地装置均应接入综合接地系统。铁路综合接地的主要目的是减小接地电阻,降低钢轨电压,为沿线设备提供公共参考地电位。

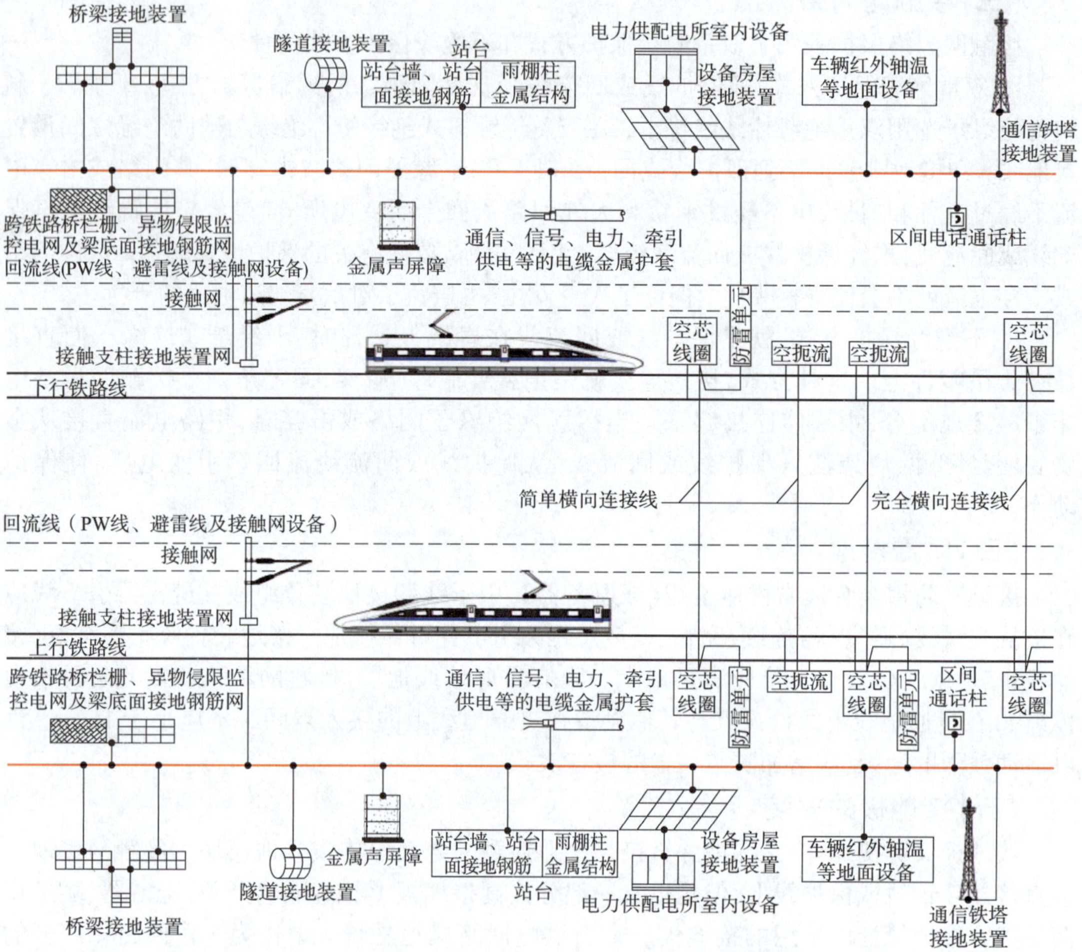

图 3-86　局部综合接地系统构成示意

三、接触网回流

牵引供电回流系统的途径为“牵引变电所→接触网→电力机车(动车组)受电弓→轮轨→钢轨、回流线(PW 线)、综合地线、大地→牵引变电所”,如图 3-87 所示。

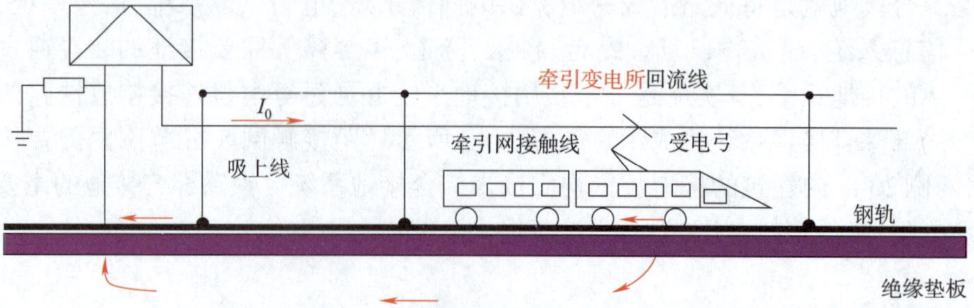

图 3-87　牵引供电回流路径示意

其中,钢轨与架空回流线、综合贯通地线要通过扼流变压器中性点进行连接,从而使牵引电流回路和轨道信号回路各自形成导通回路,并确保牵引电流不致被钢轨绝缘隔断。扼流变压器中性点与架空回流线的连接线叫作吸上线,如图 3-88 所示。

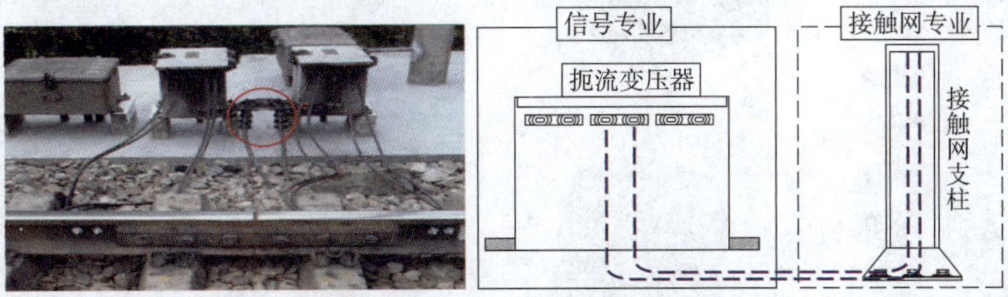

图 3-88 吸上线与扼流变压器中性点连接及走向示意

牵引供电回流路径一般有以下几种方式:

1. 采用直接供电方式时,流入地中的电流在变电所附近一部分流回钢轨,经钢轨流回变压器,还有一部分经变电所接地网流回变压器。

2. 采用带回流线的直接供电方式时,由于不能将回流全部吸入回流线,还有 20% ~ 30% 的电流经接地网流回变压器。

3. 采用自耦变压器供电方式时,由于自耦变压器的作用,回流经正馈线流回变压器,在靠近第一自耦变压器区段内有机车运行时,部分回流经 N 线流回变压器。正常工作时接地网中没有电流。回流的径路不同,工作接地方式也不同。

牵引供电回路是利用钢轨作为主要牵引回流通道,即平行于轨道的大地回流和钢轨回流同时构成牵引回流。随着列车运行速度的提升,牵引供电系统的牵引回流也大幅增加,牵引回流系统除钢轨回流、大地回流以外,还增加了架空回流线回流、贯通地线回流等。

四、绝 缘 子

电气化铁路接触网绝缘子是应用非常广泛的重要部件之一。它既要保持接触悬挂对地的电气绝缘,又要承受一定的机械荷载。

绝缘子按照绝缘介质来分类,可以分为瓷质绝缘子、复合绝缘绝缘子等。按照结构来分类可分为棒式绝缘子[图 3-89(a)]、悬式绝缘子、针式绝缘子。

瓷质绝缘子由瓷土加入石英砂烧制而成,表面涂有一层光滑的釉。常用的绝缘子有悬式、棒式、针式和柱式绝缘子四大类。

棒形瓷绝缘子按使用方式分为腕臂支撑、拉伸用绝缘子两大类。按绝缘方式分为单绝缘和双重绝缘结构两类。

悬式绝缘子按其使用环境分为普通型、耐污型和高原型三类。耐污型绝缘子按其伞形结构分为钟罩形和双层伞形[图 3-89(b)]两类。

复合绝缘子是采用有机绝缘材料制作的绝缘子,由芯棒、硅橡胶护套与伞裙、金属附件等组成。按结构分为棒形柱式绝缘子[图 3-89(c)]、棒形悬式复合绝缘子[图 3-89(d)],其中柱式绝缘子又分为支柱绝缘子、腕臂绝缘子。按使用方式分为抗拉式的悬挂、耐张和抗弯的腕臂支撑使用。按耐污程度分为普通型、绝缘加强型、绝缘高度加强型三类。按绝缘方式分为单绝缘和双重绝缘结构两类。

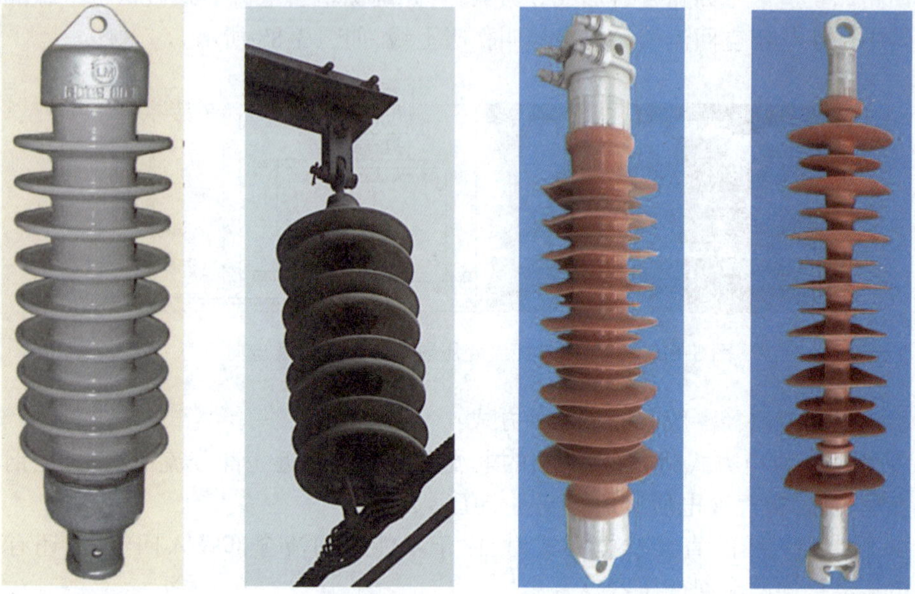

(a)瓷质棒式绝缘子　(b)瓷质悬式双层伞形绝缘子　(c)棒形柱式复合绝缘子　(d)棒形悬式复合绝缘子

图 3-89　典型绝缘子类型

针式瓷绝缘子主要用于回流线，按抗污等级分为普通型、加强重污型。

第九节　保安装置及标识

一、保安设施

(一)限 界 门

在机动车辆通过的平交道口处铁路两侧的公路上，应设置限界门。限界门置于在沿公路中心线距最近铁路线路中心不小于 12 m 的地方。限界门的宽度不得小于平交道口处公路路面的宽度，限界门的下缘距地面的高度为 4.5 m，限界门框柱涂以警示色标，如图 3-90 所示。在限界门悬挂安全揭示牌，固定在道口两面限界门右侧门框上。

(二)支柱防护

道口两侧、经常有机动车辆运行的场所以及装卸货物站台上等易被碰撞的支柱，均应设置强度较高的防护桩。

(三)防护网栅

天桥、跨线桥靠近或跨越牵引供电设备的地方，须设置防护栅网，栅网由所附属结构的产权或工程建设单位负责安设。防护栅网安设“高压危险”标志。

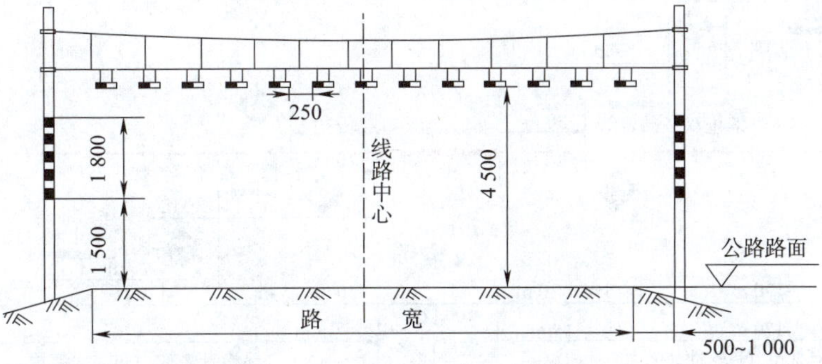

图 3-90　限界门安装示意(单位:mm)

(四)设备防护

上跨构筑物(桥、隧道、明洞、站房等)下方的承力索、供电线、正馈线、加强线,应在防断点处向两端延伸至少 5 m 采取防护措施。隧道、桥梁内漏水点距离接触网带电线索小于 2 m 处所,下方承力索、供电线、正馈线、加强线等在漏水点垂直投影向两侧延伸至少 1 m 采取防护措施。重点处所上跨电线路下方的承力索、供电线、正馈线、加强线,可在上跨电线路垂直投影向两侧延伸至少 5 m 采取防护措施。

二、电力机车过电分相技术

电力机车过分相方式主要有人工断电过分相、车载自动断电过分相和地面开关自动切换过分相三种方式。

(一)人工断电过分相

人工断电过分相方式是电力机车在接近电分相时,机车乘务员依据地面电分相"断"标位置,断开机车主断路器,机车惰行通过电分相后,再按照"合"标位置,闭合机车主断路器,电力机车取电继续运行。

(二)车载自动断电过分相

车载自动断电过分相装置的系统结构由安装于地面电分相区的四个地面感应器、机车底部的车载地面感应信号接收器、机车室内的控制系统和司机室操作台的信号指示系统四个部分组成。

地面感应装置是嵌入专用轨枕内或安装在整体道床上的耐高温、耐腐蚀、不易损坏的永久磁铁,其布局如图 3-91 所示。图中 G1 地面感应器为预告信号感应器;G2 地面感应器为强迫感应信号感应器;G3 为反向恢复信号感应器;G4 为反向预告感应信号感应器。

地面感应信号接收器是安装在电力机车或动车组转向架上,通过感应地面感应装置完成列车定位和过分相动作触发。当机车或动车组通过电分相区时,地面感应信号接收器将感应一个幅值和宽度与机车运行速度相对应的信号,启动车载系统完成切断机车负荷、断主断路器、合主断路器、投入负荷等一系列动作,自动完成机车或动车组自动过分相。

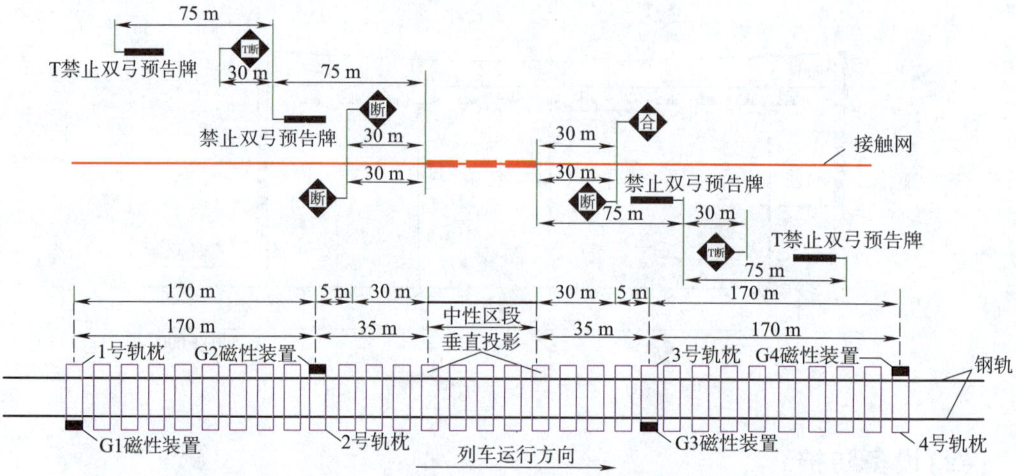

图 3-91　车载自动过分相系统地面感应器布置

(三)列控系统车载自动过分相

高速铁路列车运行控制系统,即 CTCS-2 和 CTCS-3 级系统的自动过分相技术是车载自动过分相一种。CTCS-2 和 CTCS-3 级系统的不同之处在于,CTCS-2 级系统列控车载设备根据地面设备(应答器)提供的分相区信息,在适当位置给动车组过分相装置发送指令,实现自动过分相;CTCS-3 级系统,牵引供电分相区信息与列车行车许可(MA)一起由 RBC 提供给列车,分相区信息包括至分相点距离、分相区长度等。CTCS-3 级系统自动过分相如图 3-92 所示。

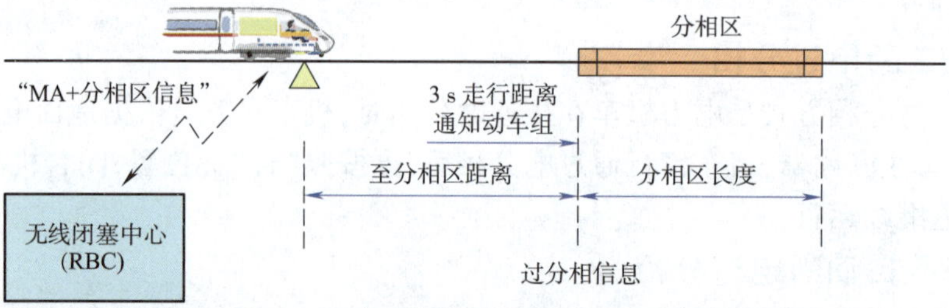

图 3-92　CTCS-3 级系统自动过分相示意

(四)地面开关自动切换过电分相装置

地面开关自动切换过电分相装置的原理如图 3-93 所示。

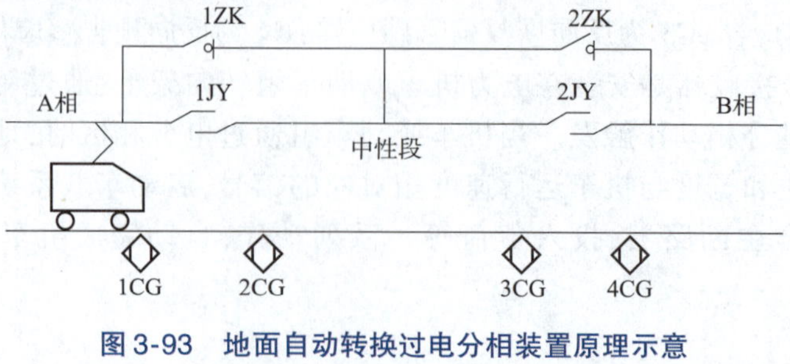

图 3-93　地面自动转换过电分相装置原理示意

图 3-93 中 A 相接触网、中性段接触网、B 相接触网构成一个带中性段的绝缘锚段关节式电分相结构。1JY、2JY 为中性段与两相接触网之间的空气绝缘间隙；1ZK、2ZK 是串接在 1JY、2JY 上的两台断路器；1CG、2CG、3CG、4CG 是线路上的电力机车位置感应器。

无列车通过分相区时，两台断路器均处于断开状态，中性段接触网无电；当电力机车从 A 相驶来，到达 1CG 位置时，真空负荷开关 1ZK 闭合，中性段接触网由 A 相供电，待电力机车进入中性段到达 3CG 位置时，1ZK 分断，2ZK 随即迅速闭合，完成中性段供电的换相变换，电力机车在不需任何附加操纵、负荷基本不变的条件下通过电分相区段，待列车驶离 4CG 位置后，2ZK 分断，装置回零，各项设备恢复到无列车通过时的状态。地面开关自动切换过电分相装置在国内有研究和使用，但目前数量不多。

三、标牌标志

（一）号 码 牌

每根接触网支柱（隧道吊柱或悬挂点）应有唯一的反光号码牌，号码牌一般有肩架安装的号码牌（图 3-94）、粘贴式号码牌（图 3-95）等方式。每个区间、车站、隧道均应分别单独编号，上行双号、下行单号。

图 3-94　肩架安装反光号码牌

图 3-95　粘贴式号码牌

（二）高压危险标

在站台及人员活动频繁处所的接触网支柱、安全挡板、细孔网栅和跨线桥防护网栅均应设置白底、黑字、红色闪电符号的“高压危险”警示标识，如图 3-96 所示。

（三）电力机车禁停标

在站场、区间接触网不同供电臂间的绝缘锚段关节式电分段两端设置电力机车禁停标，标明电力机车禁停距离区域，如图 3-97 所示。

图 3-96　高压危险牌

图 3-97　禁停标安装位置及尺寸示意

(四)电分相标志牌[4]

电分相两侧正反行车方向设置“禁止双弓”“T 断”“断”“合”“动集合”电标等标识,普速铁路电分相标志安装位置及标牌示意如图 3-98 所示。

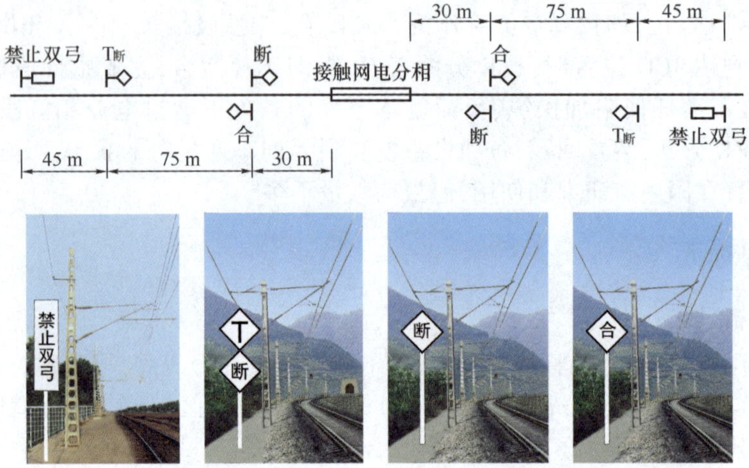

图 3-98　普速铁路电分相标志安装位置及标牌示意

高速铁路在接触网电分相前方设断电标,断电标设置在电分相中性区段起始位置前第 2 根支柱上;在接触网电分相后方设合电标,合电标设置在电分相中性区段终止位置后 400 m 处附近的接触网支柱上,线路反方向按上述规定设置断电标、合电标,如图 3-99 所示。

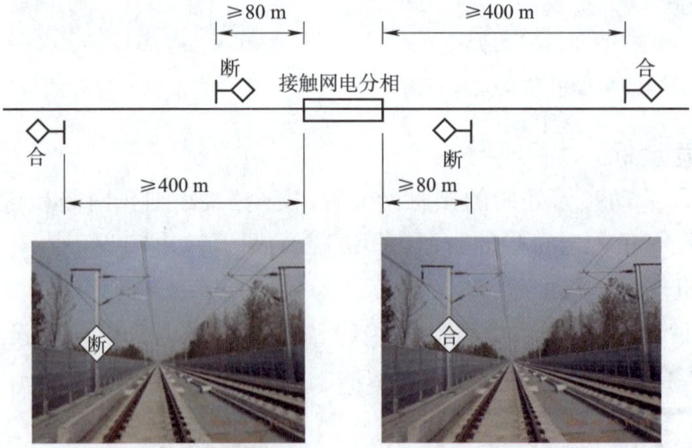

图 3-99　高速铁路电分相标志安装位置及标牌示意

对开行时速 160 km 动力集中型动车组或标准动车组的普速铁路,在电分相中性区终止位置后 510 m 或 400 m 处附近增设“动集合”电标或“动车合”电标,表示自该标识之后时速 160 km 动力集中型动车组或标准动车组列车方可合闸。“动集合”标外形及尺寸如图 3-100 所示。

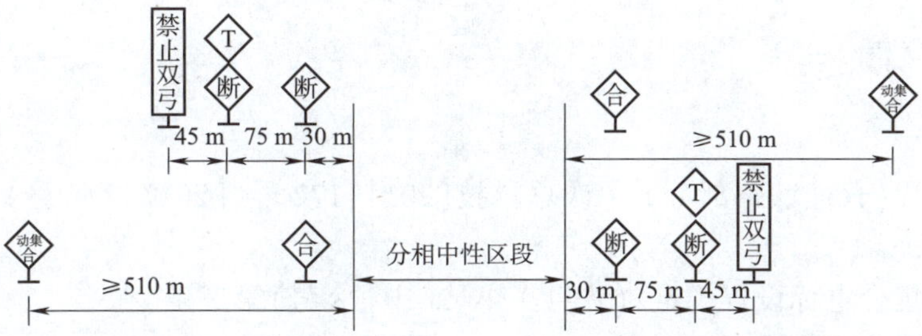

图 3-100 “动集合”电标设置位置及外形尺寸示意

(五)升降弓标[4]

在电气化线路接触网故障降弓地段前方,分别设准备降下受电弓标、降下受电弓标;对最高运行速度大于 120 km/h 线路,在降下受电弓标的前方增设特殊降弓标。在降弓地段后方,设升起受电弓标,设置位置及标志外观如图 3-101 所示。

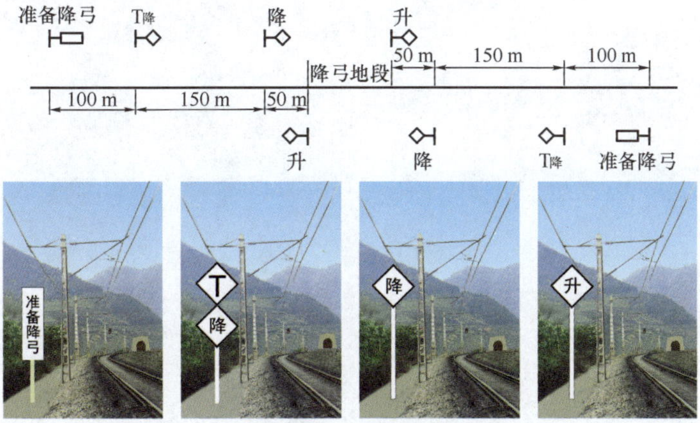

图 3-101 升降弓标设置位置及标志外观示意

复习思考题

1. 接触网由哪几部分组成?
2. 定位装置包括哪些部分?其作用是什么?
3. 什么是补偿装置的 a 值、b 值?
4. 补偿装置的作用有哪些?常见的补偿装置有哪些类型?
5. 电力机车过电分相技术有哪几种类型?
6. 接触网接地的作用是什么?
7. 什么是线岔的始触区?

引用规章文件

[1]《铁路技术管理规程(普速铁路部分)》(铁总科技〔2014〕172 号、〔2017〕221 号)第十八章第 454 条
[2]《接触网电分相动集合电标设置规定》(铁办工电[2019]28 号)第三条
[3]《普速铁路接触网运行维修规则》(铁总运〔2017〕9 号)第七章第一百五十二条
[4]《列车过分相系统　车载控制自动过分相装置》(TB/T 3197—2018) 6. 2

第四章

接触网的运行管理

学习任务

接触网是沿铁路线架设，并为电力机车或动车组供电的结构复杂、技术要求高的行车设备。接触网运行管理工作是接触网从业人员的重要工作。接触网运行管理工作直接影响着牵引供电安全和品质，以及整个铁路行业的运输安全和秩序。

本章主要介绍接触网运行管理的机构，技术规章，维修作业方式、概念和理论，接触网的设备质量评价和鉴定，限界管理，外部环境管理以及接触网检测、分析诊断、故障应急处置等方面的规定和要求。

通过学习，牢记接触网运行管理的技术规章，接触网维修的概念、理论和作业方式；理解并学会运用检测结果对接触网设备质量进行评价和鉴定；掌握接触网限界管理、外部环境管理、接触网检测和分析诊断以及接触网故障抢修的相关内容。

第一节　接触网运行管理机构

一、管理机构[1]

接触网运行管理工作实行统一领导、分级管理的原则，充分发挥各级管理组织的作用，分为中国国家铁路集团有限公司（以下简称国铁集团）、铁路局集团公司、供电段（基础设施段、综合段等，下同）三个层级。

国铁集团、铁路局集团公司分别负责全路和本铁路局集团公司的接触网运行管理工作。

二、管理职责[2]

供电段负责贯彻执行上级有关规章、标准和制度；补充制定相关管理标准、工作标准；制定接触网作业指导书；制定生产计划并组织实施；定期检查、分析、鉴定设备运行状态，组织评比和考核；组织技术革新和职工培训，保证设备运行质量和安全可靠供电。

供电车间（综合维修车间）负责日常运行管理和应急处置，组织接触网一级修（临时修),跟踪验收维修质量。检测车间(检测队,综合分析室)负责供电段6C系统综合数据处理中心工作,以及供电段6C系统检测装置的维护、运用、管理和检测数据分析。维修车间(维修队,综合车间)负责接触网二级修(综合修)工作,采用集中修方式组织实施。

运行工区(综合维修工区)负责接触网设备日常运行管理,主要是一级修(临时修)、巡视检查、单项检查、非常规检查、施工配合和应急处置等,对二级修(综合修)结果进行质量验收。检测工区负责6C装置的运用、维护,并对6C系统检测数据进行分析,为设备维修提供依据。维修工区按照月度维修计划,负责接触网设备的全面检查、二级修(综合修)和专项整治。

第二节　技术规章与专业标准简介

一、定义及分类

铁路技术规章制度是铁路技术设备(固定设备和移动设备)完成施工或制造且交付运行后,涉及行车组织(包括行车安全措施、非正常行车及故障处置办法等)和信号显示及技术设备的运用、管理、维修等方面的规章制度。技术规章分为基本技术规章和专业技术规章。

二、主要技术规章

(一)国铁集团

1.《铁路技术管理规程》:简称《技规》,属于基本技术规章。《技规》是为了加强国家铁路技术管理,确保铁路安全正点、方便快捷、高速高效,根据有关法律、法规、规章和技术标准而制定。包括高速铁路和普速铁路两部分,各部门、单位制定的技术管理文件等,都必须符合该规程的规定。

2.《普速铁路接触网安全工作规则》《高速铁路接触网安全工作规则》:简称《安规》,属于专业技术规章。针对保证普速铁路、高速铁路接触网运行和检修工作中人身、行车和设备安全而制定的制度、措施和规定。

3.《普速铁路接触网运行维修规则》《高速铁路接触网运行维修规则》:简称《维规》,属于专业技术规章。为规范普速铁路、高速铁路接触网运行维修管理,保证供电运行质量和安全而定。

4.《电气化铁路接触网故障抢修规则》《高速铁路接触网故障抢修规则》:简称《抢规》,属于专业技术规章。为规范和加强普速铁路、高速铁路接触网故障(或事故)抢修工作,保障铁路运输安全和畅通而定。

5.《普速铁路供电调度规则》《高速铁路供电调度规则》:简称《调规》,属于专业技术规章。为强化普速铁路、高速铁路供电调度管理,不断提高供电调度工作质量,充分发挥普速铁路、高速铁路供电调度作用,确保普速铁路、高速铁路供电安全而定。

6.《铁路交通事故调查处理规则》:简称《事规》,属于基本技术规章。为确保及时准确调查处理铁路交通事故,严肃追究事故责任,防止和减少铁路交通事故的发生而定。

7.《国铁集团铁路营业线施工管理办法》:属于基本技术规章,主要是针对铁路营业线施工安全管理,确保行车、人身和施工安全而定。

8.《普速铁路接触网大修规则》:属于专业技术规章,针对改善牵引供电设备运行质量,保证接触网设备运行安全可靠,提高接触网大修管理水平而定。

9.《电气化铁路有关人员电气安全规则》:属于基本技术规章,为保证电气化铁路沿线有关人员人身安全,防止触电伤亡事故而制定。

(二)铁路局集团公司

1.《高速铁路行车组织细则》《普速铁路行车组织细则》:属于基本技术规章,是对国铁集团《技规》的细化和补充,以规范本局高速铁路、普速铁路技术管理,防范行车事故发生。

2.《普速铁路接触网安全工作细则》《高速铁路接触网安全工作细则》:属于专业技术规章,是细化和完善国铁集团《安规》,针对普速铁路、高速铁路接触网运行和检修工作中人身、行车和设备安全而定。

3.《普速铁路接触网运行维修细则》《高速铁路接触网运行维修细则》:属于专业技术规章,结合本局设备特点,细化和补充国铁集团《维规》,以规范本局普速铁路、高速铁路接触网运行维修管理,保证供电运行质量和安全。

4.《普速铁路接触网故障抢修实施细则》《高速铁路接触网故障抢修实施细则》:属于专业技术规章,细化和完善国铁集团《抢规》,规范和加强本局普速铁路、高速铁路接触网故障(或事故)抢修工作,保障铁路运输安全和畅通。

5.《铁路营业线施工管理实施细则》:属于基本技术规章,主要是结合本局主要做法和特点,对国铁集团施工管理办法的细化和补充,针对本局铁路营业线施工安全管理,确保行车、人身和施工安全而定。

6.《接触网停电行车限制办法》:属于专业技术规章,主要是明确供电臂接触网停电时的行车限制,防止电力机车进入无电区,确保人身、设备安全。

(三)国家标准和行业标准

在国铁集团技术标准和技术管理规章制度之上还有国家标准和行业标准。国家标准由国务院标准化行政主管部门制定,行业标准由国务院有关行政主管部门制定。

接触网专业常用的国家标准、行业标准、国铁集团技术标准和技术管理规章制度目录见附录2。

第三节　接触网的维修作业方式

一、维修定义[3]

维修是指在接触网系统实际运行状态出现不允许的偏差或发生故障时,对接触网系统进行必要修复，以恢复接触网系统正常功能的过程。

二、作业分类[4]

1. 停电作业。在接触网停电设备上进行的作业，如全面检查、单项设备检查等。

2. 间接带电作业。借助绝缘工具间接在接触网带电设备上进行的作业，如利用打冰杆除冰，绝缘杆清理鸟窝、异物等。

3. 远离作业。在距接触网带电部分 1 m 及其以外的处所进行的作业，如支柱根部培土、清理杂草，步行巡视等。

第四节 维修概念和理论

一、状态维修

状态维修是指对产品参数值及其变化进行连续、间接或定期的监测，以确定产品的状态，检测性能是否下降，定位其故障和失效部位，记录和追踪失效的过程和时间的一种维修。

二、集中修

集中修是集中调配施工机械、人员、路料，综合利用天窗，集中完成一条线路行车设备大、中修和技术改造任务的一种施工组织形式，有利于提高施工效率和质量。鉴于集中修期间天窗时间长，检修效率高，近年来，各铁路局集团公司普遍利用集中修开展接触网全面检查工作。

三、铁路线路等级管理

根据铁路运行规律和品质要求不同，将接触网线路分别按照高速铁路、普速干线铁路、普速低等级铁路（支线、专用线等）划分为三个等级。

四、接触网修程[5]

高速铁路实施一级修（临时修）、二级修（综合修）、三级修（精测精修）三级修程；普速铁路一般实施一级、二级两级修程；对普速低等级铁路（支线、专用线等），铁路局集团公司可根据现场实际安排实施一级修程。

一级修（临时修）是为了使设备状态保持在限界值以内，对导致接触网功能障碍的缺陷或故障立即投入、无事先计划的临时性维修。主要包括一级缺陷的临时性修理、危及接触网供电周边环境因素处理、导致接触网功能障碍的故障修复（必要时采取降弓、限速、封锁等处置措施）。

二级修（综合修）是为了使设备状态保持在警示值以内，对定期检测发现的缺陷进行有组织、有计划地维修，以及对设备进行全面维护保养。主要包括二级缺陷集中修理和设备全面维护保养(必要的防腐和注油等)。二级修(综合修)可结合全面检查进行,或根据缺陷情况有计划地安排。

三级修(精测精修)是指对运行一定年限(或弓架次)的高速铁路线路接触网,通过检测动态条件下的弓网作用参数,测量静态条件下的接触网几何位置,检验零部件质量状态,依据检测、检验分析结果,全面调整接触网静态几何参数,更换失效或接近预期寿命的零部件和设备,更换局部磨耗接近限值的接触线,恢复接触网标准状态。

第五节 区段质量评价和区段质量分析

一、接触网质量等级评价[6]

接触网质量等级评价是通过对接触网动态几何参数、接触线平顺性参数、弓网受流性能参数等进行综合分析,掌握设备动态运行功能。

1. 质量等级评价一般以正线公里为单元,根据每公里接触网扣分数进行评价。质量评价等级分为优良、合格、不合格三种。高速铁路和普速铁路《维规》分别规定了相应的接触网动态检测评价标准。

例如,京广高速铁路部分区段某次接触网检测质量评价结果如图 4-1 所示。

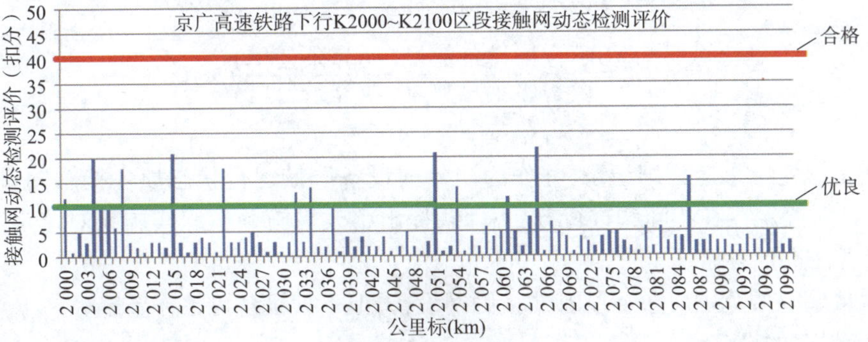

图 4-1 京广高速铁路部分区段某次接触网检测质量评价结果

2. 区段质量等级评价。根据区段内每公里接触网评价结果确定,优良、合格、不合格公里数为相同质量等级公里数之和。

优良率、不合格率、合格率分别按下列公式计算:

$$优良率=\frac{优良设备数量(正线公里)}{设备评价总数量(正线公里)}\times 100\%$$

$$不合格率=\frac{不合格设备数量(正线公里)}{设备评价总数量(正线公里)}\times 100\%$$

$$合格率=1-不合格率$$

二、质量鉴定[7]

质量鉴定主要是通过静态方式对接触网的几何参数、设备及零部件状态进行综合统计分析，掌握设备整体技术状态。

1. 质量鉴定可以采用静态检测、接触网悬挂状态监测检测图像分析、人工检查的方式，按单项设备和整体设备分别进行。

接触悬挂、附加导线以条公里为单位；隔离（负荷）开关、避雷器等以台为单位；线岔、绝缘器（含关节式分相）等以组为单位；整体设备以换算条公里为单位。

质量鉴定以跨距为鉴定单元。若在被鉴定的跨距内有一处不合格，即视为该跨距不合格（在悬挂点及定位点处，跨距长度按相邻跨距的平均值计算）。

对一个锚段的接触线、承力索、附加导线等，当接头及补强数量超过规定值后，该锚段即视为不合格设备。整根 27.5 kV 供电电缆有一项不合格的，即视该电缆为不合格设备。

2. 鉴定后的质量等级分为以下三种。

（1）优良：绝缘部件（含空气绝缘间隙）、接触线几何参数和主导电回路的设备状态未超过警示值者。

（2）合格：设备状态未超过限界值者。

（3）不合格：设备状态达到或超过限界值者。

优良率、不合格率、合格率分别按下列公式计算：

$$优良率=\frac{优良设备数量（换算条公里）}{设备鉴定总数量（换算条公里）}\times 100\%$$

$$不合格率=\frac{不合格设备数量（换算条公里）}{设备鉴定总数量（换算条公里）}\times 100\%$$

$$合格率=1-不合格率$$

3. 质量鉴定结果应详细记录，并作为当年的设备质量运行状态填入接触网设备履历。供电段要针对鉴定存在的问题进行分析总结，提出整改措施并组织实施。对鉴定不合格的设备按照责任进行考核。

4. 质量鉴定的范围应包括所有的接触网设备，但下列设备可不作鉴定。

（1）已封存的设备。

（2）本年度新（改）建或已列入当年大修计划的设备。

对本年度新（改）建或大修设备的质量状况，可以按工程竣工验收质量评定结果统计。

质量鉴定中发现的设备缺陷，在鉴定期间已处理的，可以按处理后的质量状态进行评定。

三、区段质量评价

（一）接触网静态质量评价

通过对拉出值、接触线高度的静态测量值进行计算，综合评价接触网设备区段质量。接触网静态质量评价方法按照接触网的固有结构划分评价单元。基本评价单元为一个锚段、或一个关节式电分相、或一个线岔等。各评价单元的接触网静态质量由 *CQI* 进行量化描述。

例如，某线路每个评价单元 *CQI* 得分情况见表 4-1。

表 4-1 某线路每个评价单元 *CQI* 得分情况

序号	起始公里标（km）	终止公里标（km）	评价单元长度（km）	CQI_S	CQI_H	CQI_D	$CQI_{H\sigma}$	CQI
1	39.972	41.000	1.028	45.6	9.7	27.2	12.3	22.5
2	41.000	42.229	1.229	30.9	5.0	13.1	6.0	12.4
3	42.229	43.405	1.176	33.6	8.9	14.1	6.0	13.8
4	43.405	44.578	1.173	23.4	0.2	9.3	5.9	9.0
5	44.578	45.820	1.242	22.9	1.1	16.2	7.0	11.7
6	45.820	48.992	1.172	34.7	0.2	13.5	6.8	12.6
7	46.992	48.233	1.241	16.3	0.0	6.8	4.3	6.4
8	48.233	49.307	1.074	15.9	0.0	14.0	7.2	9.7
9	49.307	50.437	1.130	8.5	0.6	12.8	7.3	8.2
10	50.437	51.521	1.084	14.8	2.1	14.8	6.7	10.0
11	51.521	52.639	1.118	17.3	1.6	12.9	6.1	9.5
12	52.639	53.765	1.126	23.0	6.1	9.0	6.1	9.9
13	53.765	54.868	1.103	22.4	41.5	8.5	4.8	10.7
14	54.868	55.565	0.697	6.9	6.1	12.8	6.5	8.6
15	55.565	56.394	0.829	41.2	7.3	15.9	7.8	16.1
16	56.394	57.652	1.258	35.9	9.0	24.6	9.8	19.0
17	57.652	58.870	1.218	21.4	4.6	19.8	9.1	13.9
18	58.870	59.965	1.095	35.8	1.8	16.3	8.8	14.7
19	59.965	61.098	1.133	40.0	0.0	11.8	6.0	12.7
20	61.098	62.019	0.921	8.1	0.0	9.7	6.0	6.5
21	62.019	63.331	1.312	6.2	1.9	20.6	8.9	11.1
22	63.331	64.453	1.122	8.7	3.0	17.4	7.2	10.1
23	64.453	65.556	1.103	15.4	8.7	14.1	7.1	11.1
24	65.556	66.644	1.088	12.5	0.4	18.2	8.4	11.0
线路长度（km）			26.672	—	—	—	—	—

（二）接触网动态性能评价

按照接触网的固有结构划分评价单元。基本评价单元为一个锚段、或一个关节式电分相、或一个线岔等。各评价单元的接触网动态性能由 *CDI* 进行量化描述，取值范围为 $0 \leqslant CDI \leqslant 10$。

例如，2019 年 11 月至 12 月武汉局集团公司组织完成沪蓉线 K685.275 ~ K707.552 区段三级修精测及精测专项报告。2020 年 7 月完成三级修维修，国铁基础设施检测中心 2020 年 8 月进行了三级修后复测。

沪蓉线上行 K707.552 ~ K685.275 区段维修前后 *CDI* 随里程变化对比情况如图 4-2 所

示。三级修后 *CDI* 均值总体有所下降,接触网平顺度有所改善,弓网动态运行质量更佳,尤其是对比下行线 *CDI* 下降更明显,反映了三级修时接触线高度精调对接触网动态性能具有明显改善。

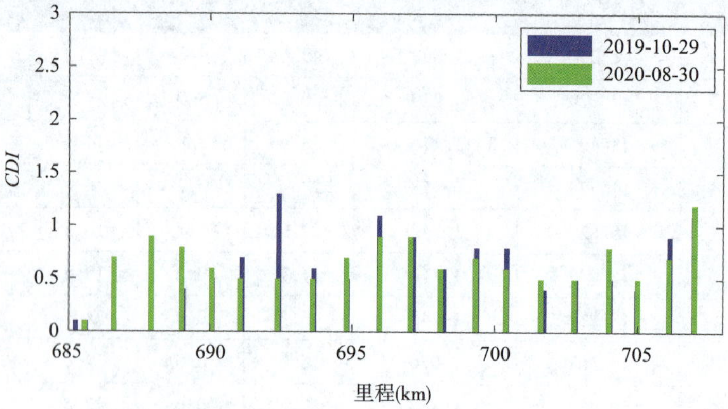

图 4-2 沪蓉线上行 K707.552~K685.275 区段 *CDI* 对比

第六节 接触网限界管理

一、限界管理要求

铁路限界是指为了保证运输安全而制定的建筑物、设备与机车车辆相互间在线路上不能逾越的轮廓尺寸线。分建筑接近限界和机车车辆限界两种,统称为铁路的基本限界。

日常管理中,使用铁路建筑限界图来规定各种设备的限界要求。铁路建筑限界图是一个和线路中心线垂直的极限横断面轮廓,其分类和标准执行《铁路技术管理规程》有关规定。限界检测是指对既有设施设备在距轨面不同高度处最接近线路中心线的点共同构成的横断面轮廓的检查和测量。

二、接触网限界的管理

为确保接触网设备限界满足行车需要,供电设备管理单位定期组织对接触网限界进行检测。限界检测和数据格式应符合《铁路建筑实际限界测量和数据格式》(TB/T 3308—2013)要求。限界检测设备应定期进行计量检定或校准。限界管理应使用全铁路系统统一的“铁路限界管理及超限超重货物运输辅助决策系统”,实现数据管理与运用信息化。

下文以接触网中间柱为例,介绍限界测量方法。

接触网支柱处限界需要测量 4 个点的坐标,具体需要测量数据见表 4-2,测量位置如图 4-3 所示。

表 4-2　区间接触网限界测量

线别	行别	区间/站场	支柱号	公里标	控制设备位置		曲线半径	外轨超高	曲线内径	A 点实测值（mm）	B 点实测值（mm）		C 点实测值（mm）		D 点实测值（mm）		备注
					左	右					水平	垂直	水平	垂直	水平	垂直	

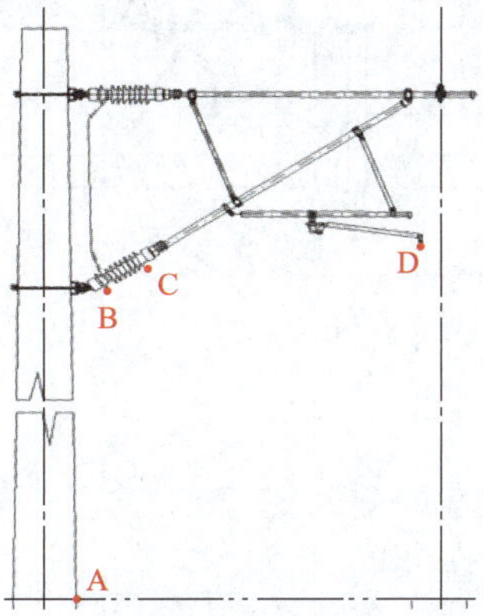

图 4-3　接触网中间柱限界测量位置示意

三、接触线最低高度数据测量[8]

《铁路技术管理规程》对接触线高度规定如下：普速铁路接触线距钢轨顶面的高度不超过6 500 mm；在区间和中间站，不小于 5 700 mm（旧线改造不小于 5 330 mm）；在编组站、区段站和个别较大的中间站站场，不小于 6 200 mm；站场和区间宜取一致；双层集装箱运输的线路，不小于 6 330 mm。高速铁路接触线距钢轨顶面的高度不超过 6 500 mm；接触线悬挂点高度不宜小于 5 300 mm，接触线最低点高度不小于 5 150 mm；站场和区间接触网的高度应一致。

接触网限界管理中，要根据不同线路类型，确定接触线最低高度，以满足各类列车通过的要求。具体测量记录见表 4-3。

表 4-3　接触网最低高度测量记录

序号	线路编号	线路名称	区段编号	区段名称	行别	区间/站场	支柱号	公里标	对应线路	接触线最低高度	备注

案例

某日，××开闭所215断路器两次跳闸，重合成功。之后检查发现通过该供电臂下行线的某次列车装载的超限变压器运行方向右侧上部与上行线180号、178号吊柱端部有剐蹭和放电痕迹。这是一起由于双线隧道内上下行吊柱错位安装形式下，邻线吊柱侵入本线超限货物限界引发的事故，具体如图4-4所示。

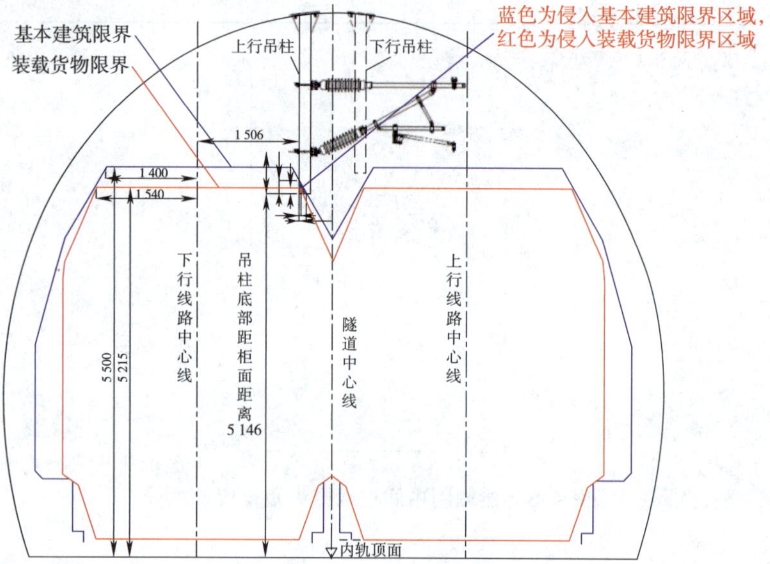

图4-4　178号吊柱事故现场示意(单位:mm)

总结教训：对于低净空隧道、上跨桥等特殊处所，双线、多线区段应特别注意核查邻线供电设备限界，纳入台账，动态管理。

第七节　接触网外部环境管理

一、简　　述

铁路外部环境问题是指国家法律法规、地方人民政府法规规章以及有关国家标准、行业标准规定的铁路沿线一定安全防护距离内可能影响铁路运输秩序安全的问题以及需要地方人民政府进行管控和整治的环境问题。铁路外部环境问题整治工作突出高速铁路和旅客安全，全面排查铁路沿线威胁或影响铁路运行安全的外部环境隐患，积极推进“人防、物防、技防”体系建设，预防、控制和减少外部环境安全事故的发生。

二、供电“九防”

影响接触网安全运行的外部环境因素主要是鸟害、大风、雷电、污(雾)闪、冰害、锈蚀、异物、倒树、降雨等,为减少外部环境因素引发接触网设备安全风险所做的工作称为供电“九防”。

(一)防鸟害

鸟害引发的接触网设备安全风险,主要是鸟巢巢材或鸟体缩短电地距离造成短路、鸟类排泄物造成绝缘子闪络。接触网鸟害防治时段一般为每年12月至次年6月,高发时段为每年2月至5月。中国地域广阔,有的地区每年10月中、下旬即开始有鸟类零星的筑巢现象。筑巢用树枝短接接触网带电设备如图4-5所示。不仅是鸟体,兽体也会短接电地距离造成短路跳闸,如图4-6所示。

(a)全景　(b)局部

图4-5　鸟巢巢材短接

图4-6　蛇短接隔开瓷柱

鸟害防治时段的鸟巢排查主要采取登乘电力机车(动车组)巡视方式进行。巡视人员通过目视、携带2C或4K装置等方式,检查接触网设备上的鸟类筑巢情况,以及所安装驱鸟装置的运行状态。

鸟巢的清理时间实行差异化管理,具体执行各铁路局集团公司规定。

采取的防鸟措施主要有加装惊鸟器、驱鸟刺,封堵或填充棘轮底座、桥钢柱大限界框架、肩架(角钢)与支柱间缝隙,硬横跨、格构式钢柱加装内嵌式防鸟网,腕臂或隔离开关瓷柱加装有机绝缘护套或绝缘伞裙,在安全处所人为搭建鸟巢或搭建平台引鸟筑巢等,如图4-7至图4-9所示。

图4-7　风车惊鸟器

图4-8　绝缘护套、伞裙

图4-9　人为搭建鸟巢

(二)防　　风

大风对接触网的危害,主要表现在使线索摆动,缩短电气安全距离引发跳闸、烧伤线索,严重时引发接触悬挂晃动,超出受电弓动态包络线,影响行车;将防尘网等轻飘垃圾刮上接触网,影响行车。

风口地段采取接触网设备防风措施,如减小跨距,加装腕臂支撑、防风拉线,附加悬挂安装防舞动鞭或防振锤等。接触网支撑定位装置采用的防风措施如图 4-10、图 4-11 所示。

图 4-10　封闭式支撑结构

图 4-11　腕臂支撑防风支撑

(三)防　　雷

雷击造成的设备损坏主要有绝缘子闪络(炸裂)、避雷器炸裂、电缆终端头或中间头击穿、隔离开关操作电源跳闸等,如图 4-12 ~ 图 4-17 所示。严重的雷害甚至会造成架空避雷线、架空地线断裂,如图 4-18、图 4-19 所示。通常,雷击造成的绝缘子闪络跳闸重合闸成功率较高,不易造成长时间中断供电。但绝缘子闪络故障点难以查找,绝缘子一旦损伤长期“带病”运行,由于其绝缘性能、机械性能下降,可能造成绝缘子击穿、断裂等更为严重的故障。

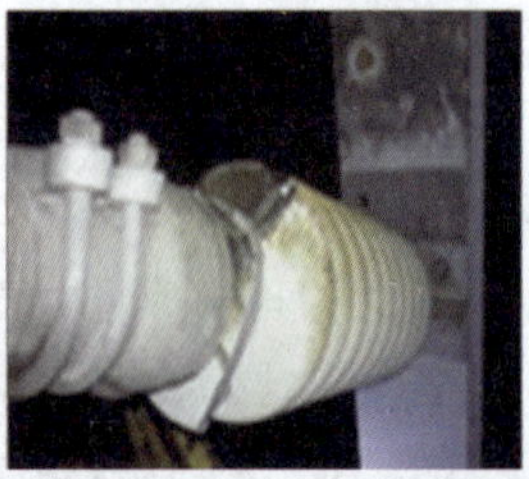

图 4-12　腕臂绝缘子闪络

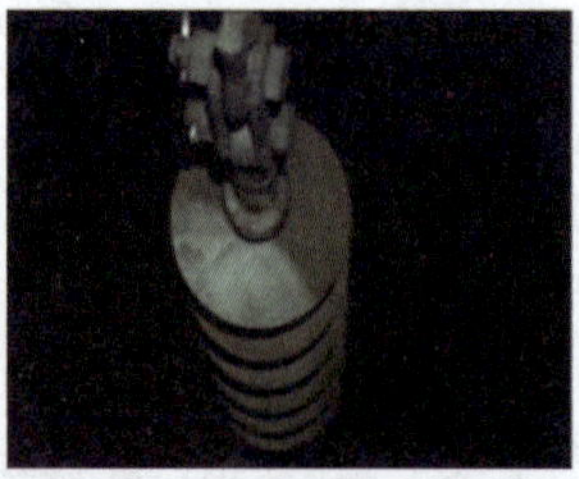

图 4-13　接触悬挂下锚复合绝缘子闪络

图 4-14　正馈线绝缘子闪络

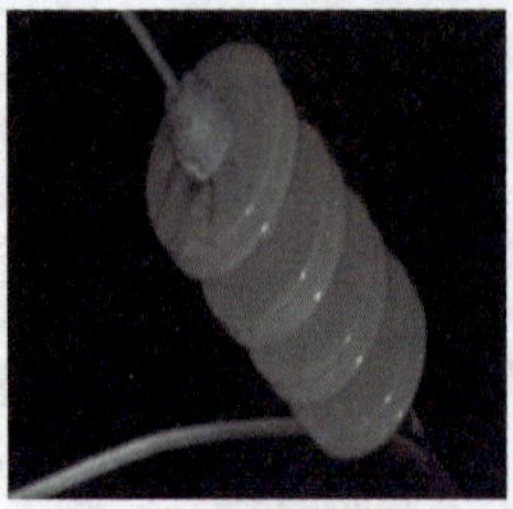

图 4-15　正馈线对向下锚绝缘子闪络

图 4-16　避雷器炸裂

图 4-17　电缆头击穿

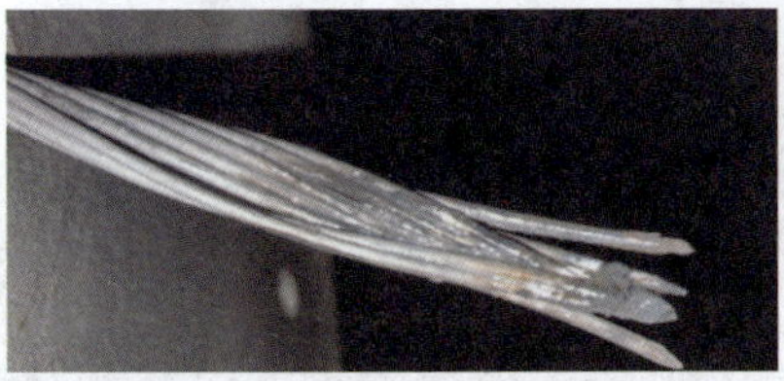

图 4-18　雷害导致 GJ-50 型架空避雷线断线

图 4-19　雷害导致 LBGLJ-70 型架空地线断线

常用的防雷手段有安装避雷器、架设避雷线等。避雷器应具有脱离器、计数器,并具备泄漏电流监测功能。避雷器绝缘外套及引线支持绝缘子,接触网下锚、分段、分相用绝缘子优先采用复合绝缘子。复合绝缘子及避雷器绝缘外套应建立管理卡片,纳入寿命管理。供电段应分析总结雷害跳闸资料,积极稳妥推进增设避雷线,主要包括架设独立避雷线,将架空地线、保护线、回流线抬升至在柱顶或较高位置等。

(四)防雾(污)闪

雾(污)闪就是绝缘子因大雾、脏污而发生闪络,大面积闪络时会影响供电行车。污染源如图 4-20 所示,绝缘子脏污后发生放电现象如图 4-21 所示。

图 4-20　铁路沿线污染源

图 4-21　绝缘子放电

实施绝缘差异化管理。针对不同污秽等级区域、不同材质的绝缘部件,明确清扫方式、工艺流程、工具、清洗剂使用、清扫质量标准和要求。

雨、雪、雾、霾、冻雨等恶劣天气下,除危及行车、人身、设备安全等特殊情况外,一般不进行接触网停电作业,以减少发生绝缘闪络的概率。

加强接地装置和绝缘闪络泄漏通道检查,确保按规定接地良好,通道畅通。

主动报告、积极配合国家铁路局及地方政府督促污染源企业环保治理达标。

(五)防　　冰

冰雪天气易造成供电设备覆冰,对供电设备的安全运行造成危害。其中,以冻雨所形成的大密度、强附着力的覆冰对供电线路危害最大。导线覆冰发生在气温 0 ℃左右,并和空气湿度、风速、风向等密切相关。尤其是当风速为 3 ~ 6 m/s、风向与导线走向垂直时,导线覆冰形成最快。供电设备覆冰的影响主要有以下几类。

1. 导致弓网燃弧。由于接触导线覆冰,导致动车组、电力机车受电弓取流不畅,产生了较大的电弧,造成接触线被电弧烧伤、机械磨耗增大,如图 4-22 所示。

2. 导致绝缘部件绝缘性能下降。绝缘子一旦产生覆冰,会导致绝缘性能下降,从而产生放电现象,如图 4-23、图 4-24 所示。

图 4-22　接触网覆冰造成受电弓燃弧

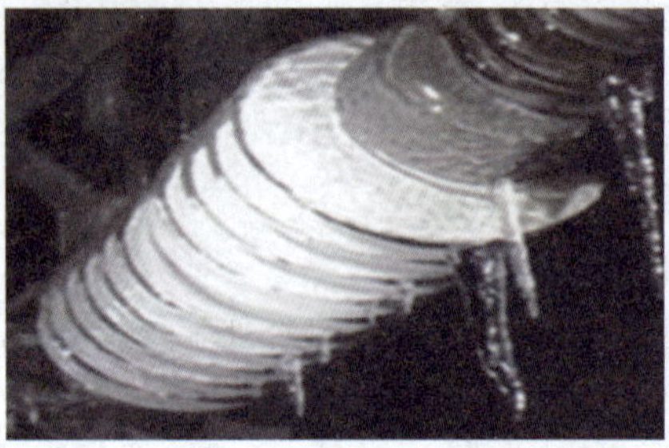

图 4-23　绝缘子覆冰

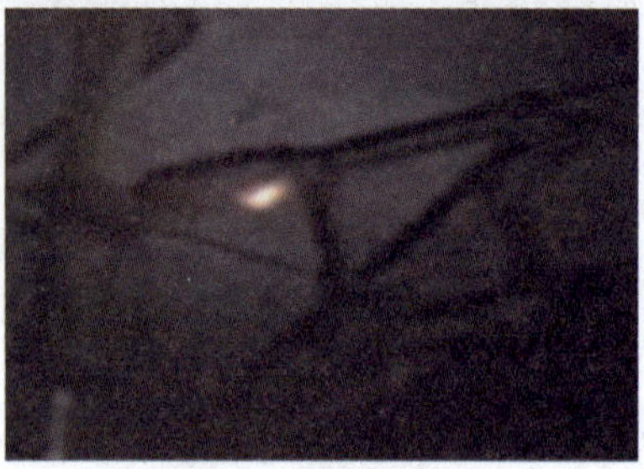

图 4-24　绝缘子覆冰放电

3. 导致线索覆冰舞动。接触网导线覆冰不均匀，线索受风力作用产生谐振，从而产生舞动。附加悬挂线索舞动会造成悬挂点松脱或接地跳闸，如图 4-25 所示。防止线索舞动可加装防舞动鞭，如图 4-26 所示。接触悬挂舞动会造成线索不平顺，导致受电弓离线燃弧，并且会造成关节处电连接损伤、断裂，如图 4-27 所示。

图 4-25　附加导线覆冰舞动脱落

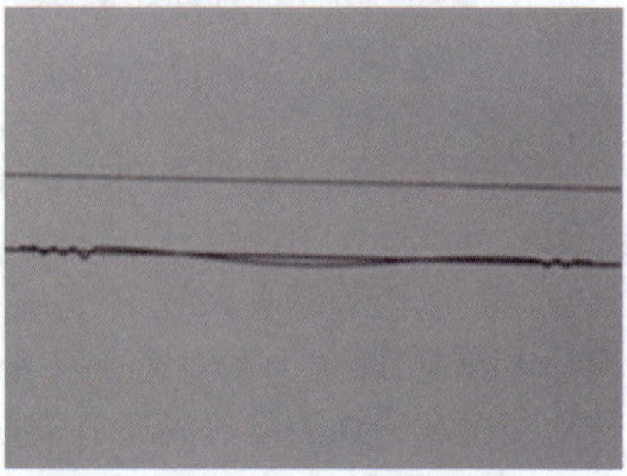

图 4-26　附加导线加装防舞动鞭

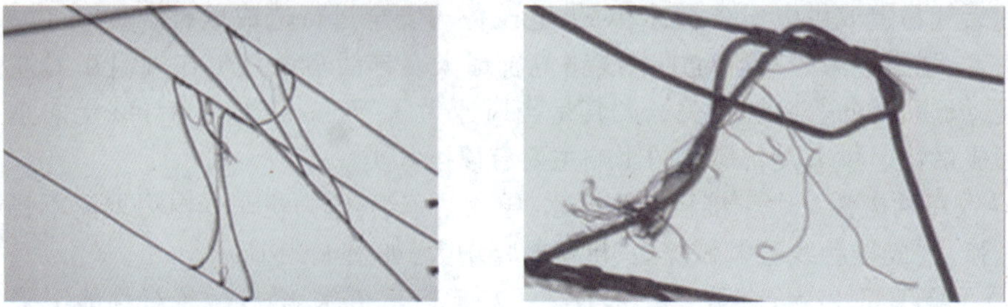

图 4-27　接触悬挂覆冰舞动导致电连接断裂

4. 隧道、跨线桥漏水点结冰会短接带电设备引发跳闸，严重时会发生断线事故。

隧道和桥梁等上跨构筑物漏水点距离接触网带电线索小于 2 m 处所，下方承力索、供电线、正馈线等在漏水点垂直投影向两侧延伸至少 1 m 采取防护措施。隧道口、桥梁、高架候车室等两侧按 5 m 防护。对无法通过技术手段消除漏水点结冰隐患的，应采取人工打冰，对距受电弓动态包络线 400 mm 以内和接触网附近有可能短接电地安全距离的结冰进行清除。

冬季低温（0 ℃及以下）降雪、雾霾、冻雨天气时，应加强存在漏水点的桥、隧、高架候车室等上跨构筑物的巡视检查，加强对接触网覆冰情况的监测。遇接触导线覆冰受电弓取流不畅，应及时查明情况，并按规定申请限速；接触线大范围覆冰时，供电段应根据调度命令配合除冰列车确认除冰效果，或者根据接触网覆冰情况向调度所申请开行除冰列车除冰。

（六）防锈蚀

电气化铁路沿线工厂排放物（CO、NH_3、硫化物、煤灰、粉尘等污染物），造成接触网设备锈蚀，其引发的接触网设备安全风险，主要是零部件变形、断裂及线索断线等，从而引发接触网故障乃至事故。零部件锈蚀示例如图 4-28 所示，线索锈蚀示例如图 4-29 所示，长大隧道内零部件受潮腐蚀示例如图 4-30 所示。

图 4-28 斜拉线固定钩锈蚀

图 4-29 下部固定绳锈蚀

图 4-30 定位管双耳套筒氧化

接触网线索、零部件发生锈蚀现象时，应及时按工艺要求进行防腐处理或更换零部件。发生接触网线索、零部件大面积锈蚀后，应及时委托有资质的检验检测机构对其表面腐蚀情况进行分析，根据功能、材质、腐蚀机理等的不同，采取具有针对性的防腐加强措施。

金属支柱应根据状态及时进行防腐。角钢发生锈蚀时应刷防锈漆或焊接备角钢进行加固,必要时进行更换。支柱根部和基础周围1 m范围内保持清洁,不得有积水和杂物。有基础帽的应完整无破损,有裂纹现象时,应打开检查。金属支柱防护宜采用混凝土防护墩或钢结构防护,不应采用外围砖砌、内填石砟或砂土的封闭式防护方式。采用防护墩防护时,应采取防水措施,避免人为导致支柱锈蚀。地脚螺栓防腐处理应先去除表面的铁锈,然后喷锌处理,最后涂防锈漆。

主动报告、积极配合国家铁路局及地方政府督促污染源企业环保治理达标。

(七)防 异 物

异物,尤其长大轻飘物刮至接触网上会短接带电设备、电地距离引发跳闸,妨碍列车运行,影响运输秩序。铁路沿线彩钢瓦、防尘网、气球被大风刮至线路上如图4-31～图4-33所示。

图4-31 彩钢瓦

图4-32 防尘网

图4-33 气球

接触网异物危险源主要包括以下方面。

(1)线路周围500 m以内的塑料薄膜、活动板房、彩钢瓦、废品收购站、垃圾场、防尘网、风筝、孔明灯等。

(2)跨越线、跨线桥、平行电气化铁路的电力线路等。

(3)附近山体有落石危险处所。

(4)线路两侧的大型施工机械及其长大吊臂或上跨线路施工作业场所的施工工机具及材料。

上跨构筑物(桥、隧道、明洞、站房等)下方的接触网线索应加装预绞丝防护条。

大风天气时,应及时安排登乘巡视检查。接触网防异物登乘巡视主要指登乘电力机车、动车组以及接触网作业车等方式,采取目视或利用2C或4K装置进行检查。

跨线桥防护网栅应牢固设置在桥护杆内,桥梁附属物应安装牢固可靠。平行和跨越线电气化铁路两侧杆塔、线索应状态良好。日常巡视检查发现状态不良时,应及时通知产权单位进行整治。跨越接触网的电力线路、广播电视线和通信线路应及时配合产权单位进行迁改。

将异物挂网的应急处置作为机供联控的工作重点,同时加强与护路人员联系,建立全天候异物防控体系,提高异物清除效率。

(八)防 倒 树

危及接触网设备运行安全的树木主要指线路两侧触及或倾倒后触及接触网设备以及在风力作用下可能引起接触网带电设备接地的树木。

对于铁路产权危树,供电段应按照相关规定统一造册交相关建筑段林地所,并积极协助治理。对于非铁路产权危树，供电段要主动向产权单位或个人宣传危树侵限对铁路运输以及人身财产安全造成巨大危害，积极与地方政府沟通，争取支持，共同整治。

对于危及接触网设备运行安全的树木应立即砍伐。暂时不能砍伐的，应采取修枝、削顶等措施，确保树木倾倒后与铁路线路距离不小于 2 m。危树及危树砍伐如图 4-34 ~ 图 4-36 所示。

图 4-34 高速铁路危树

图 4-35 削枝

图 4-36 砍树

(九) 防洪(雨)

暴雨、洪水对接触网的危害主要是支柱、危树倾斜、倾倒，支柱(拉线)、基础塌陷、裸露，路堑、山体滑坡、落石，跨线构筑物因漏水缩短接触网绝缘距离等影响行车。支柱根部塌陷如图 4-37 所示。

一般每年 5 月 ~ 9 月为汛期，中国地域广阔，具体时间以铁路局集团公司防洪命令为准。

防洪(雨)重点处所主要有近两年新建(改造)电气化铁路区段新增支柱设备的处所，高路堤区段，存在危树、附近山体落石危险处所，工务防洪重点处所，跨线构筑物在接触网带电设备上方或附近漏水，有可能缩短绝缘距离的处所。

进入汛期前，供电段要做好边坡支柱基础护砌，新立支柱基础培土等防洪准备工作，如图 4-38 所示。

图 4-37 支柱根部坍塌

图 4-38 新立支柱基础培土

防洪防汛期间，车间、工区每天定时收听管内天气预报，查询气象信息和雨量信息。遇大雨、连续降雨的雨量达到出巡警戒值标准时，应及时对重点处所、重点设备进行雨中、雨后检查。检查可采取步行、登乘机车（动车组）和利用接触网作业车等形式进行。

检查发现影响行车安全的病害或水害时，根据现场情况及时采取降速、封锁措施，并将检查情况报告相关部门。

第八节　接触网检测与分析诊断

一、铁路供电安全检测监测系统（6C 系统）

6C 系统是保障供电设备安全可靠运行的必要手段，是保证铁路运输安全畅通的重要技术装备。6C 系统包括弓网综合检测装置、接触网安全巡检装置、车载接触网运行状态检测装置、接触网悬挂状态检测监测装置、受电弓滑板监测装置、接触网及供电设备地面监测装置和 6C 系统综合数据处理中心。

（一）弓网综合检测装置（1C 装置）

1. 简介

1C 装置安装在电气化铁路综合检测列车、接触网检测车等车辆上的移动检测装备，随车辆运行检测接触网状态参数及弓网受流参数，为接触网运行维修管理提供依据。高速铁路、普速铁路弓网综合检测车如图 4-39、图 4-40 所示。

图 4-39　高速铁路接触网检测车

图 4-40　普速铁路接触网检测车

2. 检测数据分析

缺陷数据分析应对照波形图、弓网视频逐一分析，同时可以对比历史波形图和弓网视频，研判缺陷准确性及变化趋势。同一波形图内相互影响产生缺陷如图 4-41 所示。

缺陷案例

案例一

特殊结构之分相：××高速铁路 K126＋700 处分相单元过渡不平顺，如图 4-42 所示。

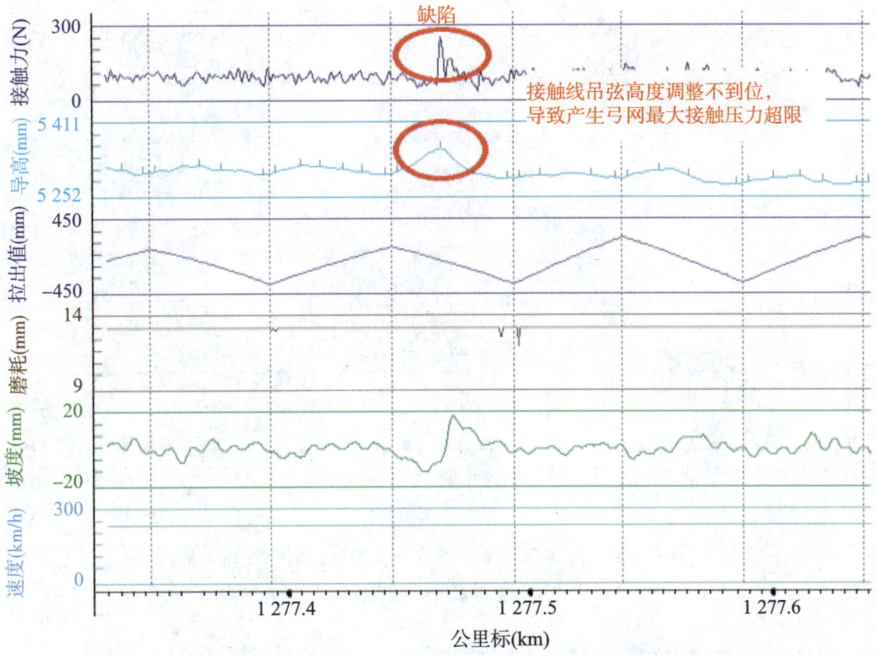

图 4-41　1C 检测波形

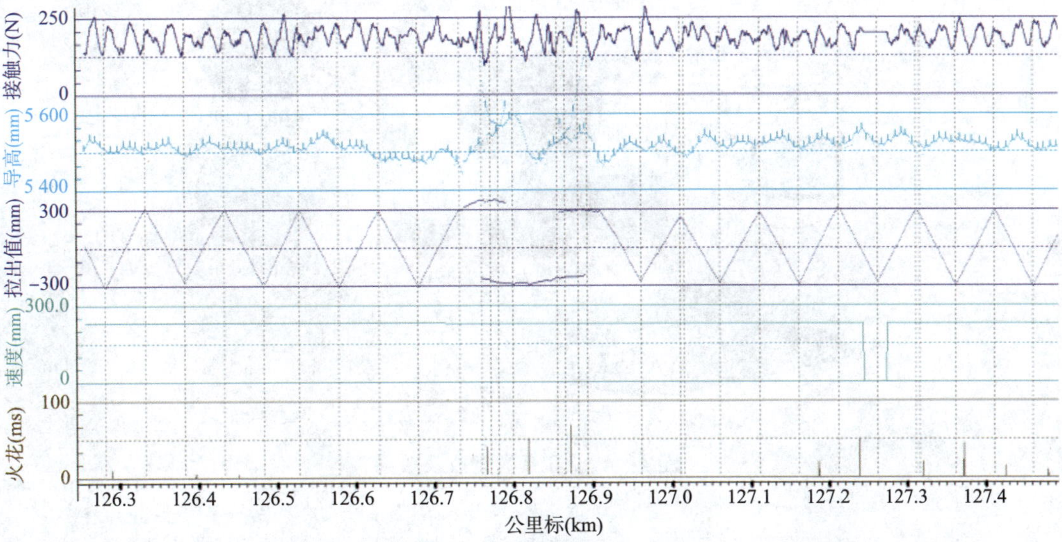

图 4-42　××高速铁路 K126 +700 处分相单元过渡不平顺波形

案例二

接触线张力较小：××线下行 K417 +000 处锚段单元因接触线张力未达到额定张力，导致接触线高度呈现波浪状，如图 4-43 所示。

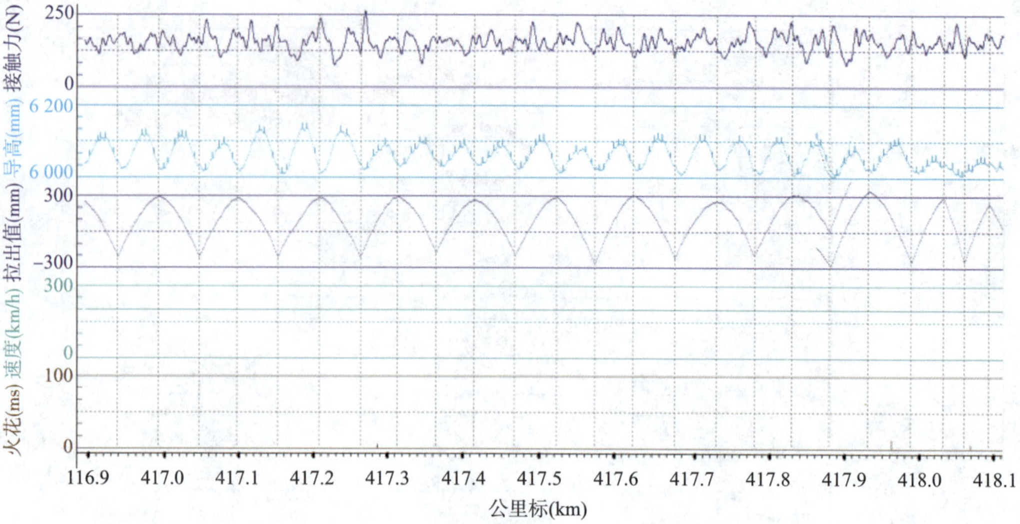

图 4-43　××线下行 K417+000 处锚段接触线高度呈现波浪状的波形

(二)接触网安全巡检装置(2C 装置)

2C 装置临时安装在运行的动车组、电力机车或其他轨道车辆司机室内,用于巡视检查接触网的技术状态和外部环境,指导接触网的运行维修。2C 装置组成及效果如图 4-44 所示。

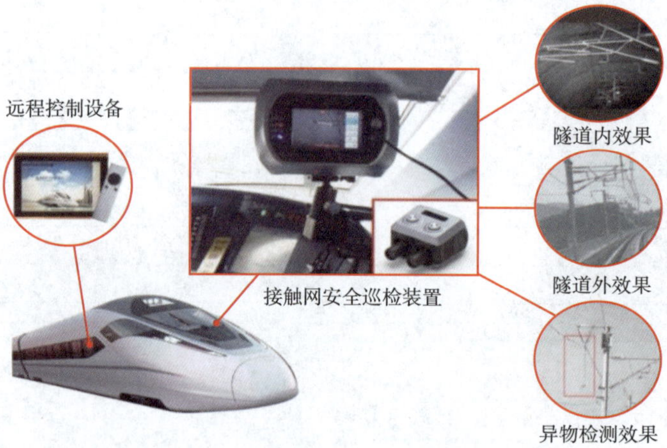

图 4-44　2C 装置组成及效果

缺陷案例

由于温度变化,导致接触线位移过大,在线岔限制管处发生卡滞,如图 4-45 所示。高温下,线索向下锚方向移动,导致接触线下锚处补偿定滑轮与动滑轮的间距小于 500 mm,如图 4-46 所示。

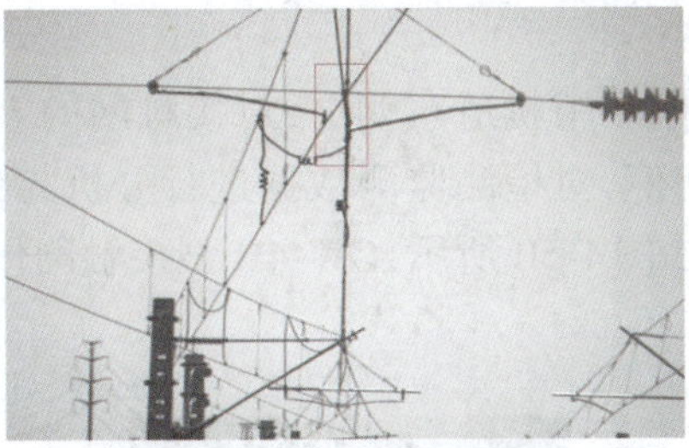

图 4-45　线岔限制管卡滞

图 4-46　线锚补偿滑轮间距小于 500 mm

(三)车载接触网运行状态检测装置(3C 装置)

动车组 3C 装置和电力机车 3C 装置,分别安装在运行动车组和电力机车上,实现对接触网的动态检测,检测结果用于指导接触网运行维修。普速铁路车载装置如图 4-47、图 4-48 所示。

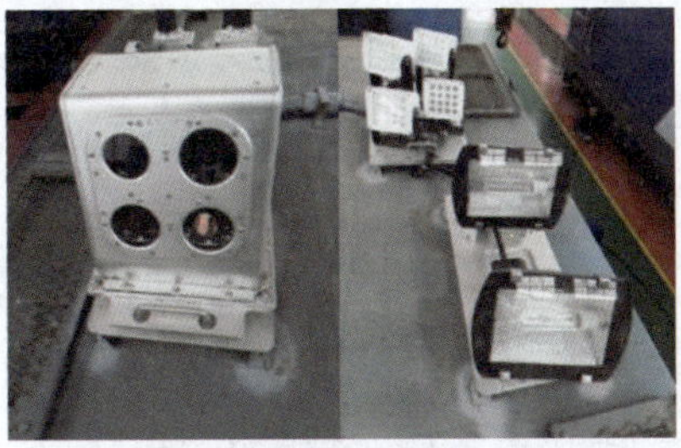

图 4-47　普速铁路车载装置(车顶部分)

图 4-48　普速铁路车载装置(车内部分)

缺陷案例

某日,3C 分析发现 × × 站 68 号分段绝缘器连续 3 次燃弧报警,燃弧温度均在 250 ℃以上,燃弧时间大于 180 ms,分析应为分段绝缘器过渡不平顺,天窗内更换长消弧棒 1 根,修后运行状态良好,如图 4-49 所示。

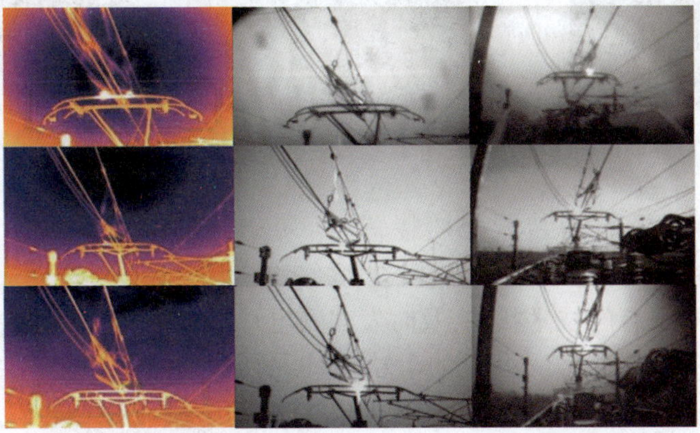

图 4-49　3C 分析发现分段绝缘器缺陷

(四)接触网悬挂状态检测监测装置(4C装置)

4C装置安装在接触网检测车、作业车或其他专用轨道车辆上,对接触网的零部件实施成像检测及自动识别,测量接触网几何参数静态值,对检测监测数据进行分析与识别,指导接触网的运行维修。JX-300型4C专用检测车如图4-50所示,GW-4G型接触网作业车顶安装的4C装置如图4-51所示。

图4-50 4C专用检测车摄像头

图4-51 接触网作业车顶安装的4C专用检测车摄像头

缺陷案例

4C检测过程中发现××高速铁路定位管与斜腕臂连接处旋转双耳销钉即将脱出,如图4-52所示。因雷电直击在承力索上,导致承力索断2股,分析4C检测数据后发现该缺陷,如图4-53所示。经4C检测数据分析发现××线××站上部固定绳悬吊滑轮处开口销已脱落,螺帽即将松脱,如图4-54所示。

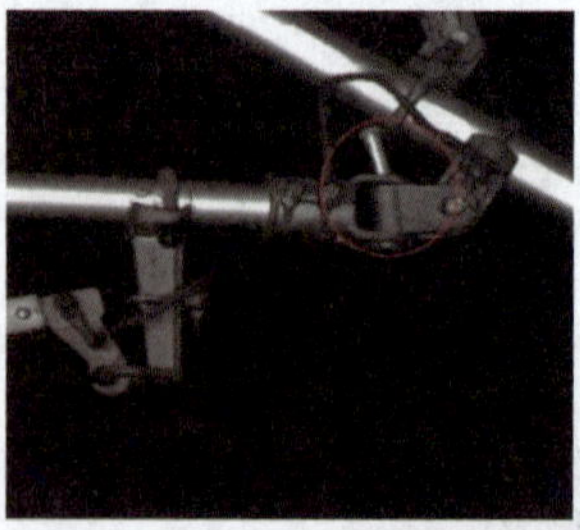

图4-52 旋转双耳销钉脱出

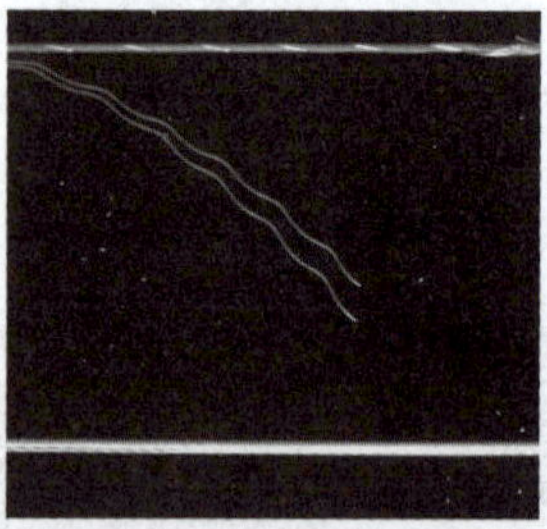

图4-53 承力索断股

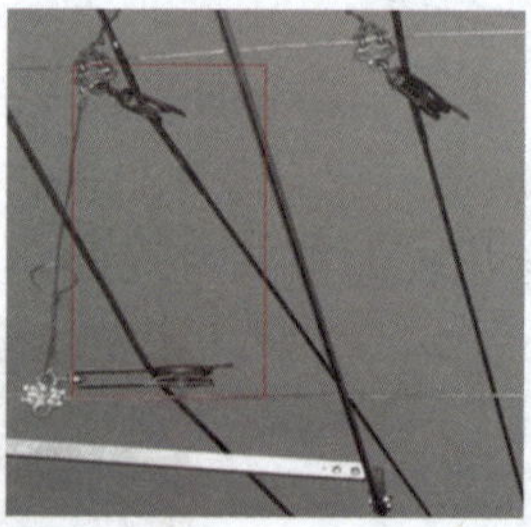

图4-54 悬吊滑轮螺帽即将松脱

(五)受电弓滑板监测装置(5C装置)

5C装置安装在电气化铁路的局界、段界、联络线、动车组(电力机车)出入库区、车站等处,用于监测受电弓滑板的技术状态,及时发现受电弓滑板的异常状态,指导接触网维修。现场实物安装如图4-55所示,采集到的车号、受电弓照片如图4-56、图4-57所示。

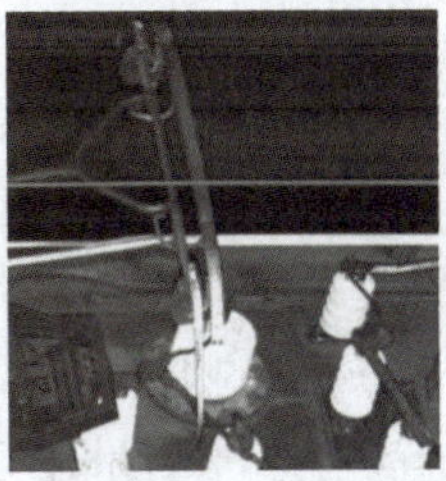

图 4-55　5C 现场安装　图 4-56　拍摄到的车号　图 4-57　拍摄到的受电弓

缺陷案例

运行中的受电弓滑板从中间断裂，如图 4-58 所示。运行中的受电弓被磕碰，导致受电弓导角变形，如图 4-59 所示。

图 4-58　滑板断裂

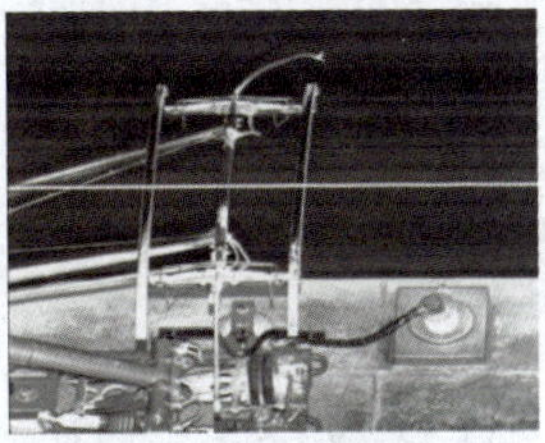

图 4-59　受电弓导角变形

（六）接触网及供电设备地面监测装置（6C 装置）

6C 装置安装在接触网特定位置及牵引变电所等处，用于监测接触网振动特性、线索温度、补偿位移、供电设备的绝缘状态等参数或特定位置的接触网技术状态，监测结果用于指导接触网及供电设备的运行维修。

接触网绝缘子状态在线监测装置安装于接触网支柱（吊柱）和绝缘子处，用于监测接触网绝缘子的绝缘状态。

接触网电连接线夹状态在线监测装置安装在重负荷区段、枢纽站场股道间等处所的接触网电连接处和供电线上网点等主导电回路的线夹处，用于监测电连接线夹状态。安装示意及现场实物如图 4-60、图 4-61 所示。

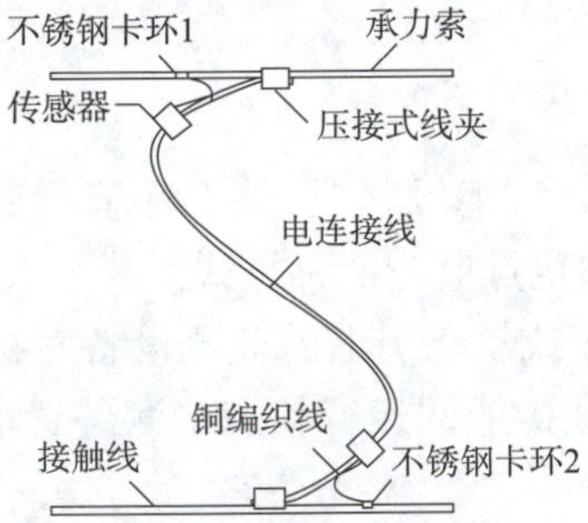

图 4-60　接触网电连接线夹状态在线监测装置安装示意

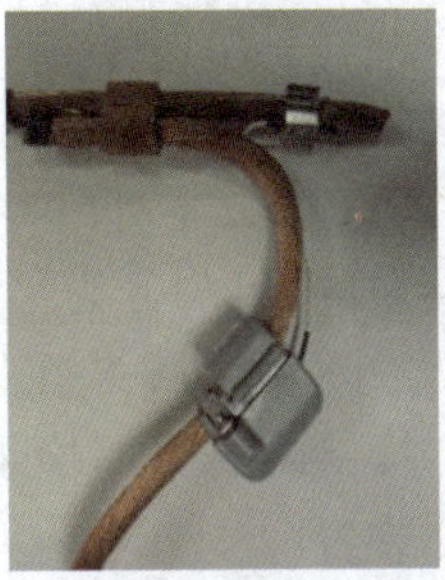

图 4-61　接触网电连接线夹状态在线监测装置实物

27.5 kV 电缆绝缘状态在线监测装置安装在牵引供电系统使用的 27.5 kV 电缆及其附件处，实现对电缆及其附件绝缘性能等运行状态的实时在线监测。

接触网定位振动特性监测装置安装在接触网隧道出入口、大风区段、路基桥梁结合部、高架桥、高速线岔、枢纽站场咽喉区等特殊处所，监测接触网定位振动特性，监测结果用于指导接触网的运行维修。现场实物安装如图 4-62 所示。

图 4-62　接触网定位振动特性监测装置

接触网张力补偿装置状态在线监测装置是监测接触网张力补偿装置工作状态的设备，安装在接触网隧道出入口、高架桥、大风区段、长大锚段、高速线岔、枢纽站场咽喉区的接触网张力补偿装置处，监测结果用于指导接触网的运行维修。

接触网设备视频监控装置用于监测接触网分相、电分段、供电线上网点、隔离开关以及动车所、站场咽喉区、隧道出入口、上跨线桥、大风区段等关键处所，用于监视接触网设备的实时运行状态。

上述 1C ~6C 装置，《普速铁路接触网运行维修规则》《高速铁路接触网运行维修规则》均规定了检测、监测的周期及内容。

（七）6C 系统综合数据处理中心（6C 数据中心）

6C 数据中心按国铁集团、铁路局集团公司、供电段三级设置，是 6C 系统各装置所采集数据及相关基础数据的集中汇集处理与综合分析展示平台，用于指导接触网及供电设备运行维修。其作用是为铁路供电安全检测监测业务提供一套整合的数据分析处理、信息展示、数据交换的平台，具备完整的业务流程和自动分析功能，能提高检测监测数据分析的效率和准确性。6C 数据中心以一杆一档为基本分析单元，按照统一的数据接口规范，能实现对 6C 系统各装置所采集数据及相关基础数据的集中汇集处理、智能分析、关联分析、综合分析、历史数据对比与展示及趋势判断，为供电设备运行维修提供有力支持。

二、接触网设备检测与分析诊断[9]

检测是指利用仪器、设备或人工等方式，对接触网进行检查测量，掌握设备质量及运行状态的过程。包含监测、静态与动态检测、检查、零部件检验四部分。检测后必须进行分析诊断，并以此作为编制维修计划的依据。

（一）监　　测

监测是对接触网外观、零部件状态、主导电回路、绝缘状况、外部环境和弓网配合等运行状态进行监视测量的过程，分为移动视频监测和定点监测两种方式。

1. 移动视频监测。利用安装在检测车辆、机车或动车组上的监测设备对接触网进行外观检查。主要包括接触网安全巡检装置（2C）、车载接触网运行状态检测装置（3C）、接触网悬挂状态检测监测装置（4C）。

2. 定点监测。利用安装在接触网关键处所、特殊地点的监测设备，监测列车通过时接触网或受电弓的状态，接触网设备的绝缘状态、温度、位移变化，以及外部环境是否存在异常。主要包括受电弓滑板监测装置(5C)、接触网及供电设备地面监测装置(6C)。

(二)静态与动态检测

静态检测是指利用运行检测车辆在接触网静止状态下进行非接触式测量,或人工使用仪器、工具测量接触网技术状态。

动态检测是指利用弓网综合检测装置(1C)、车载接触网运行状态检测装置(3C)等手段,测量接触网技术状态及弓网接触取流状态。

(三)检　　查

检查分为巡视检查、全面检查、单项设备检查和非常规检查。巡视检查是对接触网外观、绝缘部件状态、外部环境及电力机车和动车组的取流情况进行目视检查,分为步行巡视检查和登乘巡视检查。全面检查、单项设备检查具有检查、测量和试验等多重职能。针对无法或不易通过静态和动态检测、监测手段掌握设备及零部件运行状态的所有项目,利用天窗在接触网作业车作业平台、车梯或支柱上进行近距离检查,并进行必要的测量和试验等。全面检查是对所有设备进行检查;单项设备检查是对个别设备进行专项检查,并兼有维护保养职能。非常规检查通常在特殊情况下或根据需要进行。

(四)零部件检验

零部件检验是指对拆卸送检的接触网零部件进行外观检查、补充特殊试验等,确认其质量状态的过程。零部件性能下降、状态劣化,判定即将或基本达到寿命时,应进行更换。

当接触网零部件接近预期寿命,或日常检查发现存在质量隐患、无法确认其能否在预期寿命周期内安全运行时,应对该类批零部件进行抽样质量检验。

零部件检验应由获得国家计量认证和实验室认可的专业检验机构进行,并出具检验报告。零部件检验结果应纳入分析诊断和质量鉴定报告,作为接触网设备维修的依据。

(五)分析诊断

分析诊断是根据接触网检测结果,判断设备运行状态、判定缺陷等级,为维修提供依据。分析诊断包括即时分析诊断、定期分析诊断。

检测监测设备报警或发生危及行车信息时,应立即进行即时分析诊断。

1. 当弓网综合检测装置(1C)、车载接触网运行状态检测装置(3C)、受电弓滑板监测装置(5C)和接触网及供电设备地面监测装置(6C)等设备出现报警、异常信息时,应立即分析原因并安排处理。

2. 当接触网安全巡检装置(2C)、接触网悬挂状态检测监测装置(4C)及静态检测发现严重缺陷、状态异常时,检测工区应立即分析设备缺陷对接触网运行产生的影响,报供电段技术主管部门安排处理。

定期检测工作完成后,检测工区、运行工区应在规定时限内完成定期分析诊断。《普速铁路接触网运行维修规则》《高速铁路接触网运行维修规则》规定了各检测监测装置的数据分析完成时限。当检查和人工静态检测发现设备缺陷时,由发现工区分析并纳入维修处理。

当零部件检验发现质量缺陷,供电段技术主管部门应立即分析零部件质量缺陷对接触网运行产生的影响,并安排修理。

当发生跳闸、中断供电、打碰受电弓等异常情况时,供电段技术主管部门应立即组织对该区段检测资料进行分析诊断,查找原因并修理。

根据检测结果,对设备的运行状态用标准值、警示值和限界值三种量值来界定。

1. 标准值为标准状态目标值,一般根据设计值确定。

2. 警示值为运行状态提示值,一般根据设备技术条件允许偏差确定。

3. 限界值为运行状态安全临界值,一般根据计算或运行实践确定。

标准状态是设备最佳运行状态,一般根据施工允许偏差确定。

根据设备运行状态值,设备缺陷分为两级。静态设备缺陷等级划分:一级缺陷,达到或超出限界值;二级缺陷,达到或超出警示值且在限界值以内。

第九节　接触网故障应急处置

一、接触网故障应急处置原则[10]

接触网是电气化铁路重要的行车设备,是向电力机车、动车组等移动设备安全可靠供电的特殊线路,一旦故障停电,将直接影响行车秩序。

接触网抢修要遵循"先行供电"、"先通后复"和"先通一线"的基本原则,以最快的速度设法先行供电或满足滞留列车供电条件,尽快疏通线路并尽早恢复设备正常的技术状态。为保证快速抢通,在确保安全的前提下,允许接触网降低技术条件,临时恢复供电开通运行。

二、接触网故障应急处置组织

为适应快速抢通的要求,铁路局集团公司、供电段、车间和工区均应成立接触网故障抢修组织,铁路局集团公司还应组建高速铁路供电应急指挥专家组。供电段建立段、车间、工区三级应急抢修机制,日常应加强人员培训、装备配置、物资储备、预案演练等基础管理工作。

供电段负责现场抢修组织和实施。抢修时,应明确现场抢修负责人,所有抢修人员必须服从抢修负责人的统一指挥。接触网现场抢修负责人一般由先行到达现场技术安全等级最高的人员担任。抢修负责人变更后应及时报告供电调度。

应急值守点设置。在高速铁路车站(含动车段、所)站房内应设立接触网应急值守点,满足值守抢修条件。特殊情况时,可在重点区段增设临时应急值守点。在冰雪、大雾、雷雨、台风等恶劣天气时,应急值守点人员、车辆等应相应加强。每个接触网工区应以比较熟练的工人为骨干组成抢修组,抢修组现场负责人由工长或安全技术等级不低于四级的人员担当,组内应明确分工,有准备材料工具的人员、防护人员、驻站联络员、网上作业人员和地面作业人员等。

三、接触网故障应急处置[11]

(一)常见接触网故障判断与查找

1. 永久接地。变电所断路器跳闸,重合闸和强送均不成功,可能的原因是接触网或供电线断线接地、绝缘子击穿、隔离开关处于接地状态下的分段绝缘器击穿、隔离开关引线脱落或断线、较严重的弓网故障、机车故障等。

2. 断续接地。变电所断路器跳闸重合成功，过一段时间又跳闸，可能是接触网或电力机车绝缘部件闪络、货车绑扎绳等松脱、列车超限、树木与接触网放电、接触网与接地部分距离不够、接触网断线但未落地、弓网故障等。

3. 短时接地。变电所跳闸后重合成功，一般是绝缘部件瞬时闪络、电击人或动物等。

查找故障应根据季节、设备所处的环境有针对性地进行，例如大雾、阴雨及雨雪交加时易发生绝缘闪络故障，应重点查找隧道及污秽严重处所。

（二）应急出动[12]

1. 接触网工区（含应急值守点）接到抢修通知后，应根据抢修预案和现场情况，按抢修队内部的分工，带好材料、工具等，白天 10 min、夜间 15 min 内出动。工区值班人员及时将出动时间、情况报告铁路局集团公司供电调度、段生产调度和车间。

2. 发生故障时应根据故标指示地点优化交通方式。当距离工区较近时，可用汽车运送人员抵达故标指示点，当距离工区较远时优先考虑利用接触网作业车进行抢修。抢修人员（应急值守点）还应优先采取登乘列车的方式出动抢修。登乘人员要本着快速出动、就近上车的原则，立即申请要点登乘本线或邻线动车组、机车的查找方式，尽快确定故障点。

3. 接触网抢修车辆应按救援列车办理，各工区积极联系所在车站，建立抢修车辆快速出动程序。驻站联络员及时联络车站和供电调度，使抢修车辆在抢修出动时能够快速出动抢修。

4. 双线区段，当故障线路有列车停留时，接触网抢修车辆可以通过邻线运行到达故障现场。当故障现场有车辆占用时，接触网抢修人员应视情况登车顶处理，或请求列车调度员尽快安排腾空线路，为接触网抢修作业创造条件。

（三）应急方案[13]

为保证快速抢通，允许接触网满足最低技术条件开通运行。在开通线路、疏通列车后再申请天窗停电，尽快处理使设备达到运行技术标准。已判明故障性质及故障最小停电单元，短时内无法彻底恢复，但经确认或处理，满足机车车辆限界及惰行条件的，可采用最小故障停电单元停电、列车降弓惰行通过故障点的方式组织行车。

对影响较小、恢复用时不长的故障，应组织一次性恢复到接触网正常技术状态。故障破坏严重、影响范围大、难以短时恢复到接触网正常技术状态的，宜采用分次恢复方式，即对故障临时处理后，开通线路，申请列车以限速、降弓惰行等方式通过故障地点，另行申请时间组织彻底恢复。

四、常见接触网故障抢修预案[14]

（一）接触线断线

当发生导线断线时，首先应查明断线发生的确切位置，断口两侧的损坏情况，断线波及的范围等情况。

1. 导线断线损坏范围较小，断口两侧无较大损伤、变形，可以直接紧线对接。导线严重损伤在一个跨距以内，必须加换一段导线，这时可以在地面上先做好一个接头，网上将新旧线紧起后做另一个接头。

2. 导线断线损坏范围较大时,可视具体情况确定方案,如果列车惰行可以通过故障区段时,可将接触网脱离接地采取降弓通过的方法,先行送电通车。具体应遵循如下原则。

(1) 站场侧线断线,可先将线索紧起,保证咽喉区行车,送电先开通正线。站场正线或区间断线,可将线索紧起,采取降弓通过的办法送电通车。

(2) 利用紧线器、葫芦等临时连接方式送电时,必须加装分流短接线,严禁利用受力工具导通电流回路。

3. 导线断线处理后,必须将该锚段全部巡视一遍,特别是中心锚结、线岔、补偿装置、锚段关节等设备,要考虑季节、气温变化时对设备的影响,确定是否可以送电通车。

(二)承力索断线

承力索断线可用紧线工具将承力索紧起后即送电通车,必要时降弓通过。载流承力索或大电流区段非载流承力索必须安装分流短接线。

承力索断线抢修后,应对整锚段进行巡视测量,特别要注意中心锚结、线岔、绝缘锚段关节等处是否达到要求。

(三)支柱折断

支柱折断是接触网比较严重的故障,一般破坏比较严重,抢修难度大。抢修时一般是临时抢通,降弓通过,正式恢复时重新立支柱。断杆处有附加悬挂,要视具体情况采取措施保证安全距离,恢复送电。

1. 锚柱折断

(1)若相邻两锚段长度不大,可在两转换柱间将两锚段承力索和导线分别合并,合并后要保证张力平衡,必要时可取消一个中心锚结。在断杆处立抢修支柱,支撑接触悬挂。

(2)如相邻两锚段长度均比较大,不宜延长锚段时,可借助附近容量足够的支柱下锚,但必须注意要上紧拉线。临时下锚可做硬锚,其下锚拉线紧固良好,且在受力方向上。

处理此类故障时必须注意,紧起后的导线高度必须达到规定要求值以上,锚段关节处的过渡要保证受电弓顺利通过,不能保证时要采取降弓措施。两条馈线间的绝缘锚段关节抢修后不能保证绝缘要求的可将其短接。要注意保证电气连接可靠,回路畅通。

2. 中心柱、转换柱折断

可立抢修支柱或利用附近建筑物挑起悬挂,降弓通过。当两悬挂间不能保证规定的绝缘距离时,可暂不作绝缘锚段关节用。

3. 中间柱折断

(1)直线区段的中间柱折断,接触悬挂高度在规定值以上时,可不立杆,接触悬挂在此处不悬挂,不定位,即可送电。否则,需立抢修支柱,挑起悬挂。

(2)曲外支柱折断,在保证接触悬挂高度和电气安全距离的条件下,可不立支柱,否则,需立抢修支柱挑起悬挂。在保证接触悬挂和电气安全距离条件下恢复供电。

(3)曲内支柱折断,一般需立支抢修支柱,挑起悬挂。

故障案例

×日9时36分,××线××至××站间下行线K265+520至K245+120处,××段进

行铺设无缝线路前期工程施工，作业过程中物料运输车 W095670 号卸污土时剐碰下行线 K253+693 处 317 号接触网支柱，造成该接触网支柱向线路方向倾斜。经供电部门抢修，11 时 16 分上行线开通，11 时 44 分下行线开通，如图 4-63 所示。

图 4-63　接触网支柱倾斜

4. 软(硬)横跨支柱折断

软横跨支柱折断时，可根据情况采取 3 种方案。

(1)当软横跨处在直线上时，拆除该软横跨保证接触悬挂高度在规定值以上即可送电。

(2)当软横跨处在曲线上时，接触悬挂必须定位，此时在折断的支柱处立抢修支柱，将上下部固定索紧起，保证接触线高度满足行车要求后，即可送电。

(3)当可以封锁侧线股道时，可以在正线外侧立临时抢修支柱，优先保证正线行车。

注意事项：紧混凝土支柱软横跨上下部定位索时，应在支柱田野侧打多根临时拉线后进行，并在紧张力时注意支柱和拉线受力时的变化，以防发生意外。

硬横跨支柱折断时，一般视情况在拆除该组硬横跨及其支撑定位后比照软横跨支柱折断抢修方案(1)和(3)处理。

(四)供电线、加强线断线

1. 供电线断线时，优先考虑甩掉故障的供电线或将供电线脱离接地，越区供电。

2. 供电线断线后，不能实行越区供电时，则必须将供电线接通。

3. 加强线断线后，将线紧起，采用同型号的线索临时短接，保证电气连接可靠，保证与接触网导电回路的畅通。

(五)隔离开关故障

1. 常开开关故障时，可将引线甩掉送电。

2. 常闭开关故障时，拆除引线将其短接后送电。

3. 使用权不属供电部门的开关处理后要及时通知相关单位并在相关记录上签认。

故障案例

×日，×高速铁路×分区所 304 号隔离开关，一侧开关引线从上部接线端子中抽脱，停电79 min，如图 4-64 所示。隔离开关引线脱落原因为引线线鼻子压接不到位，现场检查发现引线线鼻子压痕较浅，压接后的线鼻子内径无变化，并且引线在线鼻子内部压接深度不够，造成线索偏移弛度不足，在此情况下，引线从线鼻子内抽脱。

图 4-64　隔离开关引线抽脱

（六）分段绝缘器故障

分段绝缘器故障可视情况降弓通过或停电更换。

（七）绝缘子故障

1. 绝缘子表面因脏污引起闪络，擦拭后送电。

2. 绝缘子内部击穿和严重破损的，必须更换。

（八）补偿绳断线

补偿绳断线时，一般可将相应线索紧起后临时做硬锚。

（九）分相绝缘器故障

1. 器件式电分相故障

（1）分相绝缘器接口处导线抽脱时，一般用紧线工具紧起后即可送电降弓通过，但有效主绝缘一般不少于两节。

（2）主绝缘烧损时，如果满足不了绝缘和机械要求，则必须更换。

（3）分相处打碰弓严重时，可临时降弓通过。

2. 锚段关节式电分相

（1）当分相关节处发生打碰弓等不影响供电的故障时，采取机车降弓通过的办法。

（2）当发生断线、断杆等故障，应尽快争取恢复一组绝缘锚段关节，设置机车降弓区域后送电。

（十）隧道内埋入杆件损坏

1. 个别悬挂点或定位点损坏时，若不侵入限界，且不影响送电的，可暂不处理。否则，降弓通过或停电处理。

2. 若必须修复悬挂、定位装置、杆件等，可用铁线将绝缘子固定在原杆件上，恢复悬挂和定位；若埋入杆件整体脱出或已松脱，可用高标号的快干水泥灌注。

3. 对短时间难以修复的故障，可设置无电区或无网区。

（十一）接触网设备大面积损坏

接触网设备大面积损坏，不能满足电力机车降弓惰行条件时，可利用开闭所、分区亭、站场两端锚段关节，采取越区供电等措施最大限度减小停电范围，满足列车降弓运行条件。否则，可采取整区间接触网停电，依靠内燃机车牵引方式尽快恢复重点列车运行。

（十二）接触悬挂舞动

当因覆冰、强风等原因引起接触悬挂舞动时，可根据频率及振幅大小采取限速措施，必要时电力机车停止运行，采取内燃机车牵引过渡措施。

（十三）列车冲突、脱线、颠覆等严重行车故障

发生列车冲突、脱线、颠覆等行车故障时，接触网设备一般会受到不同程度的影响与破坏，应尽量减少接触网的更改工作量，以最快的速度抢修损坏的接触网设备。

接触网遭到破坏，在安排人员拆移接触网、配合吊车起覆作业的同时，应另行安排人员抢修、恢复损坏的接触网设备，开展平行作业，在不影响吊车作业的情况下，尽快完成安装支撑装置、放线、换线等工作；吊车作业结束后，迅速恢复接触网，尽量缩短中断供电、行车的时间。

五、开通线路

1. 抢修作业结束后,应对故障设备涉及范围内整个锚段的接触网技术状态进行检查,确认没有侵入机车车辆限界和受电弓动态包络线的情况,确认符合供电、行车条件,由现场抢修组向供电调度申请送电,向列车调度员办理相关手续。

2. 改变正常供电运行方式,需限制列车对数时,由驻站联络员在车站进行登记。

3. 高速铁路定位支撑、补偿装置及接触悬挂部分的抢修结束后,本线首列列车在故障区段应限速160 km/h及以下,现场抢修组将现场抢修情况通知驻站联络员,由驻站联络员登记行车限制条件。线路开通后,应安排人员登乘巡视检查,有条件的应在线路栅栏外观察1~2趟车,检查列车通过故障区段情况,确认供电设备正常后,抢修人员方准撤离。

4. 接触网设备技术状态不能满足列车以正常速度运行时,列车应采取限速措施,由现场抢修组提出,在车站登记行车条件,待确认接触网设备恢复正常技术状态后,恢复正常速度。

5. 采取限速、降弓行车限制措施临时开通线路时,一般不设置降速、升降弓标志及手信号。

六、供电调度在事故抢修及救援配合中的职责

1. 供电设备故障或变电所跳闸重合失败,供电调度要立即通知相关部门,并参照故障定位装置指示组织查找跳闸原因。在故障查找和抢修过程中,供电调度指挥供电设备管理单位的抢修工作。涉及结合部相关区段的抢修、故障处理,按供电调度协议中的有关规定执行。

2. 因设备故障需越区供电时按相关规定办理限车措施。

3. 设备故障或事故抢修临时恢复供电后,需要限速或降弓运行时,按相关规定办理。

4. 遇有行车事故需接触网停电配合时,供电站段现场配合人员要接受现场总指挥的统一领导,供电调度要随时掌握现场故障处理情况。同时供电调度积极配合救援指挥中心完成本专业的调度指挥工作。

5. 在管辖区域内发生的铁路交通事故、设备故障组织救援和处置时,供电调度有权指挥调用管辖范围内各设备管理单位的救援力量,需要相邻铁路局集团公司出动救援力量时,及时向国铁集团调度请求。

复习思考题

1. 接触网集中修的优缺点有哪些?实施集中修前应做好哪些工作?
2. 接触网限界管理有哪些要求?
3. 外部环境管理的重点和难点是什么?
4. 区段质量评价的方式有哪些?
5. 接触网检测、监测有何区别?检测装置都有哪些?
6. 接触网故障抢修的基本原则是什么?
7. 对接触网故障抢修后开通线路有何规定?

引用规章文件

[1]《普速铁路接触网运行维修规则》(铁总运〔2017〕9 号)第三章第十二条;《高速铁路接触网运行维修规则》(铁总运〔2015〕362 号)第三章第十二条
[2]《普速铁路接触网运行维修规则》(铁总运〔2017〕9 号)第三章第十四、十五条;《高速铁路接触网运行维修规则》(铁总运〔2015〕362 号)第三章第十四、十五条
[3]《普速铁路接触网运行维修规则》(铁总运〔2017〕9 号)第二章第九条
[4]《普速铁路接触网安全工作规则》(铁总运〔2017〕25 号)第三章第十六条;《高速铁路接触网安全工作规则》(铁总运〔2014〕221 号)第三章第十六条
[5]《普速铁路接触网运行维修规则》(铁总运〔2017〕9 号)第五章第八十二、八十三条;《高速铁路接触网运行维修规则》(铁总运〔2015〕362 号)第五章第八十一~八十三条
[6]《普速铁路接触网运行维修规则》(铁总运〔2017〕9 号)第六章第八十九~九十一条;《高速铁路接触网运行维修规则》(铁总运〔2015〕362 号)第五章第八十五~八十七条
[7]《普速铁路接触网运行维修规则》(铁总运〔2017〕9 号)第六章第九十二~九十七条;《高速铁路接触网运行维修规则》(铁总运〔2015〕362 号)第五章第八十八~九十三条
[8]《铁路技术管理规程(普速铁路部分)》(铁总科技〔2014〕172 号、〔2017〕221 号)第七章第 202 条;《铁路技术管理规程(高速铁路部分)》(铁总科技〔2014〕172 号、〔2017〕221 号)第七章第 182 条
[9]《普速铁路接触网运行维修规则》(铁总运〔2017〕9 号)第四章第五十四、五十五、六十一~六十三、七十、七十一、七十三~七十六、七十八~八十条;《高速铁路接触网运行维修规则》(铁总运〔2015〕362 号)第四章第五十三、五十四、六十~六十二、六十九、七十、七十二~七十五、七十七~七十九条
[10]《电气化铁路接触网故障抢修规则》(铁运〔2009〕39 号)第一章第 4 条;《高速铁路接触网故障抢修规则》(铁总运〔2014〕53 号) 第一章第二条
[11]《电气化铁路接触网故障抢修规则》(铁运〔2009〕39 号)附件 1
[12]《电气化铁路接触网故障抢修规则》(铁运〔2009〕39 号)第三章第 17~19 条
[13]《高速铁路接触网故障抢修规则》(铁总运〔2014〕53 号)第五章第四十一、四十二条
[14]《电气化铁路接触网故障抢修规则》(铁运〔2009〕39 号)附件 2

第五章

接触网设备运行维修

学习任务

高速铁路接触网、普速铁路接触网的基本构成和整体结构并无明显差异,设备检调的方法也基本相同。但高速铁路对接触网几何参数、电气参数及机械性能的要求更高,其维修规程对相关设备的参数标准也更为严格。接触网从业人员必须掌握检修维护标准、检测方法及常见缺陷处理措施,从而保障接触网设备安全稳定地运行。

本章结合接触网维修规程、检修作业标准以及运营维护经验,介绍了接触网各项设备的检查检测标准、检调更换的方法,并对典型缺陷进行举例说明。

通过学习,掌握接触网运行检修的标准,了解接触网各项设备检调更换作业的方法和流程以及常见缺陷的处理措施。

第一节 接触悬挂的运行维修

一、接触线[1-3]

(一)作业内容及标准

1. 外观检查

(1)接触线表面无偏磨、硬弯、扭面、损伤、烧灼等问题。

(2)正线接触线不允许有接头。侧线一个锚段内接触线接头的总数量不超过 2 个(不包括分段、分相及下锚接头)。

2. 参数测量

(1)测量接触线定位点拉出值及跨中偏移值。

标准值:设计值。标准状态:标准值 ±30 mm。警示值:400 mm。限界值:450 mm。

(2)测量接触线高度。

标准值:设计值。标准状态:标准值 ±30 mm。警示值:标准值 ±60 mm。限界值:标准值 ±100 mm 且 <6 500 mm。

(3)根据工作支接触线相邻悬挂点高度变化,计算接触线坡度。

标准值:$v \leqslant 250$ km/h 时,坡度≤1‰;$v > 250$ km/h 时,坡度为 0。标准状态:$v \leqslant 250$ km/h 时,坡度≤1‰;$v > 250$ km/h 时,坡度≤0.5‰。警示值:$v \leqslant 250$ km/h 时,坡度≤1‰;$v > 250$ km/h 时,坡度≤0.5‰。限界值:$v \leqslant 250$ km/h 时,坡度≤1.5‰;$v > 250$ km/h 时,坡度≤1‰。

(4)测量接触线偏角。

标准值:设计值。标准状态:标准值 ±1°且≤4°。警示值:<6°。限界值:<8°。

(5)检查接触线磨耗、变形及损伤情况。

接触线磨耗及损伤检查及标准:接触线局部磨耗达到或超出限界值(表 5-1),立即进行更换;达到或超出警示值,进行重点监控,纳入三级修(精测精修)更换。

表 5-1　接触线允许最大局部磨耗面积

设计时速(km)	导线材质	工作张力(kN)	标准值	警示值	限界值
200~250	CTS	—	无磨损	15%	20%
300~350	CTSH-150	28.5	无磨损	11%	15%
	CTMH-150	28.5	无磨损	17%	23%
	CTMH-150	30	无磨损	14%	19%
	CTCZ-150	31.5	无磨损	19%	25%
	CTCZ-150	33	无磨损	16%	21%
	RiM 120	27	无磨损	13%	17%

测量接触线局部磨耗的方法:使用数显游标卡尺纵向垂直导线测量,如图 5-1 所示。测量导线厚度值 H(原始值为 12.9 mm),磨耗值 $A = 12.9 - H$,对照接触磨耗换算表确定磨耗面积。

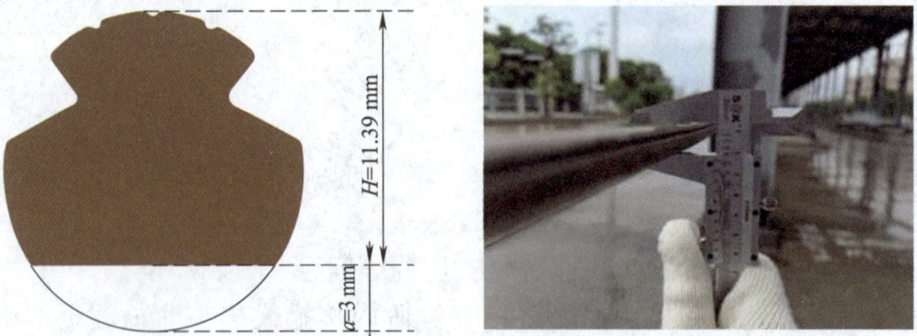

(a)接触线磨耗截面　　(b)游标卡尺测量接触线厚度值

图 5-1　接触线磨耗测量

(6)检查接触线与检测尺之间的间隙,如图 5-2 所示,其间隙不得大于 0.1 mm/m。

(7)检查接触线扭面情况,要求标准值为 0°;标准状态为 5°;警示值为 15°;限界值为 20°。

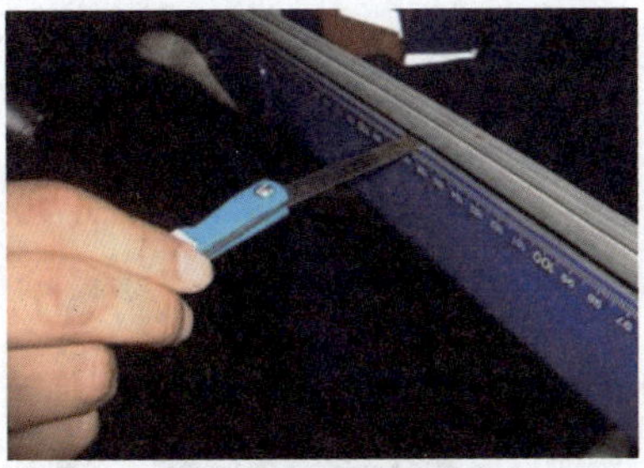

(a)塞尺、水平尺测量接触线硬弯

(b)水平尺

(c)接触线平直度检测装置

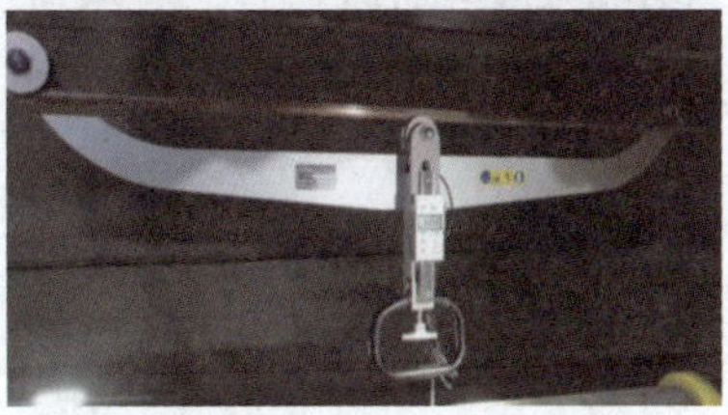

(d)接触线平直度检测装置测量导线平直度

图 5-2　接触线平直度测量

(二)检　　调

1. 调整接触线拉出值

以直线区段为例,按以下 3 个步骤进行调整。

(1)根据测量值和设计值计算出差值,确定调整量,用记号笔在定位管上标记出调整位置。

(2)一人松开定位支座螺母,一人向拉出值调整方向推动接触线,将定位支座调整至标记位置,按照力矩要求紧固,如图 5-3 所示。

图 5-3　现场调整定位点拉出值

(3)复核拉出值,当拉出值仍未满足设计要求时重复以上操作,直至达到标准状态。

2. 接触线悬挂点高度超标

根据测量值计算出差值,确定调整值及调整范围。调整悬挂点两侧吊弦点接触线高度,若仍不能满足要求,可通过对平腕臂抬头角度及接触悬挂整体高度进行调整,直至参数符合要求。

(三)常见缺陷及处理

1. 接触线硬弯

可采用接触线校直器进行处理,如图 5-4 所示。

图 5-4　接触线硬弯及采用五轮正弯器处理

处理方法:

(1)转动手轮打开校直器,把三个轮子靠近弯曲接触线。

(2)转动手轮加紧下面两个轮子直到将接触线推到校直器,只需将接触线推到可以使轮子方便移动即可。

(3)握住手柄沿着弯曲的接触线部位来回移动。

(4)几次操作后,如果还有弯曲部位,拧紧手轮重复操作,继续操作直到接触线完全校直为止。

(5)操作完成后,打开手轮,从接触线上取下工具。

2. 接触线局部磨耗过大

局部接触线磨耗偏大(未超过限界值),若只发生在一点,在此处使用一个导线接头线夹进行补强,如图 5-5 所示。若磨耗损伤为一个范围,在磨耗、损伤范围外两端用两个接头线夹及同材质副线进行补强。局部接触线磨耗超过限界值,更换该锚段接触线。

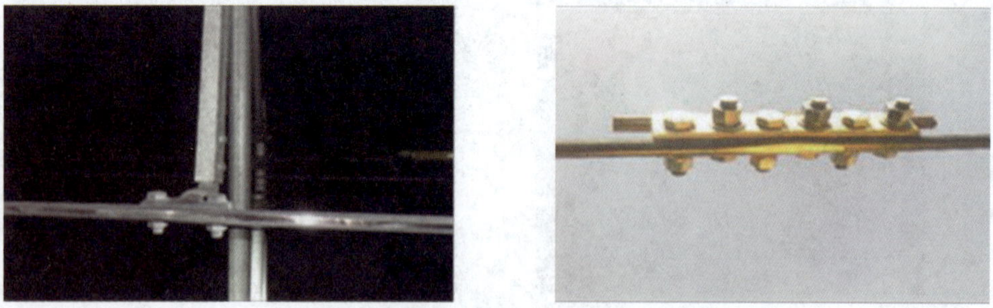

图 5-5　接触线局部磨耗过大并采取补强处理措施

3. 接触线偏磨或扭面

根据接触线偏磨或扭面方向将两校正扳手分别同向固定在接触线偏磨位置两端,在偏磨处反向固定另一个校正扳手,视偏磨程度旋转校正扳手。松开校正扳手,观察接触线线面情况(如果一次调整不到位,重复以上动作),直至接触线面符合要求为止。接触线偏磨长度较大时,使用两个校正扳手从一端逐步向另一端校正,如图 5-6 所示。

图 5-6 接触线扭面及使用扭面扳手进行处理

二、承力索

(一)作业内容及标准

1. 外观检查

(1)检查承力索外观。要求无腐蚀、断股、散股、烧伤问题。

(2)检查承力索磨耗,维修标准包括以下方面。

标准值:无损伤。标准状态:无损伤。警示值:无散股、损伤3股。限界值:断股。

承力索损伤后不能满足该线通过的最大电流时,若是局部损伤,可以加电气补强线;若是普遍损伤则应更换。承力索损伤后不能满足规定的机械强度安全系数时,若是局部损伤,可以加补强线或切除损坏部分重新接续;若是普遍损伤则应更换。承力索用钢芯铝绞线或铝包钢绞线时,其钢芯若断股,须切断重新接续并用电连接沟通。承力索在悬吊滑轮处应转动灵活、无卡滞,悬吊滑轮与线索相匹配。承力索在承力索座、悬吊滑轮等处悬吊固定时,应加装与承力索材质匹配的预绞丝护线条。

(3)检查承力索接头。一个锚段内承力索接头及断股补强数量,要求其总数量(不包括分段、分相及下锚接头)不超过4处。承力索的接头距悬挂点应不小于2 m,同一跨距内不允许有两个接头。重点检查承力索接头是否滑移,补强线是否松动,终端锚固线夹有无滑移痕迹、开裂、松动。

2. 参数测量

(1)检查承力索位置,维修标准包括以下方面。

标准值:直链型悬挂位于接触线正上方。标准状态:标准值 ±50 mm。警示值:直线区段标准值 ±150 mm。限界值:标准值 ±200 mm。

(2)检查承力索交叉点距离。承力索交叉点处是否存在互磨现象,对于线索间距小于200 mm的需安装等电位线。

(3)检查承力索对地绝缘距离。对照第二章表2-1"接触网最小空气绝缘距离要求"进行检查。

(二)检调

1. 承力索位置调整

当检查发现承力索位置不符合设计标准时,需对承力索位置进行调整。处理方法:按照安装图确定调整方向和调整量,做好防滑移措施(曲线段防止向受力方向反侧窜动、滑脱)及张力卸载措施后,如图5-7所示,松开承力索支座(钩头鞍子)螺栓,使用橡皮锤敲击调整到标准位置,按标准力矩紧固螺栓。在线岔、关节处调整时,要综合考虑相关参数。

(a)曲外支柱承力索张力卸载措施

(b)曲内支柱承力索张力卸载措施

图5-7 承力索张力卸载措施

(三)常见缺陷及处理

1. 承力索断股

(1)承力索断4股及以下时,使用预绞式接续条补强,处理方法:

①在承力索外围将断股单丝沿原有缠绕方向紧密缠绕复原。

②安装预绞式接续条,先以承力索断股处为中心,预绞式接续条中心正对承力索断股位置,再分别向两侧均匀缠绕预绞式接续条,如图5-8所示。

图5-8 承力索预绞式接续条

(2)承力索断5股以上时,可采取同规格、同材质承力索补强。

某铁路局集团公司的处理方法为:

①预制截取约7 m同规格承力索作附加线。

②先安装一侧承力索中锚线夹。

③另一侧通过手扳葫芦对附加线施加1 t(额定张力21 kN ×0.05)的张力后,安装另一侧承力索中锚线夹。

④按照标准紧固力矩紧固承力索中心锚结线夹,如图5-9所示。

2. 承力索断线

使用锥套式承力索接头线夹进行接续,如图5-10所示,处理方法:

①在需做接头的导线两侧适当位置,安装紧线器,用手扳葫芦连接。

②紧手扳葫芦使两紧线器中间段线索卸载,并留出适当长度。

③用细绑线在需切断处两边缠2~4圈,然后切断。

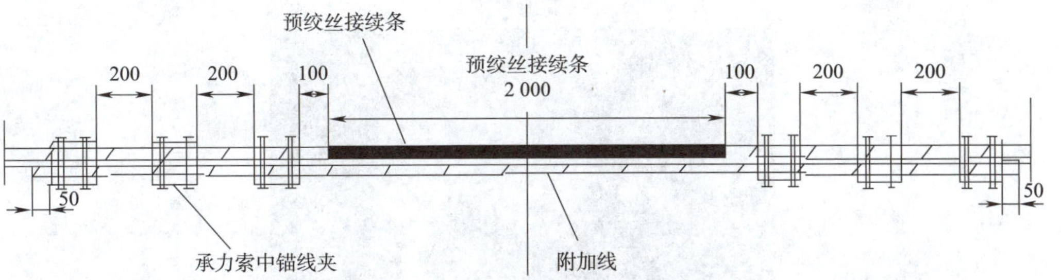

图 5-9　承力索补强示意(单位:mm)

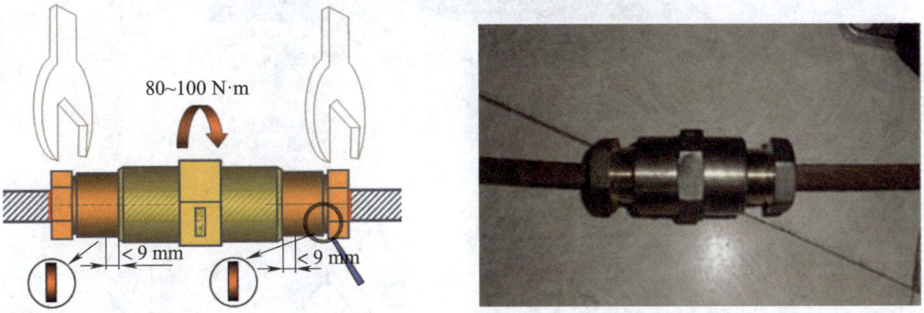

图 5-10　承力索断线及采取接头线夹接续

④制作承力索接头。

⑤安装连接部件。

⑥检查接头状态,确认安装牢固可靠后,卸载手扳葫芦拆除工具。

三、吊　　弦[2,3]

(一)作业内容及标准

1. 外观检查

(1)检查吊弦线本体有无损伤,包括锈蚀、断丝、断股、散股。吊弦损伤标准值:无损伤。标准状态:无损伤。警示值:断 3 根单丝。限界值:断 7 根单丝。

(2)检查各零部件状态,要求吊弦线鼻子、压接管无断裂、变形,心形环与吊弦线接触密贴,心形环距压接管的距离不大于 5 mm。

(3)检查载流环安装位置,吊弦载流环应固定在吊弦线夹螺栓的外侧,接触线吊弦线夹处载流环应与列车前进方向一致,线鼻子与接触线夹角保持 45°,如图 5-11 所示。承力索吊弦线夹处载流环与列车前进方向相反。

(4)检查吊弦线夹螺栓穿向,直线区段接触线吊弦线夹螺栓由线路侧穿向田野侧,曲线处接触线吊弦线夹螺栓应穿向曲线外侧,承力索吊弦线夹螺栓穿向与接触线吊弦线夹螺栓穿向相反,如图 5-12 所示。

(5)检查承力索吊弦线夹螺纹卡子。螺纹卡子应无裂纹、烧伤,螺纹卡子安装在载流环反方向,外露 5 mm。

(6)检查止动垫片。止动垫片应安装正确,止动垫片与线夹本体及螺帽密贴,能有效发挥止动作用,并确保垫片安装到位后不打弓。

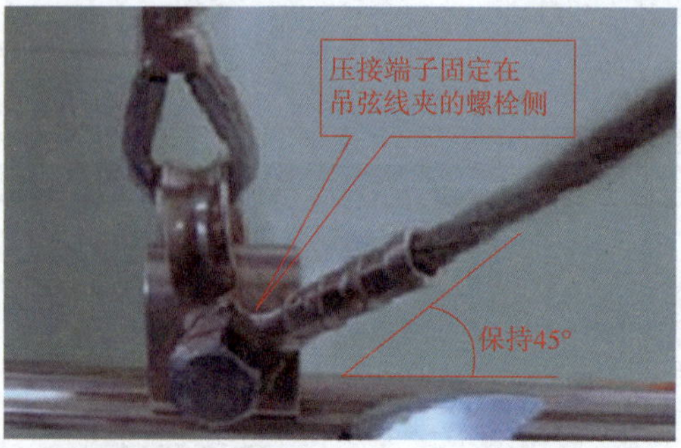

(a)吊弦载流环线鼻子与接触线夹角保持 45°

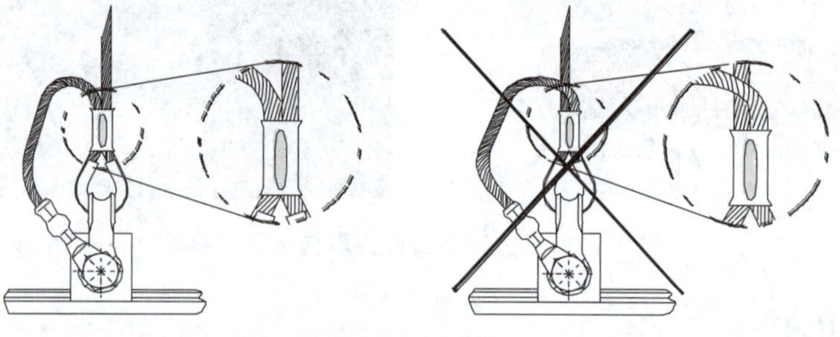

(b)吊弦载流环安装方式

图 5-11　检查载流环安装位置

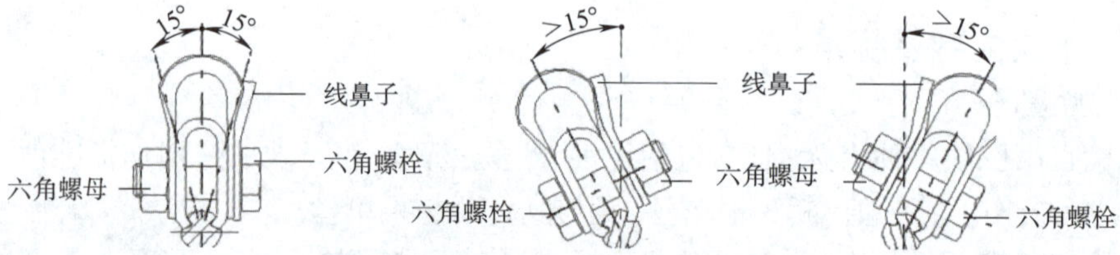

图 5-12　吊弦线夹螺栓穿向(单位:mm)

2. 参数测量

(1)测量吊弦偏移,维修标准包括以下方面。

标准值:0。标准状态:20 mm。警示值:50 mm。限界值:100 mm。

(2)测量两相邻吊弦点接触线高差,维修标准包括以下方面。

标准值:0。标准状态:10 mm。警示值:10 mm。限界值:15 mm。定位点两侧第 1 吊弦处(弹性链型悬挂时为弹性吊索外第 1 吊弦)接触线高度应相等。相对于定位点处接触线高度 ±10 mm,且不得出现 V 形。

(3)测量吊弦布置位置,维修标准包括以下方面。

标准值:设计值。标准状态:标准值 ±50 mm。警示值:标准值 ±100 mm。限界值:标准值 ±200 mm。

(二)检　　调

1. 吊弦偏移调整

(1)按照吊弦安装偏移曲线进行校验,确定调整方案。

(2)承力索吊弦线夹偏移:松开承力索吊弦线夹螺栓,移动承力索吊弦线夹位置,使之与接触线吊弦线夹在同一垂面内。

(3)接触线吊弦线夹偏移:松开接触线吊弦线夹螺栓,移动接触线吊弦线夹位置,使之与承力索吊弦线夹在同一垂面内。

2. 吊弦位置调整

(1)根据吊弦所在跨距内安装数量和跨距,计算出吊弦安装位置。

(2)用皮尺以定位点为起测点,测量出吊弦安装位置,并使用记号笔在接触线上做好标记。

(3)将吊弦移至标记位置进行安装。

3. 载流环角度调整

掰开吊弦线夹止动垫片,松开线夹连接螺栓,将载流环调整至与线索呈45°,紧固螺栓至25 N·m,恢复止动垫片。

4. 电气距离调整

(1)当吊弦与其他设备距离小于60 mm时,应对其进行调整,调整后测量导高超出安全值时,应对此位置吊弦进行更换。

(2)当吊弦位于关节交叉侧,距离邻近线索小于60 mm时,调整应考虑线索偏移,计算出两线索最大偏移值,根据现场实际温度进行安装。

(三)常见缺陷及处理

1. 整体吊弦不受力、载流环脱出等缺陷,如图5-13所示。重新测量,压接预制新吊弦并进行更换。

图5-13　吊弦不受力及载流环脱落缺陷

2. 吊弦线断股、断裂或互磨,如图5-14所示。吊弦线本体断股(断3根单丝及以上)、

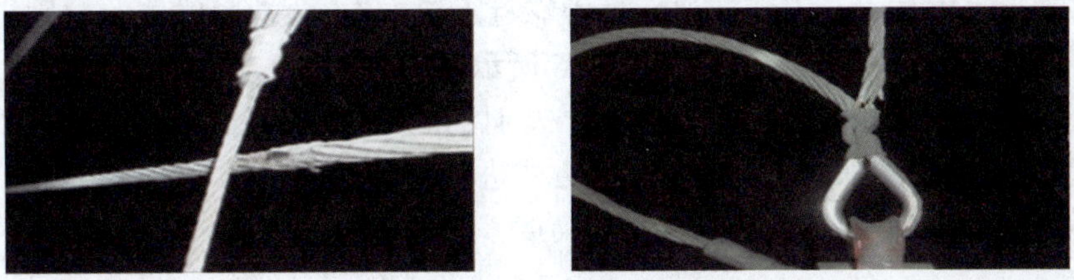

图5-14　吊弦互磨、断股缺陷

吊弦线本体散股、吊弦线本体受损及氧化严重的，应重新压接制作新吊弦进行更换，尺寸与既有吊弦保持一致。

四、弹性吊索[2]

(一)作业内容及标准

1. 外观检查

(1)检查弹性吊索及其线夹情况。要求弹性吊索不得有散股、断股(丝)、接头、补强、硬弯；弹性吊索线夹零配件齐全，螺栓安装方向正确(由上向下穿，长螺栓一侧朝田野侧安装)，无损伤、开裂、锈蚀或螺栓变形。

(2)检查弹性吊索与其他零部件间距，不允许出现互磨问题，如图 5-15 所示。

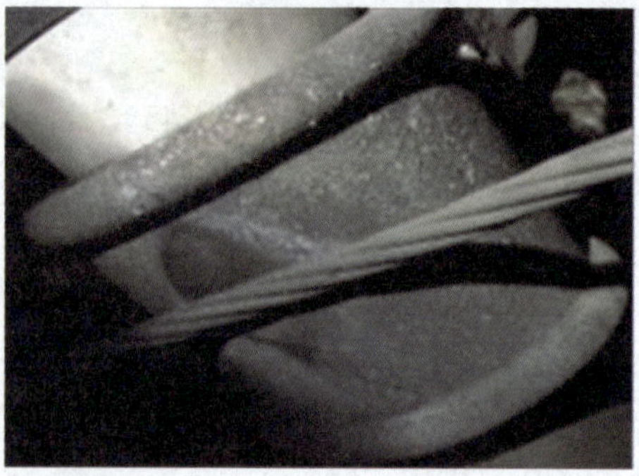

图 5-15　弹吊与零部件互磨

2. 参数测量

(1)弹性吊索长度符合设计要求，悬挂点两端长度相等，允许偏差为 ±20 mm。

(2)弹性吊索线夹处吊索外露中锚端为 20 mm，下锚端为 150 mm，允许偏差为 ±5 mm。

(3)弹性吊索工作张力符合设计规定，不得松弛。允许偏差为标准值 ±10%。

(4)第 1 吊弦与相邻弹性吊索吊弦的高度差小于 10 mm。弹性吊弦与定位点处接触线高度相等。

(二)检　　调

弹性吊索张力检测与调整。当弹性吊索发生明显松弛或接触线高度与最近一次测量记录有明显变化时，应对弹性吊索张力进行测量，测量结果与上一次测量结果有明显变化时，应对弹性吊索张力进行调整。

调整方法如下：

(1)将弹性吊索拉力计安装在弹性吊索靠近下锚方向，两端紧线器一端固定在承力索上，另一端固定在弹性吊索预留头，如图 5-16 所示。

(2)松开弹性吊索线夹，紧固弹性吊索拉力计，张力达到 3. 5 kN。

(3)紧固弹吊线夹，采用对角均匀紧固方式进行紧固。

(4)拆除弹性吊索拉力计，复测接触线高度。

图 5-16　弹性吊索拉力计安装

(三)常见缺陷及处理

1. 弹性吊索线夹断裂或螺栓变形、断裂

弹性吊索线夹断裂如图 5-17 所示,采取更换弹性吊索线夹的措施。

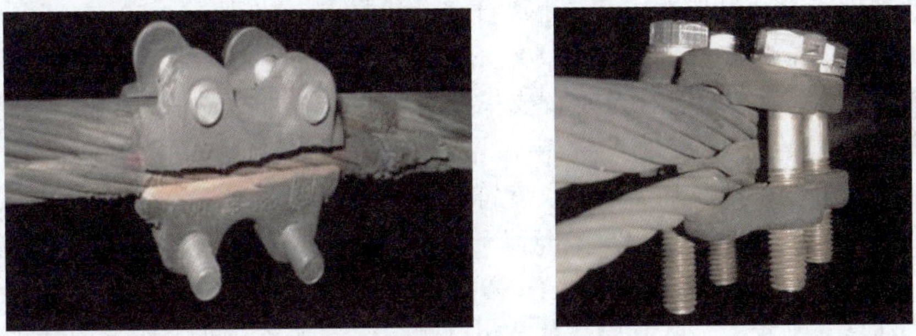

图 5-17　弹性吊索线夹断裂

2. 弹性吊索有断股、散股、断丝以及烧伤

弹性吊索磨损断股如图 5-18 所示,采取更换弹性吊索的措施。

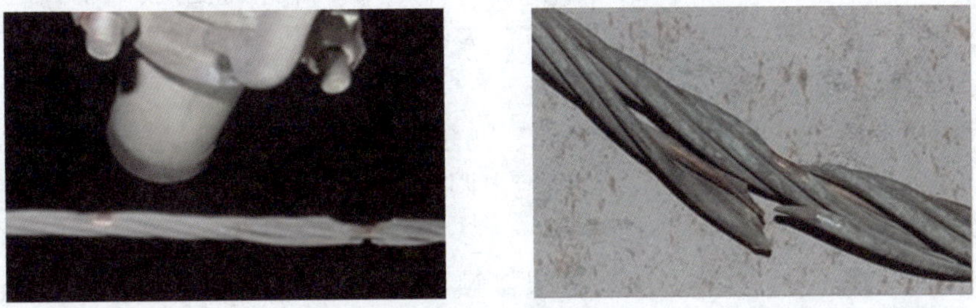

图 5-18　弹性吊索磨损断股

五、锚段关节及关节式分相[2,3]

(一)绝缘锚段关节及关节式分相

1. 作业内容及标准

(1)外观检查

重点检查腕臂底座、支持与定位装置、吊弦、锚段关节电连接、补偿装置等零部件外观状态,具体检查标准依据本章接触悬挂、定位支撑装置及单项设备等设备检查要求执行。

(2)参数测量

①检查承力索及接触线位置

a. 测量转换柱处两悬挂垂直距离、水平距离,维修标准包括以下方面。

标准值:设计值。标准状态:标准值 ±20 mm。警示值:标准值 ±30 mm。限界值:标准值 ±50 mm。

b. 测量中心柱处接触线(承力索)垂直距离,维修标准包括以下方面。

标准值:等高(设计值)。标准状态:20 mm(标准值 ±20 mm)。警示值:20 mm(标准值 ±30 mm)。限界值:30 mm(标准值 ±50 mm)。

c. 测量中心柱接触线(承力索)水平距离,维修标准与转换柱要求一致。中心柱处接触线等高点的接触线高度不应低于相邻工作支吊弦点,允许高于相邻吊弦点 0~10 mm。

②两接触悬挂接触线工作支过渡处调整符合运行要求。

③转换柱处绝缘子串与悬挂点的距离符合设计要求,允许偏差 ±50 mm。承力索、接触线两绝缘子串上下应对齐,允许偏差 ±100 mm。

④任何情况下,两接触悬挂及定位支撑装置带电体各部分应满足空气绝缘间隙要求。锚段关节内的定位支撑、吊弦载流环、斜拉线等不得减小空气绝缘间隙。

⑤关节式电分相中性区和无电区长度符合设计要求。

⑥检查分段绝缘子。检查分段复合绝缘子。无损坏、闪络放电现象,承力索、接触线绝缘子允许误差 ±50 mm,非工作支接触线绝缘子下裙边最低点距工作支接触线高差不小于 300 mm。

⑦检查线索交叉距离。一是检查关节闭口侧工作支吊弦与非工作支接触线水平距离,应保证不小于 50 mm。二是检查转换柱处非工作支接触线距工作支定位管及限位状态下定位器的垂直距离,保证不小于 50 mm。

2. 检调

锚段关节内的零部件损伤问题,可以按照本书相关零部件的更换、调整方法进行检调。以转换柱接触线水平间距、垂直间距调整方法为例,其他参数超标问题检调可以此参考。

(1)接触线水平间距调整

以转换柱处接触线水平间距调整为例。测量转换柱两支接触线拉出值 a_1、a_2,计算出两支接触线的水平间距为 $\Delta a = a_1 - a_2$,确定出调整方向及调整量。若工作支接触线拉出值不符合标准,按以下方法调整。

①人工调整工作支接触线拉出值,如果接触线受力较大,则在支柱上搭 1.5 t 链式紧线器拉住接触线(直线、曲外)或腕臂端部搭 1.5 t 链式紧线器拉住接触线(曲内),摇动链式紧线器将工作支接触线卸载,松开工作支定位支座,按照拉出值的大小调整方向和数据,将工作支接触线位置调整到标准位置。

②调整后接触线水平间距仍不符合标准,再调整非工作支接触线:在支柱上搭 1.5 t 链式紧线器拉住接触线(直线、曲外)或非工作支腕臂管插入一根带两个定位环的 1 m 长定位管(曲内),调整定位管的外露长度,在定位管上搭 1.5 t 链式紧线器拉住承力索,摇动链式紧线器将非工作支接触线卸载,松开非工作支接触线锚支卡子,如果接触线水平间距大,减小锚支卡子和工作支定位支座的距离,将非工作支接触线位置调整到标准位置,使两支接触线水平间距调整至符合标准;如果接触线水平间距小,增大锚支卡子和工作支定位支座

的距离，将非工作支接触线位置调整到标准位置，使两支接触线水平间距调整至符合标准。复测接触线水平间距符合设计要求。

③当工作支接触线拉出值符合标准时，通过调整非工作支接触线的拉出值调整接触线的水平间距，调整方法同工作支接触线拉出值不符合标准时非工作支接触线的调整方法。

(2)接触线垂直间距调整

以转换柱处接触线垂直间距调整为例，测量转换柱两支接触线高度 H_1、H_2，计算出两支接触线的垂直间距：$\Delta H = H_1 - H_2$，确定出调整方向及调整量。若工作支接触线高度不符合标准时，按以下方法调整：

①调整或更换工作支定位点两侧吊弦，将工作支接触线高度调整至标准值。

②以工作支接触线为基准，按调整数据，调整或更换非工作支定位点两侧第一根吊弦，使高差符合标准；再依次调整或更换其他吊弦，使两支接触线间垂直间距符合标准。同时复测接触线水平间距符合设计要求。

③当工作支接触线位置符合标准时，调整或更换非工作支定位点两侧第一根吊弦，使高差符合标准；再依次调整或更换其他吊弦，使两支接触线间垂直间距符合标准。复测接触线水平间距符合设计要求。

(二)非绝缘锚段关节

1. 作业内容及标准

(1)外观检查

重点检查腕臂底座、支持与定位装置、吊弦、锚段关节电连接、补偿装置等零部件的外观状态，具体检查标准依据本书相关章节要求执行。

(2)参数测量

检查承力索、接触线位置，转换柱、中心柱的现场安装情况，如图 5-19 所示。

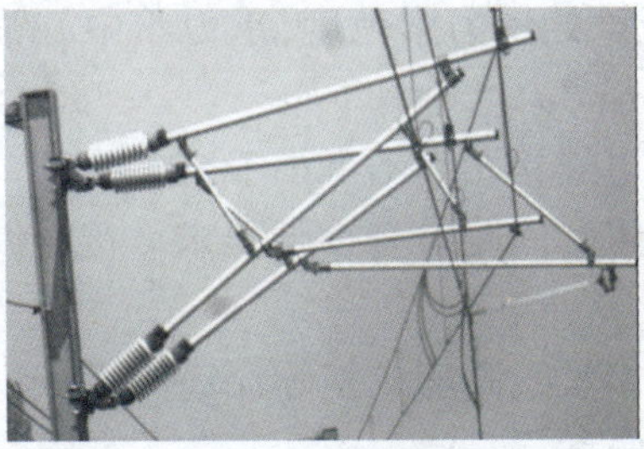
(a)关节转换柱

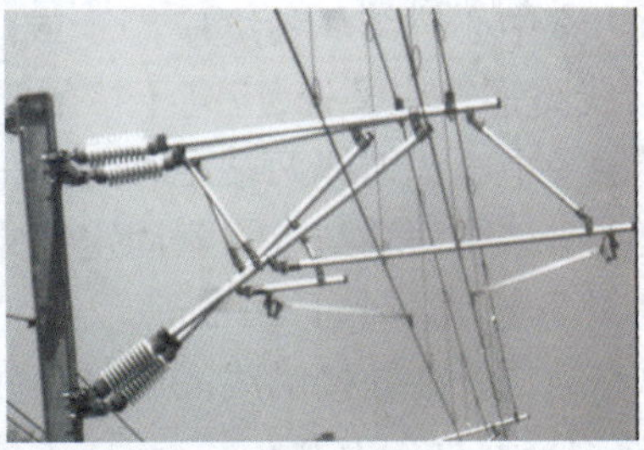
(b)中心柱

图 5-19　转换柱和中心柱现场安装情况

①设计极限温度下，两悬挂各部分(包括零部件)之间的距离应保持在 50 mm 以上。

②测量转换柱处两接触线水平距离。

标准值：设计值。标准状态：标准值 ±20 mm。警示值：标准值 ±50 mm。限界值：标准值 ±100 mm。

③测量转换柱处两接触线垂直距离。

标准值：设计值。标准状态：标准值 ±20 mm。警示值：标准值 ±30 mm。限界值：标准值 ±50 mm。

④中心柱处两接触线水平距离为设计值，允许偏差 ±30 mm；两接触线距轨面等高，允许偏差 ±20 mm。两接触悬挂接触线工作支过渡处接触线调整符合运行要求。

⑤锚支接触线在其垂直投影与线路钢轨交叉处，应高于工作支接触线 300 mm 以上，并持续抬升至下锚处。下锚角钢安装高度应符合线索延伸下锚抬升的需要。

2. 检调

参考绝缘锚段关节调整方法。

六、中心锚结[2,3]

（一）作业内容及标准

1. 外观检查

（1）检查中心锚结的安装位置、形式、采用的线材及连接件规格、型号，符合设计要求。

（2）检查承力索中心锚结绳。要求中心锚结绳范围内承力索不得有接头和补强。中心锚结绳、固定线夹应与承力索材质匹配，设置位置符合设计要求。

（3）检查接触线中心锚结绳。

①中心锚结所在的跨距内接触线不得有接头和补强。

②中心锚结绳范围内不得安装吊弦和电连接。

③中心锚结线夹两边锚结绳的长度和张力力求相等。中心锚结绳处于受力状态，不得触及弹性吊索，不得改变相邻吊弦受力和接触线高度。

（4）检查中心锚结线夹。要求接触线中心锚结线夹应安装牢固，在直线上保持铅垂状态，在曲线上与接触线的倾斜度一致。

2. 参数测量

（1）承力索中心锚结线夹辅助绳外露长度不小于 50 mm。

（2）承力索中心锚结绳弛度应等于或略高于该处承力索弛度，承力索中心锚结绳在其垂直投影与线路钢轨交叉处，应高于接触线 300 mm 以上。

（3）接触线中心锚结绳两端距相邻的吊弦或电连接距离不得小于 500 mm。

（4）中心锚结绳两端与承力索固定线夹的设置和间距符合设计要求。接触线侧锚结绳压接后回头外露长度不小于 20 mm。

（5）中心锚结线夹处接触线高度与相邻吊弦接触线高度应相等，高速铁路允许偏差 0 ~ 10 mm，普速铁路允许偏差 0 ~ 20 mm。测量检查方法：

①测量中心锚结线夹处接触线高度 H_0。

②测量该中心锚结线夹处两侧吊弦的高度 H_1、H_2。

③中心锚结线夹处接触线高度与相邻吊弦接触线高差 ΔH_1、ΔH_2。$\Delta H_1 = H_0 - H_1$，$\Delta H_2 = H_0 - H_2$，该值为 0 或正值，且符合线路等级所允许偏差范围。

（6）检查各零部件紧固力矩符合相关要求。

（二）检　　调

1. 预制接触线中锚结绳

（1）按照该跨中承力索与接触线距离 5 倍的长度预制接触线中锚辅助绳。

（2）预制接触线中锚辅助绳回头：锚结绳与心形护环贴紧，压接管尽量靠近心形护环。

余头露出 25 mm。接触线中锚辅助绳回头压接尺寸及实物如图 5-20 所示。

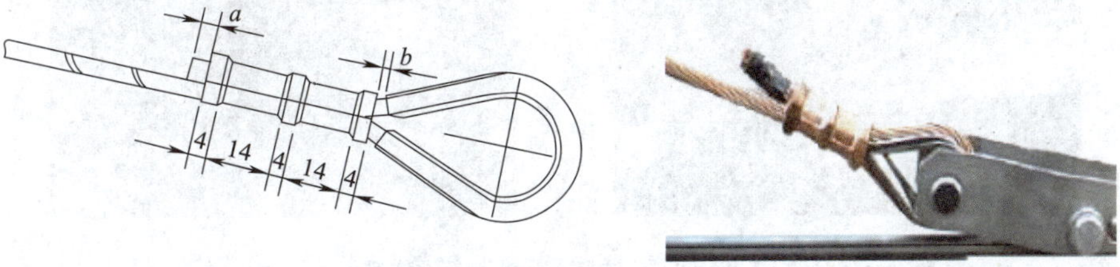

图 5-20　接触线中锚辅助绳回头压接尺寸及实物(单位:mm)

注:a 的取值范围为 25 ~ 30 mm,b < 20 mm

2. 接触线中心锚结绳断股、损伤,更换步骤如下。

(1)在承力索侧线夹安装位置处,用大绳上下拉紧接触悬挂,使接触线中锚绳松弛。

(2)中心锚结绳充分松弛后,拆除中心锚结绳,并在承力索上与接触线中心锚结线夹相对位置做好标记。

(3)将预制好的中心锚结绳在相应做好的地方进行安装,并保证该处接触线的高度符合规程要求。

3. 接触线中心锚结绳弛度超标,出现过松或过紧的情况如图 5-21 所示,调整步骤如下。

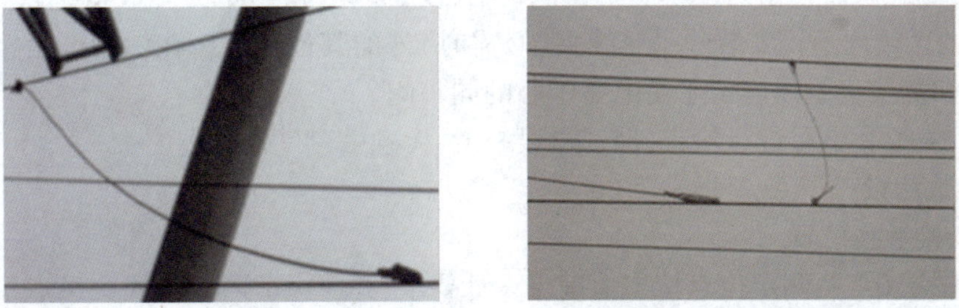

(a)接触线中心锚结绳不受力　　(b)接触线中心锚结绳受力过大

图 5-21　中心锚结过松或过紧

(1)当发现接触线中心锚结绳过松、过紧时,调整方法为:

①首先测量该中心锚结接触线线夹处的接触线高度,应符合设计规定。

②根据测量值,确定调整的位置。调整时,将接触线中心锚结绳的承力索锚结线夹打开,一人抽拉辅助绳头,当两侧接触线中心锚结绳弛度达到一致时停止抽拉,另一人用扭矩扳手将承力索中心锚结线夹紧固至设计要求力矩。

③对接触线中心锚结线夹处接触线高度进行复测。

(2)当发现接触线中心锚结绳一侧过松,另一侧过紧时,首先对接触线中心锚结所在锚段两端补偿装置进行检查,通过调整 b 值使中心锚结绳两侧松紧度一致;仍未达到效果时,按照步骤(1)进行调整。

(三)常见缺陷及处理

承力索中心锚结线夹、接触线中心锚结线夹断裂,如图 5-22 所示,要立即进行更换。

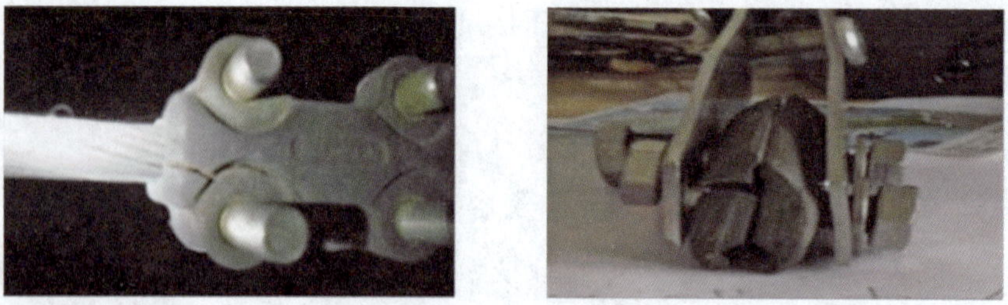

图 5-22　承力索中心锚结线夹、接触线中心锚结线夹断裂

七、线　　岔[2,3]

(一)交叉线岔

1. 作业内容及标准

(1)外观检查

①重点检查腕臂底座、支持与定位装置、吊弦、线岔电连接等零部件外观状态,具体检查标准依据本书相关章节要求执行。

②检查限制管。限制管长度符合设计要求,安装牢固,并使两接触线有一定的活动间隙,保证接触线自由伸缩。

③检查始触区。线岔两工作支中,任一工作支的垂直投影距另一股道线路中心 600 ~ 1 050 mm 的区域内不得安装除吊弦线夹(必需时)外的其他线夹。在始触区至接触线交叉点处,正线和侧线接触线应位于受电弓中心的同一侧。

④使用模拟受电弓进行检查,保证过渡平滑,无碰弓、打弓现象。

(2)参数测量

①测量接触线位置。

a. 线岔交叉点两侧定位点拉出值满足设计要求,并应保证两接触线交叉点位于规定范围内,任何情况下线岔定位拉出值不大于 450 mm。

b. 由正线与侧线组成的交叉线岔,正线接触线位于侧线接触线的下方;由侧线和侧线组成的交叉线岔,距中心锚结较近的接触线位于下方。

c. 测量交叉点位置,维修标准:

标准值:横向距两线路任一线路中心不大于 350 mm,纵向距道岔定位柱大于 2.5 m。标准状态:交叉点位于道岔导曲线两内轨距 735 ~ 1 050 mm 范围内的横向中间位置,允许偏差为 ±50 mm。警示值:同标准状态。限界值:交叉点位于道岔导曲线两内轨距 630 ~ 1 085 mm范围外的横向中间位置,允许偏差为 ±50 mm。

②检查两接触线相距 500 mm 处的高差维修标准:

当两支均为工作支时,正线线岔的侧线接触线比正线接触线高 20 mm,侧线线岔两接触线等高;当一支为非工作支时,非工作支接触线比工支接触线抬高 80 ~ 100 mm,并按设计要求延长一跨抬高 350 ~ 500 mm 下锚。

③交叉渡线道岔处,两接触线交叉点位置投影应位于道岔组成的菱形区域中心位置(图 5-23),横向和纵向允许偏差为 50 mm。

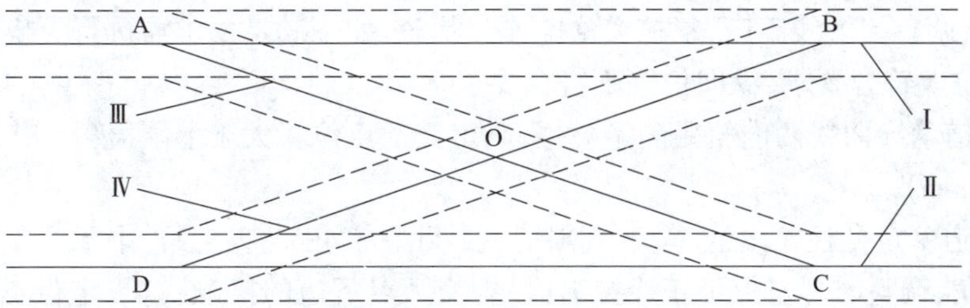

图 5-23　复式交分道岔示意

④线岔始触区测量。

若始触区附近设有电连接和交叉吊弦，需测量交叉吊弦和电连接的接触线线夹参数，判断是否在始触区范围内。测量及判断方法如下：

a. 将测量仪放置于道岔正线的一对钢轨上，测量测线接触线上的吊弦线夹和电连接线夹的拉出值。

b. 将测量仪放置于侧线的一对钢轨上，测量正线接触线上的吊弦线夹和电连接线夹的拉出值。

c. 测量出的数值，应在始触区要求范围之外。

⑤限制管检查。

限制管线夹紧固力矩符合要求，每端两个线夹间距为 45 mm，如图 5-24 所示。

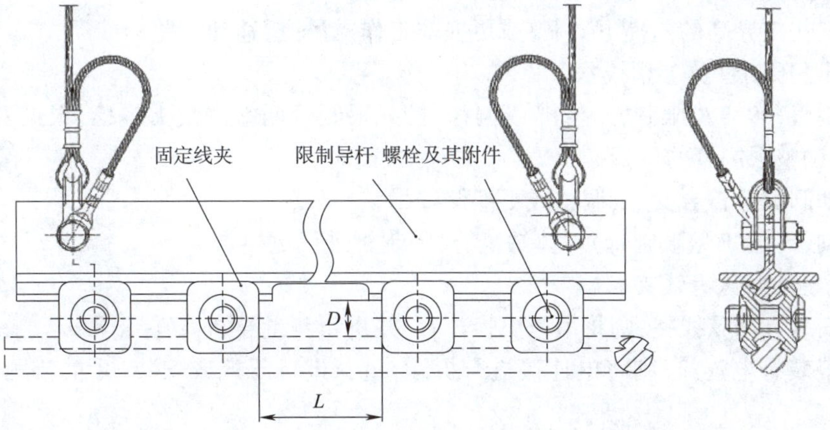

图 5-24　限制管示意

2. 检调

(1) 调整单开道岔交叉点位置

①纵向位置符合要求、横向(中间正负 50 mm)位置不符合要求。

a. 确定调整方向及数值：根据实际测量交叉点投影偏移方向及数值，确定拉出值调整方向及数值。

b. 调整道岔定位柱拉出值：松开道岔定位柱两个定位器的定位支座，将两根接触线分别往支柱侧放或拉，直至交叉点投影位置符合要求。定位点拉出值调整不能使交叉点位置达到要求时，调整相邻定位点的拉出值。

c. 复核、调整接触线高度,复核道岔电连接状态,如不满足要求需进行更换。

②横向位置符合要求、纵向位置不符合要求。

a. 根据道岔导曲线两内轨距测量数据,确定交叉点位置大于上限值(1 085 mm)或小于下限值(630 mm)。

b. 调整道岔定位柱拉出值:大于上限值就减小两接触线交叉角,小于下限值就增大两接触线交叉角,调整时尽量保证正线拉出值(即交叉点下边的接触线)。定位点拉出值调整不能使交叉点位置达到要求时,调整相邻定位点的拉出值。

c. 复核、调整接触线高度,复核道岔电连接状态,如不满足要求需进行更换。

③横向位置和纵向位置都不符合要求。

a. 确认限制管位置,不影响悬挂调整。

b. 调整正线工作支拉出值至标准定位。

c. 调整侧线(上边的接触线)接触线的拉出值。

d. 反复调整,直至符合要求。调整限制管、紧固螺母检查间隙。

(2)调整两接触线 500 mm 处等高

①当两只工作支高差不符合标准。

正线线岔:保证正线接触线高度的前提下,调整或更换侧线吊弦,达到高差标准。

侧线线岔:保证重要侧线导高的前提下,调整或更换另一侧线吊弦,保证两接触线等高。

②当一支为非工作支时,两接触线高差不符合标准。

保证工作支导高的前提下,调整或更换非工作支吊弦,达到高差标准。

(3)调整限制管及 T 型线岔

①限制管(含 T 型限制管)卡滞或偏移,松开限制管两端的线夹螺栓,根据安装曲线确定偏移量,调整限制管的位置。

②活动间隙不符合要求,调整或更换侧线吊弦。

③限制管(含 T 型限制管)本体缺陷,对限制管进行更换。

(4)处理始触区有线夹

①若安装有吊弦线夹,则将吊弦更换位置,并重新测量导高,确保正常。

②若安装有电连接,则将电连接进行拆除,重新进行压接或安装,并重新测量导高,确保正常。

3. 常见缺陷及处理

(1)交叉吊弦严重松弛,线岔限制管内导线偏移过大,如图 5-25 所示,按照检调方法进行调整。

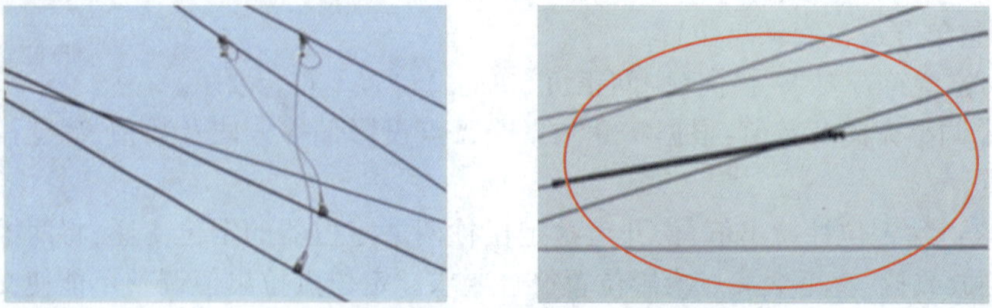

图 5-25　线岔交叉吊弦及限制管导线偏移缺陷

(2)线岔限制管锈蚀、线夹未入槽,如图 5-26 所示,采取更换措施。

图 5-26　线岔限制管锈蚀

(二)无交叉线岔

以高速铁路正线 18 号道岔、支柱立于正线侧的无交叉线岔(通用图)检修为例,如图 5-27 所示。

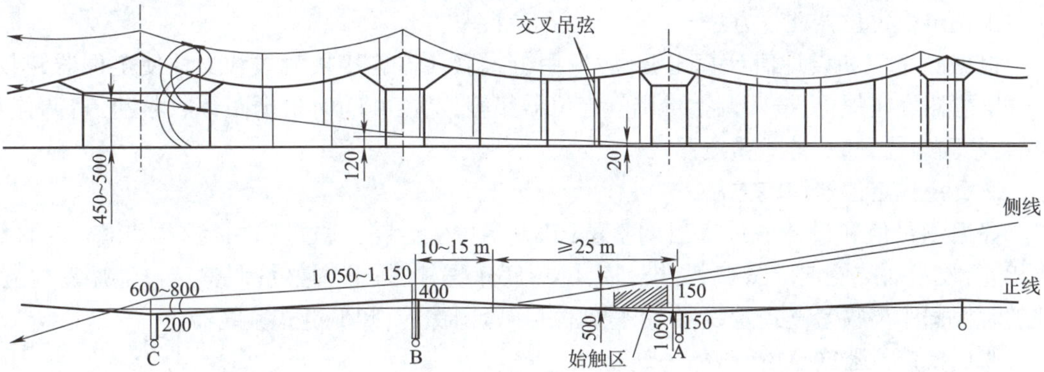

图 5-27　无交叉线岔(单位:mm)

1. 作业内容及标准

(1)外观检查

重点检查腕臂底座、支持与定位装置、吊弦、线岔电连接等零部件外观状态,具体检查标准依据本书相关章节要求执行。

(2)参数测量

①检查道岔柱位置(第一次检查时)

测 A、B 柱距离岔心位置:测量岔心距离道岔开口方向 A 定位柱的距离应≥25 m,测量岔心距离 B 柱的距离应在 10 ~ 15 m,如图 5-27 所示。

②检查接触悬挂位置

测量 A 柱参数(线岔开口方向第一根支柱):在对应股道测量正线、侧线接触线导高、拉出值,正、侧线拉出值 150 mm,侧线导高允许比正线高 0 ~ 20 mm。

测量 B 柱参数:在正线测量正线、侧线接触线导高、拉出值,侧线导高比正线高120 mm,正线拉出值 400 mm,侧线拉出值 1 100 mm ± 50 mm。

测量 C 柱参数:在正线股道测量正线、侧线接触线导高、拉出值,侧线导高比正线高 400 mm(正线侧立柱 500 mm),正线拉出值 200 mm,侧线 600 ~ 800 mm。

③始触区检查

在侧线上测量正线接触线距相邻轨线路中心 600 mm、1 050 mm 的位置，侧线允许比正线高 0 ~ 20 mm，始触区内不可安装除吊弦线夹外的任何线夹、设备；线路中心间距 720 mm 处，正线接触线与侧线接触线间距小于 1 200 mm。

2. 检调

(1) 始触区调整

①始触区内存在除吊弦线夹以外的零部件移出始触区范围。

②始触区接触线不等高时，调整侧线跨中吊弦长度，使两支接触线在始触区范围内等高。

③始触区范围可调整两端定位点拉出值。

(2) 无交叉线岔定位点调整

调整定位器位置，使之达标，如定位器调整到最大位置仍不能达标，正定位时更换定位器，反定位时更换定位器或反定位管。

①正定位定位器调整方法

根据测量值和设计值计算出调整量；用链式紧线器连接接触线和支柱使定位器卸载；松开定位器底座螺栓，按照调整量调整定位器底座位置，并随时根据距离收紧葫芦；调整到位后，紧固螺栓，卸下链式紧线器。

②反定位定位器调整方法

根据测量值和设计值计算出调整量；卸下定位管管帽，通过链式紧线器和滑轮与接触线相连，收紧葫芦使定位器卸载；松开定位器底座螺栓，按照调整量调整定位器底座位置，并随时根据距离收紧链式紧线器；调整到位后，紧固螺栓，卸下链式紧线器。

③更换定位器或定位管方法

根据调整量确定定位器或定位管型号，卸载方法同上，更换定位器或反定位管，将拉出值调整至符合标准。

3. 常见缺陷及处理

主要存在参数超标问题，可按照检调拉出值和接触线高度的方法进行调整。

八、电 连 接[2,3]

以压接式电连接线夹检修为例。

(一) 作业内容及标准

1. 接触线电连接线夹检查

(1) 外观检查接触线电连接线夹是否有裂纹、高温灼伤变色痕迹，是否入槽，压接是否密贴，如图 5-28 所示。

图 5-28　压接式接触线电连接线夹(压接前)

(2)检查线夹下部螺纹卡子是否平行压接于线槽内,不得跳出接触线的线槽,否则,应组织更换。

(3)检查每套电连接线夹的螺纹卡子,螺纹卡子从一端插入后,在另一端露头1~3 mm,但不得大于3 mm。卡子不出头或插入过深(露头大于3 mm)的,应组织更换。

(4)工作支接触线电连接线夹处接触线高度与最近相邻吊弦点高度相等,允许偏差0~5 mm。

(5)接触线扭面情况检查。接触线电连接线线夹与轨面是否水平,左右偏斜不得大于15°,否则对导线进行扭面校正。

(6)压接牢靠程度检查。顺线路轻拉电连接,用木锤或橡皮锤敲击电连接线夹,检查接触线电连接线夹是否松动,对敲击松动的电连接线夹全部更换或补压。

2. 承力索电连接线夹检查

(1)外观检查承力索电连接线夹压接情况,检查衬垫安装是否正确,有无缺失,如图5-29所示。

图5-29　压接式承力索电连接线夹

(2)承力索电连接线夹内衬垫的安装方向检查,观察线夹内衬垫的安装方向,刻有字样的一面朝外安装,没有字样的一面朝线夹内侧安装。

3. 电连接线检查

(1)承力索、接触线间距≤1 000 mm时采用“C”形连接的方式;间距>1 000 mm时采用“S”形连接。其裕度满足接触线、承力索因温度变化伸缩的要求。

(2)电连接线均要用多股软铜线做成,其额定载流量不小于被连接的接触悬挂、供电线的额定载流量,且不得有接头、压伤和断股现象,电连接线端头外露10~20 mm。

(3)对于压接式电连接线夹,电连接线不应有压伤和断股现象。

(二)常见缺陷及处理

1. 电连接线断丝、断股。承力索电连接线夹处的电连接线断股问题,如图5-30所示,应将电连接线及电连接线夹进行更换,并在靠近承力索电连接线夹位置用ϕ1.6 mm铜绑扎线进行绑扎,宽度50 mm,如图5-31所示。

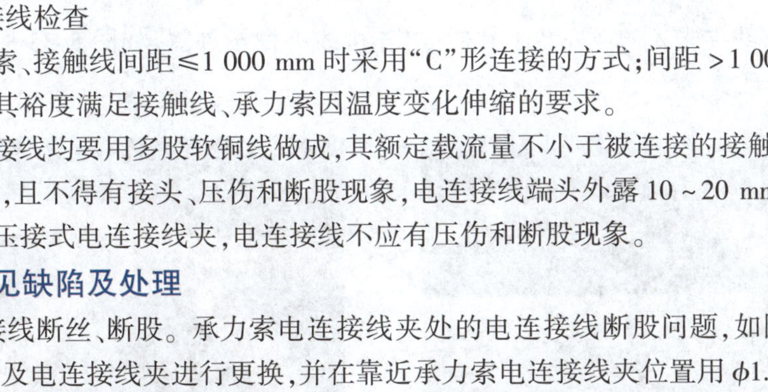

图5-30　承力索电连接线夹处电连接线断丝、断股

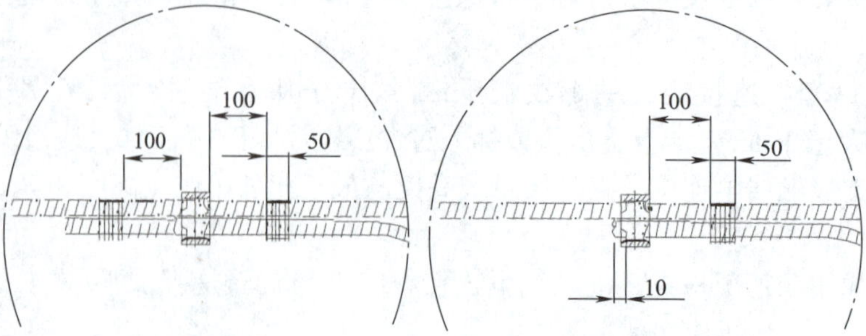

图 5-31 承力索电连接线夹处采取绑扎措施(单位:mm)

接触线电连接线夹处的电连接线断股问题,如图 5-32 所示,采取更换电连接线及线夹的措施。

图 5-32 接触线电连接线夹处电连接线断丝、断股

2. 电连接线夹未入槽或安装不到位、电连接线夹楔子外露,如图 5-33 所示,需采取更换措施进行处理。

图 5-33 电连接线夹安装不到位

九、补偿装置[2,3]

(一)棘轮补偿装置

以高速铁路接触网隧道外棘轮补偿装置为例,介绍棘轮补偿装置的检查、检测及调整相关知识。

1. 作业内容及标准

(1)外观检查

①检查棘轮本体。棘轮本体无损伤、变形、裂纹、锈蚀等,转动灵活,如图5-34所示。

(a)棘轮补偿装置现场安装图

(b)棘轮补偿装置三维图

图5-34 棘轮补偿装置本体

②检查下锚底座。下锚底座零配件齐全,型号符合设计要求,底座各零部件连接牢固,底座应无变形、裂纹、锈蚀等。用水平尺测量,下锚底座安装水平,如图5-35所示。

(a)下锚底座水平测量

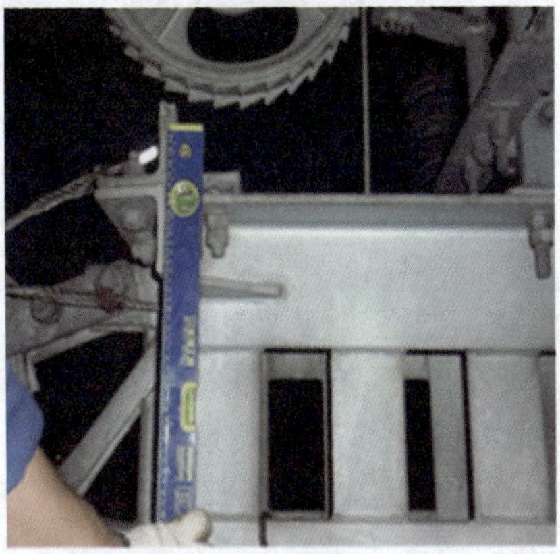

(b)下锚底座角钢水平测量

图5-35 下锚底座检查

棘轮安装好后必须保证棘轮轮缘平面与地面垂直,避免造成棘轮与补偿绳偏磨,如图5-36所示。

③检查补偿绳与大小轮、平衡轮。

a. 补偿绳不得与棘轮本体发生偏磨,在轮槽内不得重叠、脱槽,棘轮本体和平衡轮之间的补偿绳不得交叉缠绕,无断股、散股等现象,如图5-37所示。

b. 平衡轮应完整无损伤,在受力后应呈水平状态(允许偏差在20°以内),平衡轮与棘轮的间距不小于500 mm。

(a)检查棘轮垂直度　　　　(b)检查旋转螺栓

图 5-36　棘轮本体检查

图 5-37　补偿绳缠绕

c. 检查大轮及小轮上的楔子是否安装正确，楔子是否正确安装在棘轮本体楔形槽内，补偿绳与棘轮本体及楔子紧密贴合，受力面正确。

④检查限制框架、坠砣串。

a. 坠砣限制框架安装正确，满足坠砣串升降变化时的要求，限制坠砣串的摆动，不妨碍升降，且受力良好，零部件无锈蚀。

b. 坠砣串应完整，叠码整齐，其缺口互相交错 180°，坠砣块无锈蚀、破裂等，坠砣串上、下串动灵活，整串质量差小于 1%。

(2)参数测量

①测量 a 值、b 值。补偿装置 a 值(坠砣顶部至棘轮中心的距离)、b 值(坠砣底部距基础面距离)及补偿绳缠绕圈数符合安装曲线的要求，a 值、b 值不得大于安装曲线值 ±200 mm，且 a 值、b 值在极限温度时不得小于 200 mm。

②测量大、小轮圈数。按照安装曲线图检查大、小轮缠绕的圈数是否符合规定，大、小轮缠绕时最少缠绕一圈，最多缠绕三圈半，小轮缠绕时必须两边对称。

③测量止动卡块与棘轮轮体间隙。止动卡块与棘轮轮体之间的距离在 15 ~ 20 mm 之间，如图 5-38 所示。

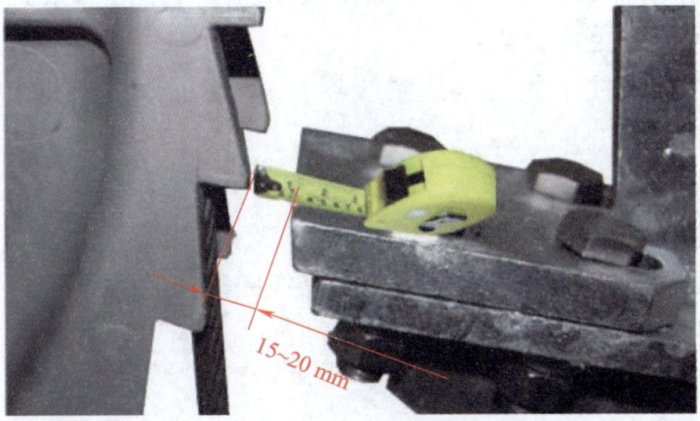

图 5-38　测量止动卡块与棘轮轮体间隙

2. 检调

(1)补偿绳偏磨、脱槽和重叠交叉问题,调整方法:

①在坠砣串上方的支柱上固定链式紧线器,在坠砣杆环下方打上钢丝套,用链式紧线器吊起坠砣串并固定在支柱上。

②将紧线器安装在线索上,钢丝套子安装在支柱上,紧动链式紧线器,使补偿绳卸载。

③调整补偿绳状态,符合规范要求。

④两个链式紧线器配合加载,撤除工具,检查各部参数和状态。

⑤不得使用铁锤或扳手敲砸棘轮补偿装置本体,防止棘轮装置损坏造成设备故障。

(2)平衡轮偏斜角度超标问题,调整方法:

①在坠砣串上方合适位置固定链式紧线器,在坠砣杆环下方打上钢丝套,用链式紧线器吊起坠砣串并固定在支柱上。

②将紧线器安装在承力索、接触线上,钢丝套子安装在接触网支柱上,紧动手扳葫芦,使补偿绳卸载。

③拆除下锚绝缘子与终端锚固线夹的连接螺栓。

④调整线索扭转力,使平衡轮斜角度符合规范要求。

⑤连接下锚绝缘子与终端锚固线夹的连接螺栓。

⑥两个手扳葫芦配合加载,撤除工具,检查各部参数和状态。

(3)a 值、b 值超标问题,调整方法:

①根据现场测量的 a 值、b 值,查阅温度张力曲线,确定 b 值调节量,并根据调节量在补偿绳上适当位置打一紧线器,坠砣杆环下方安装钢丝套,卡线器和钢丝套之间连接链式紧线器。

②摇动链式紧线器进行紧线,使补偿绳卸载。

③将楔形线夹从坠砣杆环内取下,退出楔子,按照安装曲线图上查出的 b 值,重新制作回头。

④回头制作做完毕后复测 b 值是否符合要求。

⑤撤除工具,检查各部参数和状态。

(4)止动卡块与棘轮轮体间隙超标问题,调整方法:

松开止动卡块 4 个螺栓,在调节孔范围内调整间距,按要求移动至距轮体 15 ~ 20 mm

处,并使其两边和轮缘中心对齐,再对 4 个螺栓按照标准力矩进行紧固即可。

(5)补偿绳断股问题,更换方法:

①在坠砣串上方的支柱上固定链式紧线器,在坠砣杆环下方打上钢丝套,用链式紧线器吊起坠砣串并固定在支柱上。

②将紧线器安装在线索上,钢丝套子安装在支柱上,紧动链式紧线器,使补偿绳卸载。

③更换补偿绳,并检查补偿绳状态符合规范要求。

④两个链式紧线器配合加载,撤除工具,检查各部参数和状态。

⑤更换补偿绳卸载操作时,为防止紧线器滑脱,必须采取防脱措施,在紧线器下部加一个钢线卡子卡住。

3. 常见缺陷及处理

(1)补偿绳交叉或与棘轮边缘互磨,如图 5-39 所示,按要求进行调整。

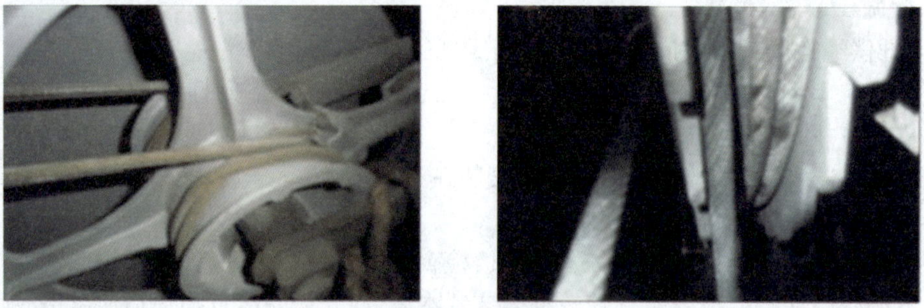

图 5-39　补偿绳交叉或与棘轮边缘互磨

(2)补偿绳断股,如图 5-40 所示,采取更换措施。

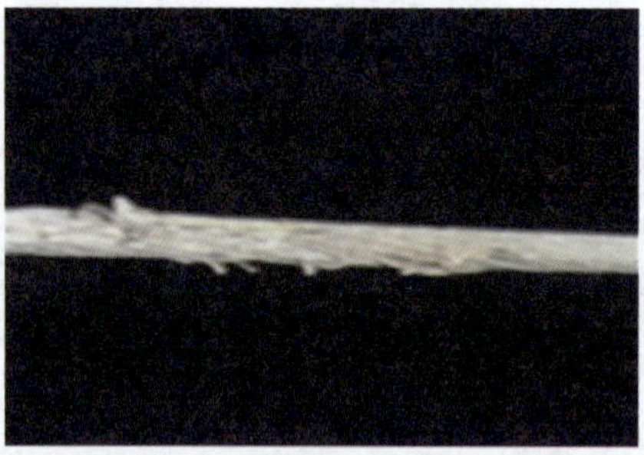

(a)补偿绳断股

(b)补偿绳断丝

图 5-40　补偿绳断股

(二)滑轮组补偿装置

1. 作业内容及标准

(1)外观检查

①检查补偿绳与楔形线夹

a. 补偿绳是否存在散股、断股、接头等现象;检查动滑轮楔子是否安装正确,补偿绳与楔子本体是否紧密配合,受力面是否正确,补偿绳回头外露是否满足要求(外露 100 mm);

检查补偿绳与坠砣杆连接处楔子是否安装正确，补偿绳与楔子本体是否紧密配合，受力面是否正确。

b. 定滑轮处补偿绳是否偏磨。

c. 承力索补偿绳不应与接触线滑轮补偿装置双环杆相磨，应该保持规定的安全距离。

②检查补偿滑轮

检查滑轮转动是否灵活，两滑轮间距是否满足任何情况下不小于500 mm。定滑轮槽应保持铅垂状态，动滑轮槽偏转角度不得大于45°。

③检查限制框架、坠砣串

同棘轮补偿装置要求一致。

(2)参数测量

①补偿装置 a 值、b 值测量检查。用钢卷尺测量 b 值是否符合安装曲线的要求，a 值、b 值任何情况下均不得小于200 mm。

②滑轮间距测量检查。同一滑轮组的两补偿滑轮的工作间距，在任何情况下不得小于500 mm。

2. 检调

可参考棘轮补偿装置 a 值、b 值调整方法。

3. 常见缺陷及处理

(1)补偿绳断股、散股，如图5-41所示，采取更换补偿绳的措施。

(a)补偿绳断股

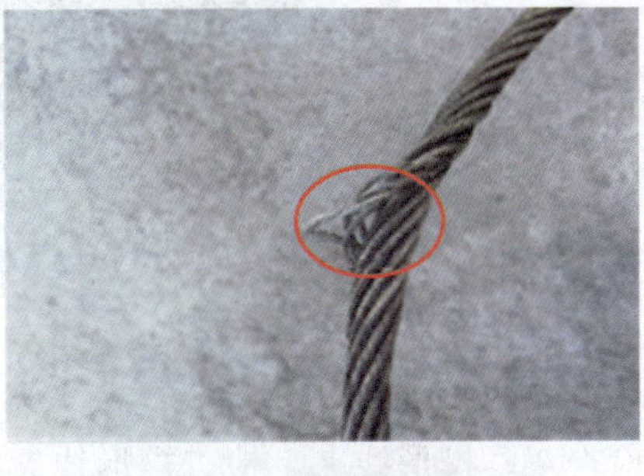

(b)补偿绳散股

图5-41　滑轮组补偿绳断股、散股

(2)滑轮开裂或严重偏磨，如图5-42所示，采取更换滑轮本体的措施。

(a)滑轮本体裂纹

(b)滑轮边缘磨损

图5-42　滑轮组裂纹、偏磨

第二节　定位支撑装置的检调

一、软、硬横跨[2,3]

(一)软横跨

1. 作业内容及标准

(1)外观检查

①检查横向承力索,上、下部固定绳。横向承力索(双横承力索为其中心线)的弛度应符合规定,和上、下部固定绳应布置在同一个铅垂面内,双横承力索两条线的张力应相等;线索不得有接头、断股和补强,其机械强度安全系数符合规定。

②检查弹簧补偿器拉力状态。检查弹簧补偿器型号是否选取正确,本体外观完好有无破损、变形,紧固件紧固牢靠、无松动;通过弹簧补偿器U形拉杆刻度值检查拉杆拉出值是否已到达最大工作行程,如图5-43所示。

图5-43　软横跨弹簧补偿器

③检查双耳楔形线夹。检查楔形线夹型号与固定绳是否匹配,楔子在线夹楔腔内是否安装到位,固定绳与楔子密贴,固定绳回头安装在线夹斜边侧,本线安装在线夹直边侧,如图5-44所示。固定绳回头外露500 mm,绑扎80～100 mm。

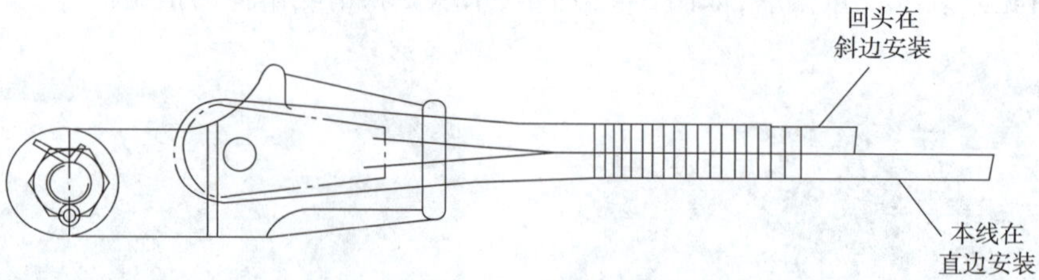

图5-44　双耳楔形线夹检查

④软横跨直吊线、斜拉线应采用不锈钢等防腐性能好的材质,软横跨直吊线应保持铅垂,吊线呈拉紧状态,上端永久固定,无松弛。各斜吊线完好无松弛,并留有不小于200 mm

的余量；吊线无锈蚀、烧伤现象。

⑤检查绝缘子状态。参考第五章第五节检查标准进行检查。

（2）参数测量

①测量横向承力索与上部固定绳最短吊线长度。要求距离为 400～600 mm，如图 5-45 所示。

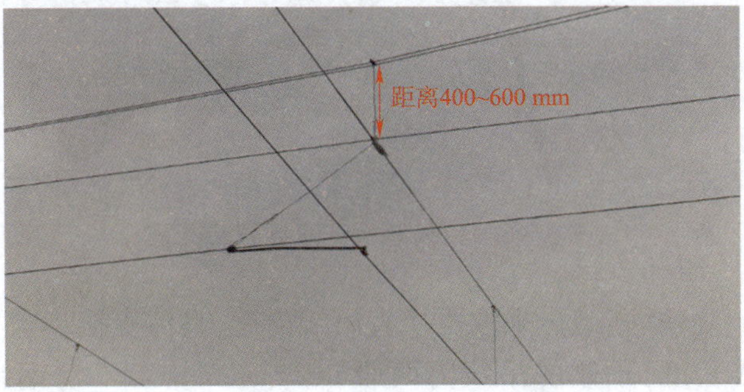

图 5-45　软横跨直吊线

②测量上、下部固定绳弛度。要求 5 股道及以下不超过 100 mm，5 股道以上的不超过 200 mm。

③测量下部固定绳距接触线的距离。用接触网激光测量仪测量出下部固定绳、接触线的高度，两者的高差即为下部固定绳距接触线的距离，要求下部固定绳距接触线距离正线为 400 mm，侧线为 300 mm，允许偏差 ±50 mm。

④测量横向承力索距上部固定绳的最短距离。用接触网激光测量仪测量出上部固定绳、横向承力索最低点的高度，两者的高差即为横向承力索距上部固定绳的距离，横向承力索与上部固定绳在最短吊线处距离为 400～600 mm。

2. 检调

（1）调整下部固定绳距接触线的距离

①通过调整斜拉线来保证下部固定绳距接触线的距离大于 250 mm 以上。

②用滑轮组将斜拉线卸载，同时上、下部固定绳子间临时用 ϕ4.0 mm 铁丝连接。

③松动定位环线夹。

④调整斜拉线的长度，调整定位环线夹位置，保证下部固定绳子距接触线的安全距离。

⑤复核定位点拉出值。

（2）调整上、下部固定绳松弛、受力情况

如果上、下部固定绳两端松弛，在相应固定绳上安装紧线器，用链式紧线器将固定绳与支柱连接零件卸载后，调整两端的调节螺栓螺纹长度或更换杵头杆；如果中间两悬式绝缘子上、下部固定绳松弛，用链式紧线器将固定绳卸载后，采用调整上、下部固定绳在绝缘子处的回头长度来调节线索松紧度。

3. 常见缺陷及处理

（1）软横跨调节螺栓露头不足，如图 5-46 所示，调整调节螺栓，必要时更换长线索或零部件。

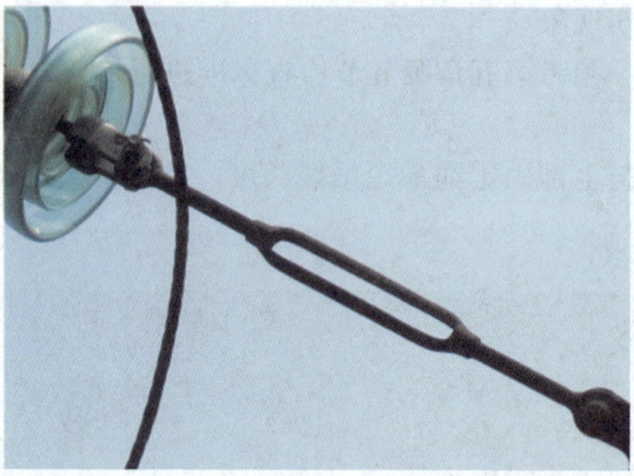

图 5-46　软横跨调节螺栓露头不足

(2)直吊线锈蚀、烧伤、断裂。采取更换直吊线措施,具体更换步骤如下:

①现场测量吊线长度,预制的吊线为两股 ϕ3.5 mm 软态不锈钢铁线制成,上端圈成 60～80 mm 的圆环并用本线缠绕三圈,缠绕要求紧密整齐。

②将硬挂梯放至需更换吊线的上方。

③用滑轮组(或紧线器)使吊线卸载。

④更换吊线。

(二)硬横跨

1. 作业内容及标准

(1)外观检查

①检查硬横跨状态。一是硬横跨应呈水平状态,允许向上微拱,铰接硬横跨的挠度小于梁长的 1/200,刚接硬横跨的挠度小于梁长的 1/360。二是硬横跨与支柱、硬横跨各梁段之间应结合密贴,连接牢固可靠,螺栓紧固力矩应符合设计要求。三是硬横跨(角钢)不得变形或开焊,锈蚀面积不得超过 20%,焊接处不得锈蚀。

②检查门形架安装垂直,连接部位螺栓、螺母齐全,紧固力矩应符合设计要求,表面镀锌应均匀,完整无损,如有破损生锈,应除锈喷锌,如图 5-47 所示。

图 5-47　硬横跨门形架

(2)参数测量

检查吊柱安装情况,应处于竖直状态,距相邻线路的限界满足《铁路技术管理规程》要求,并不得侵入相邻线路受电弓动态包络线。使用激光测量仪进行检查,具体检查方法如下:

①测量吊柱最低点距本线和邻线轨面的高度及线路中心的距离。

②测得上述参数后,根据吊柱位置接触网结构高度的不同,选择相应的基本建筑限界校验图进行比对(均按 mm 计数,比对时可通过选择合适的坐标系辅助判定),当吊柱最低点相对于本线或邻线的坐标位于建筑限界轮廓图以内时,判定为侵限吊柱。

2. 检调

(1)除锈

当角钢或吊柱本体、门型框架本体出现锈蚀时,首先用砂纸(或专用除锈喷砂机)进行除锈,直至露出金属本色,然后喷涂防锈漆,最后喷涂银粉漆。

(2)吊柱垂直调整

当吊柱倾斜度超过1°时,对吊柱底座进行调整,松动吊柱倾斜方向同侧的螺栓,插入适量薄垫片,调整吊柱用的垫片不得超过3片(厚度不大于10 mm),然后按要求紧固螺栓,使其竖直。

3. 常见缺陷

吊柱侵限。对吊柱安装位置进行调整,要求吊柱与受电弓动态包络线间隙大于300 mm,如图5-48所示。

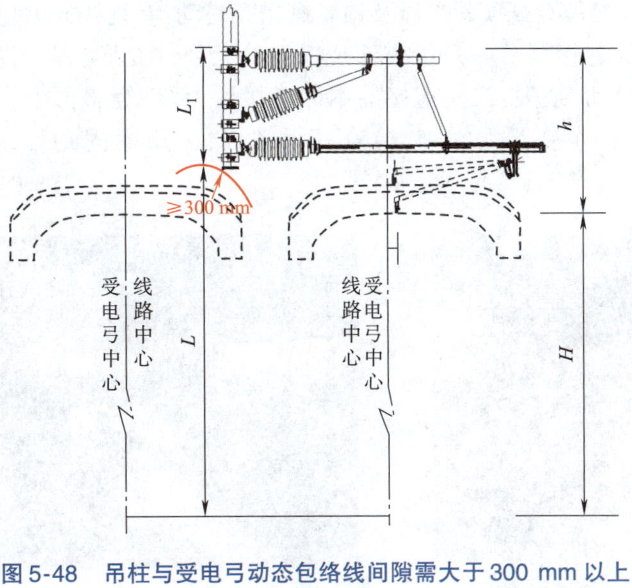

图5-48 吊柱与受电弓动态包络线间隙需大于300 mm以上

二、支撑装置

(一)作业内容及标准

1. 外观检查

(1)检查上下部腕臂底座及绝缘子铁锚压板。一是腕臂底座应与支柱密贴,呈水平状态,两端高差不大于10 mm。安装高度符合设计要求,允许偏差±50 mm。多线路腕臂底座及连接件安装高度应满足最高轨面至横梁下缘的设计高度,允许偏差±50 mm。二是双腕臂底座间距应满足要求。极限温度时,两支悬挂及零部件间距不得小于60 mm。

(2)检查垂直定位环(套管单耳)。对垂直定位环的外观整体检查,检查本体无开裂,单耳部分垂直大地,不得顺线路偏斜,垫片压平,螺帽无缺失并紧固到位,如图5-49所示。

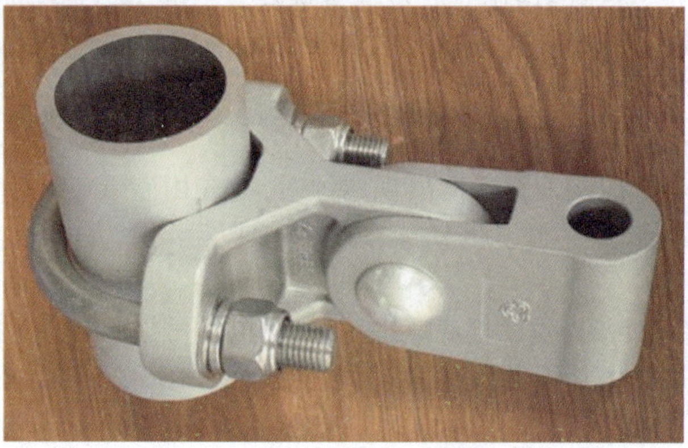

图5-49　垂直定位环

(3)检查旋转双耳及双耳套筒。一是外观整体检查旋转双耳及套筒双耳,本体无开裂,连接状态良好。二是检查顶紧螺栓及锁紧螺帽无松动,有划线并力矩紧固到位。

(4)检查双套筒连接器。一是检查外观零部件无裂纹变形,零部件连接状态良好,顶丝、锁紧螺母等无松动、缺失;二是连接器本体连接后,部件竖直面上应垂直于轨面,划线处无滑移。对双套管连接器大螺帽,检查其无缺失,力矩紧固到位,并划线,如图5-50所示。

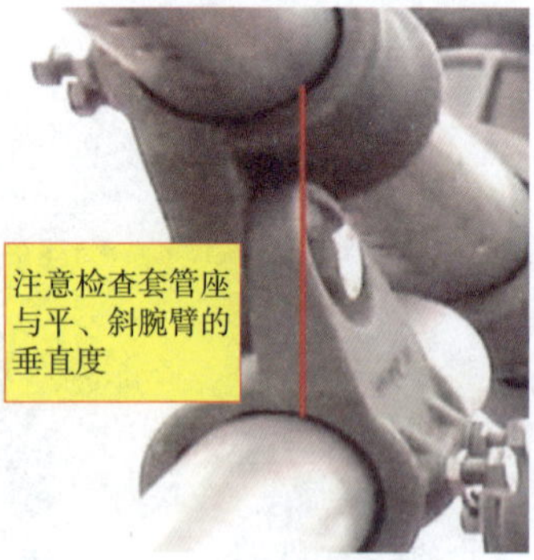

图5-50　双套筒连接器

(5)检查承力索座。检查外观零部件无裂纹变形,零部件连接状态良好,顶丝、锁紧螺母无松动、缺失,承力索支撑线夹安装方向正确(底座处钩头开口正定位朝线路侧、反定位朝田野侧),如图5-51所示。

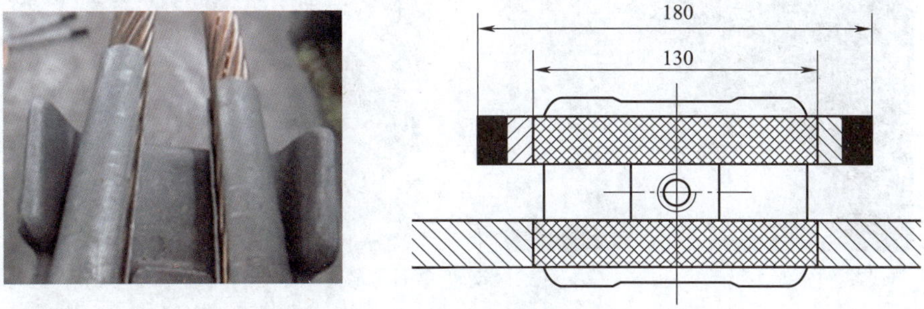

图 5-51　承力索座及铜铝过渡套(单位:mm)

2. 参数测量

(1)测量腕臂结构高度,操作方法:用钢卷尺测量上下腕臂底座高度及定位点处承力索至导线高度,测量结果应与设计图及一杆一档数据相符。

(2)测量腕臂偏移,操作方法:在钢轨上标记支柱中心位置,采用激光测量仪垂直测量或利用线坠测量与支柱中心位置比较,查阅腕臂安装偏移对照表,确定腕臂偏移值,任何情况下不得超过腕臂垂直投影长度的 1/3。

(3)检查各零部件螺栓紧固力矩符合相关要求。

(二)检　调

1. 腕臂顺线路的偏移调整:松开承力索座固定螺栓,卸载后,根据旋转腕臂位置安装曲线图,将腕臂偏移调整至标准位置。

2. 更换平腕臂

(1)平、斜腕臂水平力卸载,对于曲外柱、中心锚结柱、曲内柱可利用本线或邻线 H 型钢柱用手扳葫芦牵拉承力索、接触线,消除悬挂水平力。

(2)拆除平腕臂侧腕臂支撑销钉,用杉木杆斜顶于承力索上,松开承力索座压紧螺栓和盖板,杉木杆受力使承力索与承力索座脱离。

(3)拆除套管座螺栓销及平腕臂绝缘子穿钉,松开铁锚压板螺栓,拆除原平腕臂。

(4)安装预制好的平腕臂,连接紧固各零部件。

(5)拆除受力工具。

3. 更换斜腕臂

(1)斜腕臂水平力卸载,对于曲外柱、曲内柱可利用本线或邻线 H 型钢柱用手扳葫芦牵拉接触线,消除水平力。

(2)拆除斜腕臂上套管单耳销钉,用杉木杆顶于平腕臂端部。

(3)松开铁锚压板螺栓,杉木杆受力至斜腕臂卸载,拆除套管座螺栓销,拆除原斜腕臂。

(4)安装预制好的斜腕臂,连接紧固各零部件。

(5)拆除受力工具。

(三)常见缺陷

1. 套管单耳开裂,如图 5-52 所示,采取更换整治措施。

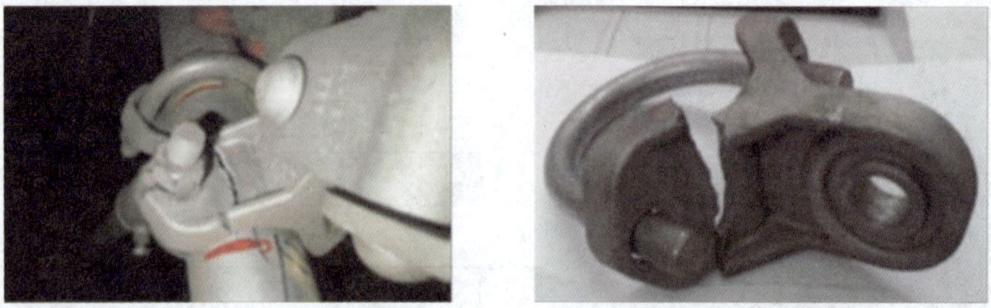

图 5-52　套管单耳断裂

2. 旋转双耳、双耳套筒断裂缺陷，如图 5-53 所示，采取更换整治措施。

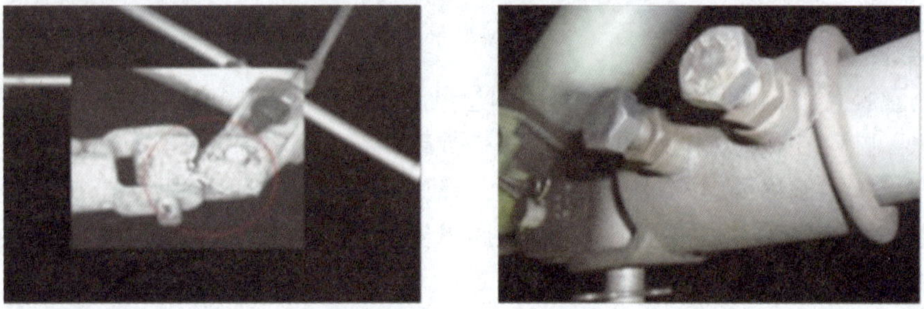

图 5-53　旋转双耳断裂

3. 承力索座平衡线、铜铝过渡衬垫缺失，如图 5-54 所示，采取补装整治措施。

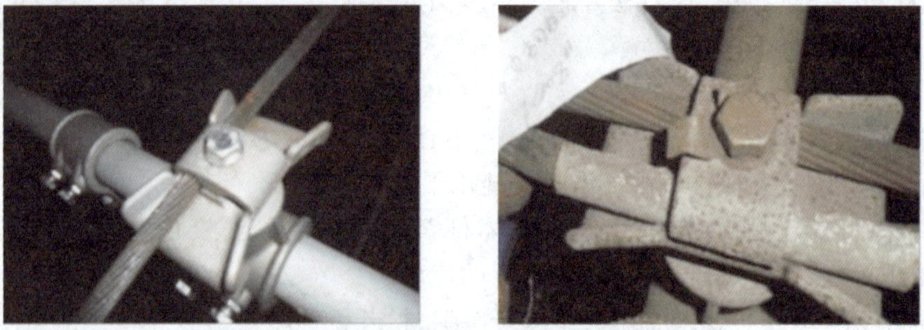

图 5-54　承力索座平衡线、铜铝过渡衬垫缺失

4. 承力索支座固定钩断裂，如图 5-55 所示，采取更换整治措施。

图 5-55　承力索支座固定钩断裂

三、定位装置

(一)作业内容及标准

1. 外观检查

(1)检查定位管斜拉线。检查上下部压接管压紧,压接管相关参数如图 5-56 所示。

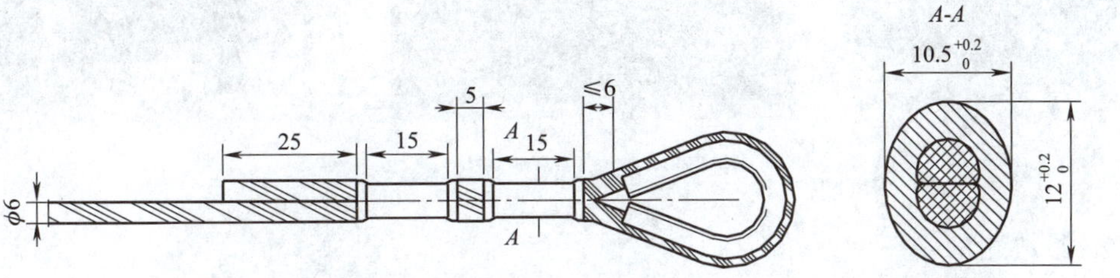

图 5-56　定位管斜拉线压接示意(单位:mm)

(2)检查定位器支座。外观整体检查限位定位器底座无开裂。螺帽缺失,螺栓紧固到位,垫片压平。定位器支座必须垂直大地,不得顺线路偏斜。

(3)检查定位器本体。一是检查外观定位器无破损,无烧伤痕迹。定位器不得存在受压情况,对于受压的情况通过调整拉出值进行处理。二是定位器尾部电连接线的检查。外观检查,等电位连接线固定螺栓紧固到位,无松动。

(4)检查定位线夹

①A 型定位线夹检查。螺母在受压侧,纵向位置与腕臂偏移一致,U 形穿销向上掰成 60°,如图 5-57 所示。止动垫片安装到位,垫片压平,螺帽无缺失并紧固到位;前、后、左、右检查线夹本体状态,线夹无裂纹,U 形插销密贴。对于隧道内全包覆式锚支线夹,检查受力方向正确,衬垫安装良好,螺栓紧固到位,开口销状态良好。

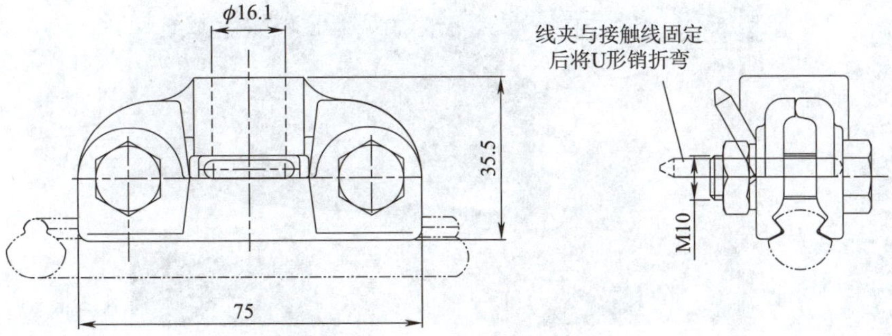

图 5-57　A 型定位线夹(单位:mm)

②无销型定位线夹检查。无销型定位线夹的重点检查定位器与定位线夹本体连接后,使用塞尺检查两者之间外漏情况,若外露大于 1.5 mm,则重点检查,从定位线夹“凹”口处从下往上进行观察,可以清楚地看到外露的铝件“圆面”,如图 5-58 所示。

图 5-58　无销型定位线夹

2. 参数测量

(1)测量定位器限位间隙

定位器限位间隙应符合设计要求,允许偏差为 ±1 mm,且应满足受电弓最大动态抬升量的限位要求,在 1.5 倍最大动态抬升量时限位间隙为 0。非限位定位器根部与接触线高差符合设计要求,允许偏差为 ±10 mm。

(2)测量定位器静态角度(定位器与轨面连线之间的夹角)

标准值:8°。标准状态:6° ~10°。警示值:6° ~13°。限界值:4° ~15°。对于非限位、弓形等定位器,安装应符合设计要求。

现场测量定位器坡度时,将坡度仪打开,测量边紧靠定位器,调节坡度仪本体,使水平观测孔内的气柱处于中间,读出读数,如图 5-59 所示。直线区段,该读数即为定位器静态角度;曲线区段,综合考虑坡度仪读数和轨平面倾斜角度,计算出定位器静态角度。

图 5-59　定位器静态角度测量

(3)检查螺栓紧固力矩。

(二)检　　调

1. 调整定位器偏移值

(1)根据测量数据,确定调整方向和调整量。

(2)确认腕臂偏移正确,否则先在承力索上做好标记,松动承力索座螺栓,推动腕臂移到标准位置。

(3)利用小绳或链式紧线器等,将定位器卸载,松动定位线夹螺栓,将定位器调至标准位置,按标准力矩紧固。

(4)拆除小绳或链式紧线器。

2. 调整定位器坡度

(1)在保证接触线高度的前提下,确认调整量和调整方向。

(2)利用小绳或链式紧线器将定位器卸载,松动定位环线夹螺栓,调整定位管高度。

(3)调整后用坡度仪复测定位器坡度,直至符合要求。

(4)所有参数都符合要求后,用力矩扳手按设计要求对各部螺栓进行紧固。

3. 调整限位间隙

调整定位管高度,参照定位器坡度标准调整。

4. 定位线夹受力面调整或更换

(1)用小绳或链式紧线器将定位器卸载。

(2)松动定位线夹螺栓,对受力面反的定位线夹进行倒装(或对损伤的定位线夹零部件进行更换)。

(3)更换完毕,检查各参数符合要求后,拆除小绳或链式紧线器。

(三)常见缺陷及处理

1. 定位线夹安装不到位断裂,如图5-60所示,采取更换措施。

图5-60　定位线夹断裂缺陷

2. 定位线夹处存在U形销磨损,如图5-61所示,采取更换措施。

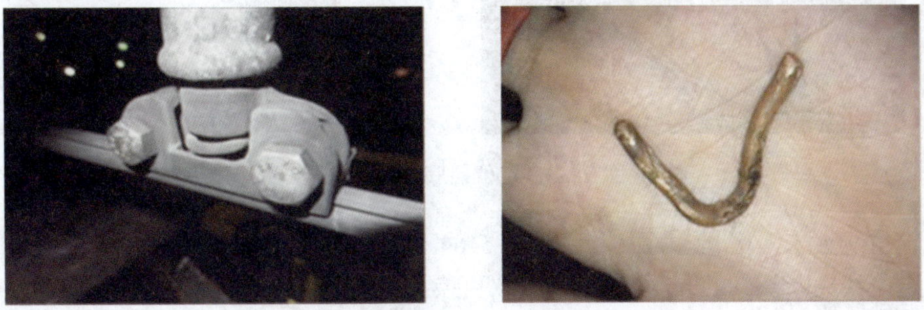

图5-61　定位线夹U形销磨损缺陷

3. 定位器本体裂纹隐患,如图 5-62 所示,采取更换措施。

(1)用小绳或链式紧线器将定位器卸载。

(2)松动定位线夹螺母,使定位器与接触线脱离,拆除定位器。

(3)更换定位器,定位线夹处涂抹电力复合脂,紧固定位线夹螺母。

(4)拆除小绳或链式紧线器,复测调整后的导高、拉出值,直至符合标准,否则重新调整。

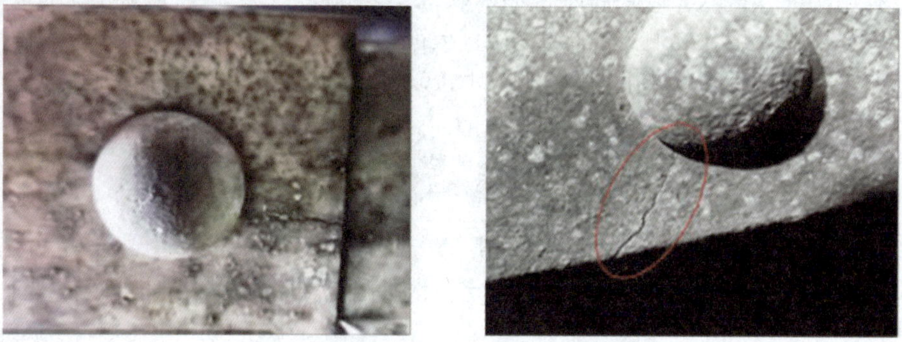

图 5-62　定位器本体裂纹缺陷

4. 定位器底座裂纹,如图 5-63 所示,采取更换措施。

(1)正定位将链式紧线器挂套子一端打在腕臂支持处,一端打接触线上;反定位将链式紧线器一端打在反定位管端头,一端打在接触线上,摇动链式紧线器将定位器卸载(应对接触线采取保护措施)。

(2)松动定位支座 U 形螺栓,拆除、更换损坏的定位支座,按原位置恢复并紧固。

(3)松动链式紧线器恢复定位装置,复测更换定位支座后的导高、拉出值符合标准,否则重新调整。

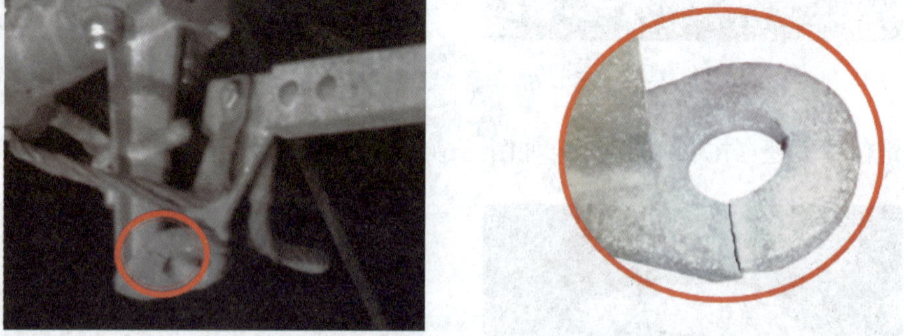

图 5-63　定位器底座裂纹缺陷

5. 定位线夹未入槽、受力面装反,如图 5-64 所示,采取调整受力面。

6. 定位线夹断裂,如图 5-65 所示,采取更换措施。

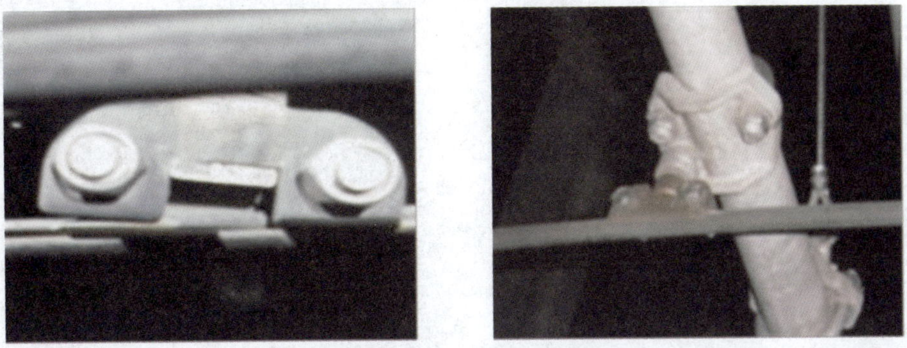

图 5-64　定位线夹安装不到位缺陷

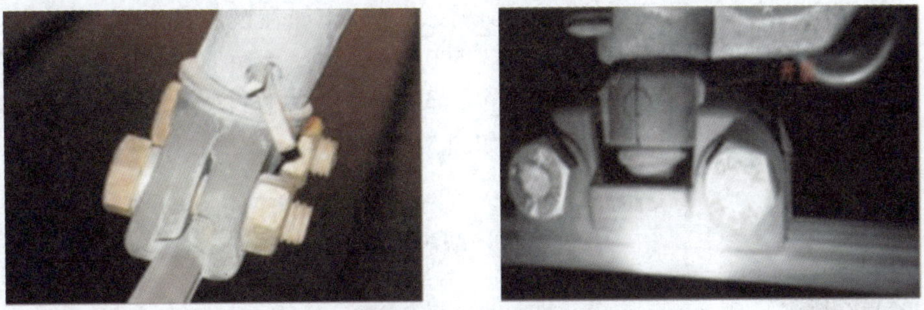

图 5-65　定位线夹裂纹缺陷

第三节　支柱、拉线和基础的检修

一、作业内容及标准

(一)外观检查

1. 检查支柱本体

支柱本体应无弯曲、扭转、变形等现象;表面镀锌层应完好均匀光洁无损,无腐蚀现象,焊接处不应有裂纹、开焊等;表面防腐层剥落面积不得超过 5%。

2. 检查拉线本体

(1)拉线与地面夹角一般情况下为 45°,最大不得超过 60°。

(2)拉线本体绷紧受力,在同一支柱的同侧拉线应受力均衡。

(3)拉线本体无断股、无松股、无接头、无锈蚀,有防腐措施。

(4)拉线各部连接件、螺栓紧固良好,如图 5-66 所示。

(5)拉线绑扎线外观良好,无松脱、锈蚀。

图 5-66　支柱拉线

3. 检查耐张线夹外观

(1)NX 型耐张线夹本体及连接销钉无锈蚀、裂纹,主绳在楔腔直边侧;楔子无卡滞,本体进入楔腔长度大于 50 mm;尾绳长度 300 ~ 500 mm。

(2)NUT 型耐张线夹本体无锈蚀、裂纹,主绳在楔腔直边侧;楔子无卡滞,本体进入楔腔长度大于 50 mm;尾绳长度 300 ~ 500 mm,如图 5-67 所示。

(a)NX 型耐张线夹

(b)NUT 型耐张线夹

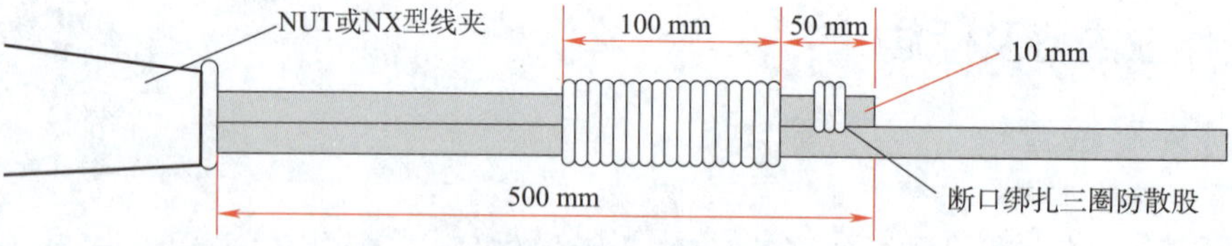

(c)耐张线夹绑扎示意

图 5-67　支柱拉线耐张线夹

4. 检查拉线底板

(1)拉线底板、拉线挂板本体无锈蚀,各部位连接螺栓无锈蚀,有防腐措施。

(2)无补偿下锚底座及连接螺栓无裂纹、锈蚀、松脱等现象。

5. 检查支柱基础

(1)金属支柱基础面应高出地面(或站台面)100 ~ 200 mm。基础外露 400 mm 以上者应培土,每边培土宽度为 500 mm,培土边坡与水平面呈 45°。金属支柱有基础帽时,基础帽应完整无破损、无裂纹。

(2) 支柱根部周围 5 m 范围内不得取土，1 m 范围内应保持清洁，不得有积水和杂物。

(二) 参数测量

1. 支柱斜率检查测量

支柱在顺线路放线、垂直线路放线倾斜率符合维修规程技术标准。支柱倾斜率可以使用斜率靠尺测量，如图 5-68 所示。

(a) 支柱斜率靠尺　　(b) 使用斜率靠尺测量支柱斜靠

图 5-68　通过支柱斜率靠尺测量支柱斜率

2. 支柱侧面限界检查测量

支柱的侧面限界应符合设计规定，允许偏差 $^{+100}_{-60}$ mm，但最小不得小于《铁路技术管理规程》规定限值，测量方法如图 5-69 所示。

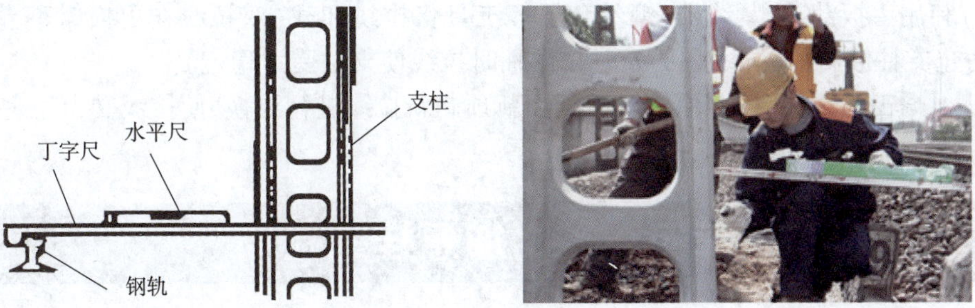

(a) 丁字尺测量示意　　(b) 现场使用丁字尺测量

图 5-69　侧面限界测量示意

3. 支柱跨距检查测量

接触网支柱跨距应符合设计规定，跨距误差 ±500 mm。

二、检　调

1. 调整支柱斜率

以普通中间柱倾斜为例,操作步骤:卸载支柱荷载,松动支柱基础螺栓,通过垫片或基础螺栓调整支柱斜率,如图 5-70 所示。整正支柱使用的垫片不得超过 3 块,每块垫片的面积不小于 50 mm×100 mm,厚度不大于 10 mm。

图 5-70　使用垫块调整支柱斜率

2. 调整拉线受力

(1)调整 UT 型线夹螺栓直至受力符合要求,UT 型线夹螺栓外露长度的范围为:20 mm≤螺栓≤总长的 1/2。

(2)如 UT 型线夹不能调整到位,重新做回头:用紧线器、手扳葫芦连接拉线和下锚拉线用挂板,使 UT 型线夹不受力,拆除绑线,卸下楔子,在测量值处重新做回头,之后卸下手扳葫芦和紧线器,紧固螺栓,并观察拉线状态,直至合格。

3. 更换拉线

(1)利用手扳葫芦、紧线器、钢丝套子等工具将拉线卸载(双拉线在更换时不允许同时拆除,防止支柱倾斜;单拉线在更换时先做临时拉线使支柱受力稳定)。

(2)根据工艺要求,按照原拉线长度重新预制新拉线进行更换,使拉线受力稳定。

第四节　附加悬挂的检调

一、作业内容及标准

(一)外观检查

1. 检查附加导线肩架

肩架安装位置正确、安装牢固、呈水平状态。肩架位置的偏差为 +50 mm。肩架采用方钢方式时,端头应封堵。

2. 检查附加导线悬挂点

(1)正馈线悬垂线夹各零部件完整无缺失,线夹无裂纹、损伤、锈蚀等。

(2)正馈线悬挂点处均应安装预绞式保护条,材质为镀锌钢丝,长度为 650 mm,悬垂线夹预绞式保护条安装应整齐密贴,无松散、压绕等异常现象,预绞式保护条缠绕方向应与导线外层绞向一致。正馈线单支、双支悬挂如图 5-71 所示。

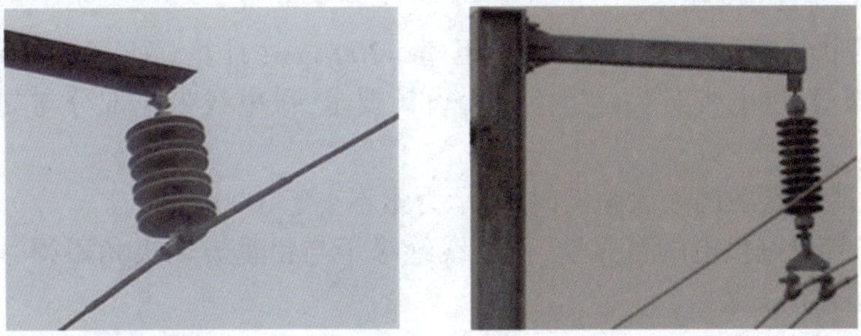

图 5-71　正馈线悬挂点

3. 检查等距线夹

双支正馈线每隔 15 ~ 20 m 处应安装预绞式等距线夹,预绞式等距线夹型号根据线型确定,等距线夹安装应密贴无散股。

4. 检查下锚装置

(1)预绞式耐张线夹型号应与正馈线线材匹配,缠绕线夹两腿在导线上的缠绕间隙要均匀,缠绕线夹两腿末端与导线应扣合到位,预绞式耐张线夹应与导线平行。

(2)检查正馈线对向下锚引线弧度应一致,制作规范。正馈线带电部分距接地体的最小距离≥300 mm。正馈线带电部分与支柱边沿的距离应不小于 1 m。

(3)下锚底座零配件应齐全,底座型号符合设计要求,底座与支柱之间连接牢固、密贴,底座应无变形、裂纹,下锚底座的安装高度应符合设计要求。

5. 检查线索

(1)附加导线的张力和弛度,维修标准:

标准值:符合温度安装曲线的要求;标准状态:标准值 ± 8%;警示值:标准值 ± 8%;限界值:标准值 ± 10%。支柱同一侧悬挂为不同线径及材质的导线时,导线的弛度应以其中弛度较大的导线为准。

(2)接头及损伤,维修标准:

①跨越铁路,一、二级公路,重要通航河流时,附加导线不得有接头。不同金属、不同规格、不同绞制方向的导线严禁直接进行接头;一个耐张段内接头不得超过 1 个。

②耐张段长度不超过 150 m 时,严禁接头;超过 500 m 时,接头距悬挂点的距离应大于 500 mm。一个耐张段内接头、断股和补强线段的总数量不得超过下列规定。标准值:0 处。标准状态:0 处。警示值:2 处。限界值:4 处。

(3)附加导线在接头、下锚和补强处所采用预绞丝护线条时,预绞丝护线条的型号、规格应与附加导线材质相匹配,缠绕方向与附加导线绞向一致。接续时,其缠绕长度、机械性能符合设计要求,接续点处导电性能不低于被接续导线。

6. 附加导线对地面及相互距离符合要求。

7. 附加导线与接触网同杆合架时，正馈线、保护线安装位置应符合设计要求。正馈线带电部分与支柱边沿的距离应不小于 1 m。当附加导线与接触网分杆架设时，应符合电力部门架空输电线路有关规定。

（二）参数测量

1. 测量附加导线绝缘距离

（1）供电线带电部分距接地体的最小距离≥300 mm（计算最大风偏时）。当供电线与接触网同杆合架时，供电线安装位置应符合设计要求，供电线带电部分与支柱边沿的距离应不小于 1 m。

（2）T、F 线跨越接触网最大弛度时，距承力索不小于 3 000 mm。

（3）为保证接触网供电的可靠性，供电线绝缘子与铅垂方向夹角不得≥30°，不符合要求的改为"V"形悬挂安装。

2. 测量附加导线弛度

（1）用测量仪测量两悬挂点及跨中最低点的高度 H_1、H_2、H_{min}。

（2）计算供电线的弛度 $f=(H_1+H_2)/2-H_{min}$。

（3）根据温度安装曲线查出供电线的标准弛度，核对弛度是否符合设计标准。张力和弛度符合安装曲线的要求，误差不大于 ±10%。支柱同一侧悬挂为不同线径及材质的导线时，导线的弛度应以其中弛度较大的导线为准。

二、检　调

（一）调整肩架低头

使用手扳葫芦配合，打开悬挂点线索，将线索临时固定在支柱上；松动肩架螺栓进行调整，用水平尺进行测量，直至肩架调整水平，将螺栓紧固；使用链式紧线器配合将临时固定的线索重新安装到位，撤除工具，检查各部数值和状态。

（二）调整附加导线弛度

松开线索相关悬挂点，将线索放入滑轮，两端下锚处打紧线器、手扳葫芦，紧手扳葫芦，根据安装曲线调整弛度到符合要求后，紧固各悬挂点螺栓，必要时接入拉力计，重新制作终端。复测各部技术参数，符合技术标准。

（三）钢芯铝绞线断股接续处理

1. 在线索损伤处两端合适位置安装紧线器，利用链式紧线器、钢丝套子使损伤区段的线索处于无张力状态后，进行预绞式接头制作，如图 5-72 所示。

2. 将线索损伤点两端外层绞线剥除，只留绞线钢芯部分，剥除外层绞线过程中应注意钢芯不得有损伤，剥除距离根据接头线夹型号确定，剥除完成后使用预绞式全张力接续条进行接续操作，如图 5-73 所示。

3. 预绞式接头制作完成后，恢复各悬挂点。

4. 恢复下锚连接，撤除工具，检查各部参数和状态。

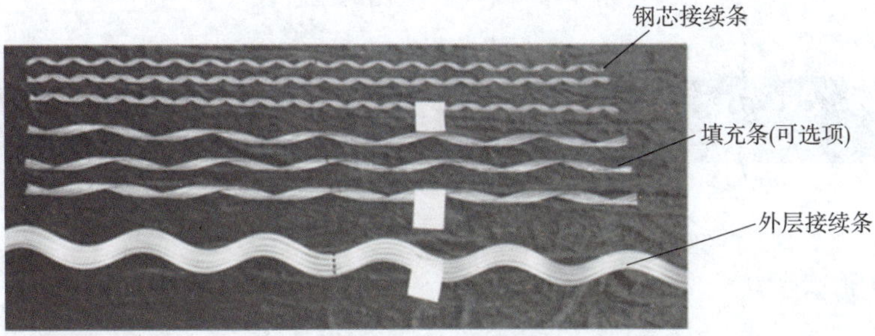

图 5-72　预绞式接续条

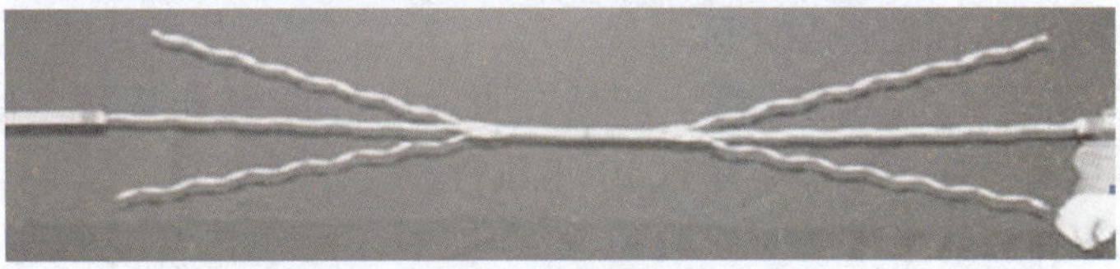

图 5-73　预绞式接续条安装

三、常见缺陷

1. 附加导线偏斜，导致绝缘距离不足，如图 5-74 所示，调整附加导线弛度或将悬挂点改为“V”形悬挂。

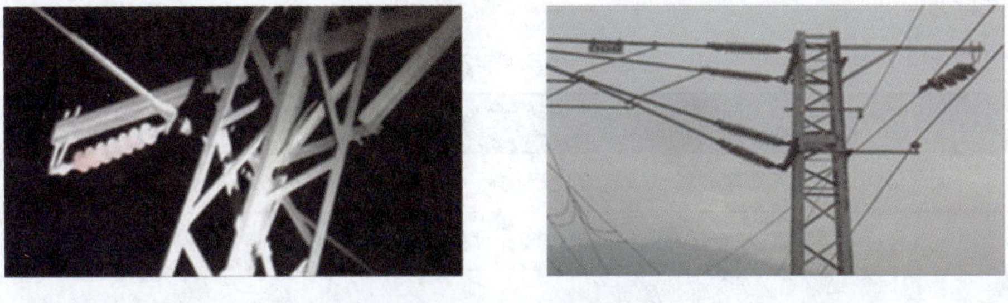

图 5-74　附加导线偏斜缺陷

2. 附加导线散股、断股、烧伤，如图 5-75 所示，应采取补强或者接续措施，具体见检调项点(三)。

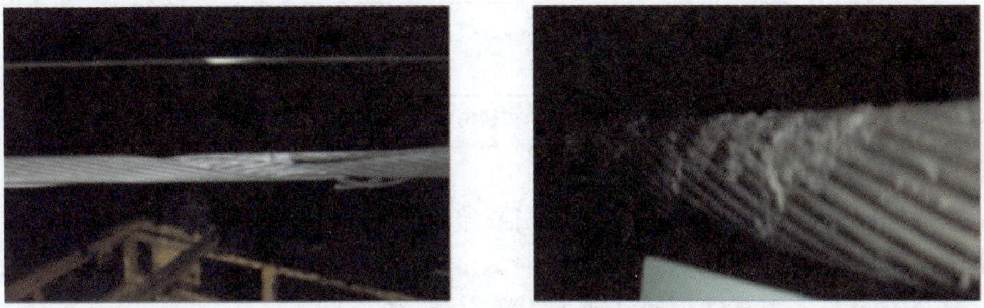

图 5-75　附加导线线索损伤、断股

第五节　绝缘子的维护

一、维护项点[4]

1. 绝缘子表面是否清洁，有无裂纹和破损，有无放电痕迹。

2. 各连接件螺栓紧固无松动，受力良好。

3. 腕臂用棒式绝缘子滴水孔朝下。

4. 对有机绝缘部件实行寿命管理。产品有明确规定的，按出厂规定使用年限执行；没有明确规定的，暂按有效使用寿命不超过10年执行。

5. 在运输装卸和安装绝缘子时应避免发生冲撞，不得锤击与瓷体连接的铁帽和金属件，同时也不得对其进行机械加工和热处理，铁帽和金具无锈蚀。

6. 25 kV带电绝缘子接地侧裙边距接地体间隙在正常情况下最小值为100 mm。

7. 绝缘清扫周期

依据接触网绝缘防雾(污)闪管理办法，划分污秽等级，确定清扫周期。污秽等级划分标准见表5-2。Ⅰ、Ⅱ级污秽等级区段：3年。Ⅲ级及以上污秽等级区段：1年。分段、分相绝缘器：6个月。特殊处所应缩短周期，适时安排清扫。潮湿隧道的绝缘部件参照Ⅲ级及以上污秽等级管理。

表5-2　污秽等级划分标准

污秽等级	污秽特征	盐密 W(mg/cm^2)
0	大气清洁地区及离海岸盐场50 km以上无明显污染地区	$W \leqslant 0.03$
Ⅰ	大气轻度污染地区，工业区和人口低密集区，离海岸盐场10～50 km地区，在污闪季节中干燥少雾(含毛毛雨)或雨量较多时	$0.03 < W \leqslant 0.06$
Ⅱ	大气中等污染地区，轻盐碱和炉烟污秽地区，离海岸盐场3～10 km地区，在污闪季节中潮湿多雾(含毛毛雨)但雨量较少时	$0.06 < W \leqslant 0.10$
Ⅲ	大气污染较严重地区，重雾和重盐碱地区，近海岸盐场1～3 km地区，工业与人口密度较大地区，离化学污染源和炉烟污秽300～1 500 m的较严重污秽地区	$0.10 < W \leqslant 0.25$
Ⅳ	大气特别严重污染地区，离海岸盐场1 km以内，离化学污染源和炉烟污秽300 m以内的地区	$W > 0.25$

注：划分污秽等级的盐密值应是以1～3年的连续积污盐密为准。

绝缘子清扫方法：

(1)瓷质绝缘子可以采取停电人工清扫或绝缘子清洗机冲洗等方式，人工清扫和水冲洗是绝缘清扫的主要手段。

(2)复合绝缘子采用清洗机冲洗或人工清水清扫的方式。

(3)分段、分相绝缘器，潮湿隧道内绝缘子宜采用人工清水清扫的方式。

二、常见缺陷

1. 绝缘子脏污、破损，如图5-76所示，采取清扫或更换绝缘子的措施。

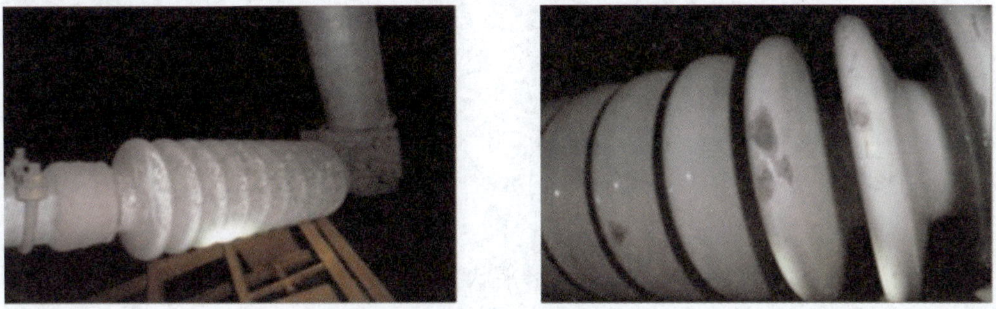

图5-76　绝缘子脏污、破损

2. 腕臂绝缘子闪络，如图5-77所示，采取更换措施（以平腕臂绝缘子更换为例）。

(1)作业车平台升起至接触悬挂下方，用支撑顶杆顶起承力索，使承力索不受力，必要时将承力索从承力索座中移出。

(2)松开平腕臂上棒式绝缘子零件，抽开平腕臂，卸掉棒式绝缘子，装上新的棒式绝缘子（滴水孔朝下）并拧紧各部螺栓。

(3)缓缓降下作业车平台，承力索恢复原位并检查各部件安装牢固、受力良好，移开支撑顶杆，作业结束。

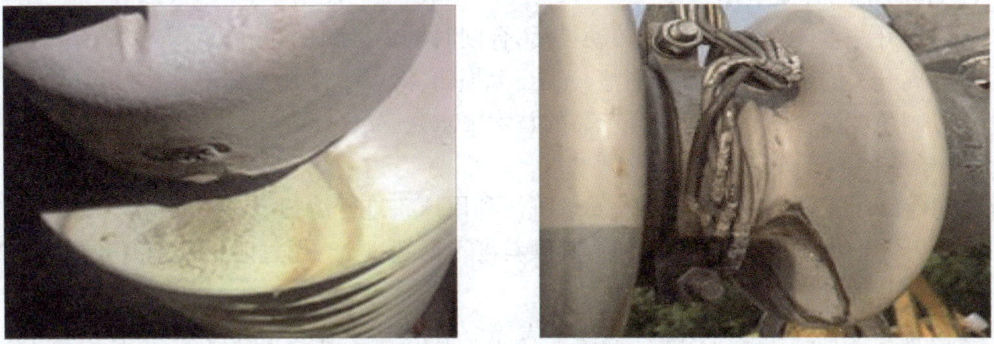

图5-77　绝缘子闪络

3. 下锚绝缘子闪络，采取更换措施。

(1)作业车平台升起并旋转至接触悬挂下方，在绝缘子两端打上紧线器和手扳葫芦，摇动手扳葫芦，使线索上绝缘子充分卸载。

(2)卸掉旧绝缘子并放到作业车平台上，安装上新的绝缘子并紧固各部螺栓。

(3)松开手扳葫芦，线索恢复原位并检查各部件安装牢固、受力良好，作业结束。

第六节 单项设备的检调

一、隔离开关

(一)作业内容及标准

1. 外观检查

(1)检查隔离开关托架

隔离开关托架各零部件齐全,托架呈水平状态,连接牢固,无松动、变形、裂纹、锈蚀等现象。

(2)检查、调试操作机构状态

①在调试开关时,操作机构要打到当地位(非远动位),用摇把进行调试时要打到手动位,调试作业完毕后,操作机构恢复到远方位。

②隔离开关操作机构应良好无损并加锁,传动杆与隔离开关操作机构保持顺直,不得歪斜,与操作机构和操作轴紧密配合,不得松动,隔离开关遥控驱动装置密封良好,盖帽齐全,操作时,应平稳无卡阻和冲击现象。

③电动隔离开关电动机转向正确;机械传动系统润滑良好,动作平稳,噪声小,无卡阻、冲击等异常情况;机构的分、合闸指示与开关的实际分、合闸位置相符。

(3)检查隔离开关本体

①隔离开关本体应动作可靠,转动灵活,合闸时触头接触良好。

②隔离开关的触头接触面应平整、光洁、无损伤,涂以中性凡士林。

③分闸角度及合闸状态应符合产品的技术要求。

(4)检查隔离开关绝缘子

①对绝缘子脏污情况进行检查,发现脏污利用抹布进行清扫。

②当开关绝缘子要求直立安装时,其倾斜度不得超过 2°,超过时松开绝缘子底座,添加适量垫片使其垂直。

③检查开关瓷柱绝缘子、翻转绝缘子表面应清洁无破损或放电痕迹;检查绝缘子表面破损面积达到或超过 300 mm^2 时,应进行更换。

(5)检查设备线夹

①设备线夹规格型号应符合设计要求,与引线连接牢固接触良好,无破损和烧伤现象。

②设备线夹与开关铜牌连接密贴、牢固,并涂导电膏。

(6)检查隔离开关引线

检查隔离开关引线与承力索、接触线连接线夹有无烧伤、断裂;电连接线有无散股、断股。

(7)检查隔离开关接地状态

①隔离开关接地方式:方式 1,采取双接极,分别埋设单独接地极方式安装;方式 2,有保

护线区段,则一根接地线接入综合接地系统,一根连接保护线接地;方式 3,无保护线区段,则两根接地线均应接入综合接地系统。

②检查接地电缆与各部螺栓连接是否紧密,有无松动现象;检查接地线、并沟线夹等表面是否锈蚀,接地电缆、并沟线夹内是否有放电痕迹。

2. 参数测量

(1)分、合状态及触头状态检查

①检查隔离开关分、合闸时,动触头动作灵活。

②合闸时刀闸接触是否密贴,隔离开关分闸距离是否满足产品技术要求。

③隔离开关必须调至“分”或“合”位,不允许有中间状态。

④开关“合”到位是指,开关触头触母间的间隙符合要求的尺寸,触头闭合时,触头间应接触紧密,接触压力均匀,对于面接触,以 0.05 mm × 10 mm 的塞尺检查,其塞入深度不应超过 4 mm。

⑤开关“分”到位是指,分闸角度符合产品设计说明要求,如图 5-78 所示。

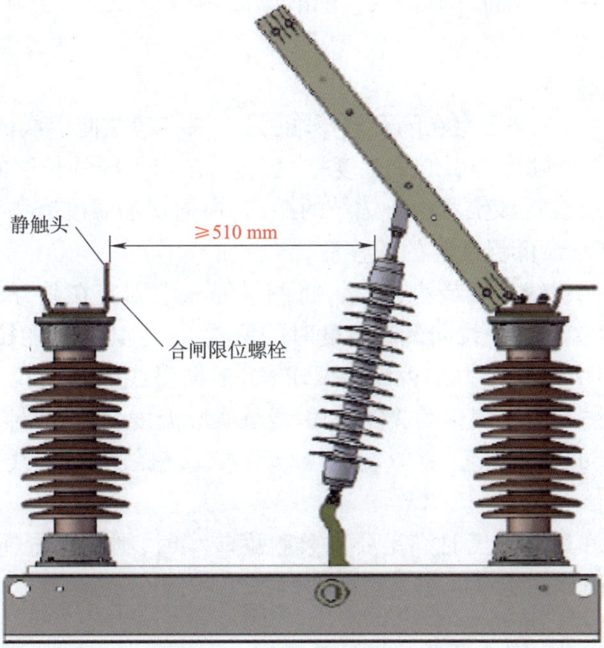

图 5-78　隔离开关分闸示意

(2)绝缘距离检查

①任何条件下,开关引线对接地体间绝缘距离应大于 350 mm。

②引线长度应预留因温度变化而引起的伸缩距离,并保证不侵入受电弓限界。

③引线在钢轨相交处比接触线抬高大于 300 mm。

④每年用 2 500 V 的兆欧表测量一次绝缘电阻,与前一次测量结果相比不应有显著降低。

(3)接地电阻测量

测量接地电阻时,方法 1,使用手摇式接地电阻测量仪,需将接地电缆与综合贯通接地引线断开,再用接地电阻测量仪对该综合贯通接地线进行测量;方法2,使用钳形电阻测试仪,可直接将钳形接地电阻测量仪卡到接线线上,直接进行测量读数,接地电阻不大于10 Ω。

(二)检　调

1. 调整开关托架水平

将水平尺放在托架上观察,调整斜撑角钢与水平角钢连接处的位置,直至托架水平,将螺栓按照标准力矩重新进行紧固。

2. 调整开关触头状态

(1)表面有脏污痕迹时,对其进行擦拭,在动静触头的接触面涂抹润滑脂。

(2)出现焊着、烧损严重时,要对开关触头进行更换。

(3)对开关触头接触面不密贴问题,要使用扳手校正或调整触头弹簧压力。

3. 调整开关分、合闸角度

(1)分闸角度不合适时,将开关倒至分闸位置后,先调整交叉连杆的长度,直至分闸角度符合要求,最后调分闸止钉的间隙1 ~3 mm。

(2)合闸不呈直线时,先将开关倒至合闸的位置,调交叉连杆,使刀片合闸呈直线,然后调整合闸止钉间隙。

4. 调整开关引线状态

(1)用1根测量绳,一端固定在隔开端子端,另一端将其拉向引线的另一端承力索电连接线夹处,确保测量绳的弛度与引线个弛度一致,然后定出引线的长度值。

(2)从图纸查出引线距该锚段中心锚结的距离,根据现场温度查引线安装曲线图,计算出该引线在最高温度和最低温度时的偏移量。

(3)若最高温度时引线弛度最小,那么,将测量绳一端固定在隔开端子端,另一端根据标定实际引线的长度将测量绳拉向最高温度时的位置,核定其是否能拉到位,若能拉到位,再用弹簧秤检查此时引线的张力是否满足要求;若根据引线的张力拉不到位,则应以所拉到的位置基点,向下锚方向反侧移动 X(X 为引线从实际温度变化到最高温度时的纵向移动值),确定引线应安装的相应位置,并重新压接承力索、接触线电连接线夹,将引线调整至标准位置。

(4)若引线长度在最高温度时满足要求且弛度较大时,则将测量绳拉向最低温度时的位置,核定引线与接地体的绝缘间隙是否能够满足要求,若不满足要求,则通过重新压接引线线鼻子将引线调整至标准位置。

(5)引线距接地体的距离小于350 mm时,将引线与承力索和接触线的连接点向远离开关方向移动,必要时增加绑扎点。

5. 接地线缺陷处理

(1)接地线锈蚀:用砂纸对其除锈,直至露出金属本色,然后涂防腐漆。

(2)接地电阻超标:对接地端子、接地线线夹进行除锈和螺栓紧固,重新测量接地电阻,若电阻值仍超标,重新选择综合接地端子进行连接处理。

(三)常见缺陷及处理

1. 隔离开关引线断股,如图5-79所示。开关引线有烧伤或断股时,进行绑扎处理,较为严重时,按照原有长度进行预制更换,不得接头。

图 5-79　隔离开关引线断股

2. 隔离开关合闸不密贴、触头烧损，如图 5-80 所示。调整隔离开关合闸状态，并更换触头。

图 5-80　隔离开关触头烧损

3. 隔离开关本体绝缘子损坏，如图 5-81 所示，采取更换措施。

（1）松动开关本体绝缘子或翻转绝缘子的相关连接螺栓。

（2）将损坏的绝缘子从开关上拆除，更换新绝缘子，检查更换后的绝缘子安装状态是否符合要求。

（3）检查开关开、合闸状态，动触头动作是否灵活，合闸时刀闸接触是否密贴，分闸时刀闸角度或分闸间歇是否符合相关规定。

（a）隔离开关绝缘子闪络　　（b）绝缘子釉面烧损

图 5-81　隔离开关绝缘子损坏

二、分段绝缘器

以 FYFH-1. 8AT 型分段绝缘器为例，如图 5-82 所示，介绍分段绝缘器的检修。

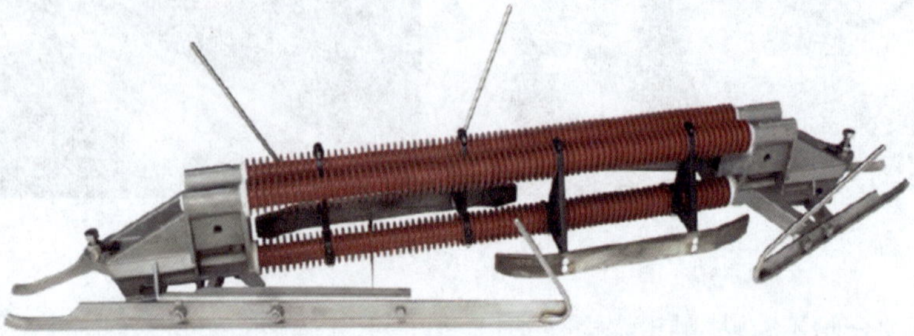

图 5-82　FYFH-1. 8AT 型分段绝缘器

(一)作业内容及标准

1. 外观检查

(1)检查主绝缘、绝缘子、滑道等有无裂纹、烧伤、破损和老化等情况。

(2)检查接头线夹安装是否正确、密贴，线夹螺栓防松锁片状态是否良好，抽查螺栓紧固力矩是否到位。

(3)检查接头线夹与分段绝缘器本体连接是否牢固，过渡是否平滑。当现场接触线为 120 mm^2时，打有“120”字样钢印的线槽应安装主线；当接触线为 85 mm^2时，打有“85”字样钢印的线槽应安装主线，主线与辅线的型号应相同，如图 5-83 所示。

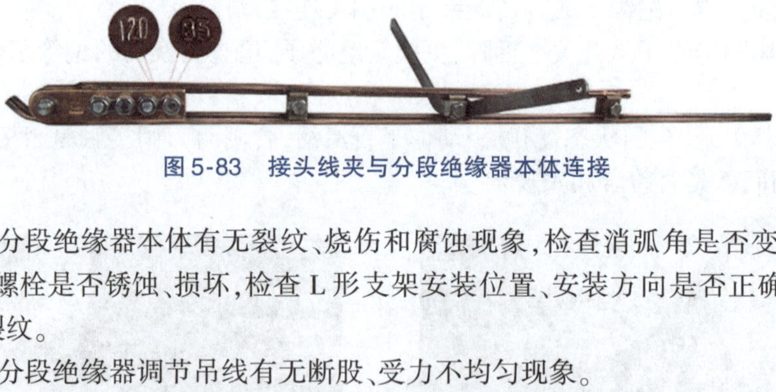

图 5-83　接头线夹与分段绝缘器本体连接

(4)检查分段绝缘器本体有无裂纹、烧伤和腐蚀现象，检查消弧角是否变形，损坏或缺失，检查调节螺栓是否锈蚀、损坏，检查 L 形支架安装位置、安装方向是否正确，L 形支架本体是否存在裂纹。

(5)检查分段绝缘器调节吊线有无断股、受力不均匀现象。

(6)有机绝缘部件实行寿命管理。产品有明确规定的，按产品规定使用年限执行；没有明确规定的，运行 10 年后，根据抽样试验结果预期寿命。

2. 参数测量

(1)绝缘器的主绝缘应完好，其表面放电痕迹不应超过有效绝缘长度的 20%。主绝缘严重磨损应及时更换。

(2)绝缘器应位于受电弓中心，一般情况下误差不超过 100 mm。

(3)安装平面平行于轨面，最大误差不超过 10 mm。

(4)分段绝缘器安装高度(负弛度)符合产品说明书要求。

(5)滑板磨损达到产品说明书规定的最大值时,需要及时更换滑板。

(6)曲线区段,当两测点高差与轨平面高差方向一致时,计算两测点相对轨面高差时应核减两测点相对水平面高差;当两测点高差与轨平面高差方向相反时,计算两测点相对轨面高差时应核加两测点相对水平面高差。

(二)检　调

1. 调整分段绝缘器与轨面连线平行

(1)顺线路方向:根据测量数据,确定调整方向和调整量,调整或更换分段绝缘器两侧吊弦,使分段绝缘器顺线路两端等高,最大误差不超过 10 mm。

(2)垂直线路方向:根据测量数据,确定调整方向和调整量,调整一侧吊弦调节螺栓,再调节另一侧吊弦的调节螺栓,使分段绝缘器平面与其正下方的两轨顶连线平行。

2. 调整分段绝缘器中心与线路中心横向偏移

用接触网激光测量仪测量分段绝缘器两侧接头线夹处相对于线路中心的偏移值,确定调整量,适当增大或减小相邻定位点拉出值,必须保证分段绝缘器位于线路中心,横向偏移不大于 100 mm。

3. 调整分段绝缘器负弛度

根据测量数据,确定调整方向和调整量,若调整较小时,可调整吊弦上的调节螺栓。若调整量较大时,可通过调整分段绝缘器与两端定位点间吊弦,调整完成必须保证分段绝缘器与两端定位点平滑过渡。

4. 更换承力索复合绝缘子

承力索复合绝缘子损坏、闪络时需更换绝缘子,更换方法为在承力索绝缘子两侧用紧线器连接链式紧线器,适当紧起链式紧线器,使分段绝缘子卸载,拔出绝缘子与终端锚固线夹连接的销钉,拆下旧绝缘子,更换新绝缘子,松动链式紧线器,检查受力情况。

(三)常见缺陷

1. 分段绝缘器拉弧、放电

分段绝缘器发生拉弧、放电的现象时,如图 5-84 所示,复测分段绝缘器拉出值、负弛度是否达标,分段绝缘器是否水平,如不符合要求重新调整至标准值。对轻微放电处要用砂纸进行打磨,对放电严重的分段绝缘器要进行更换。

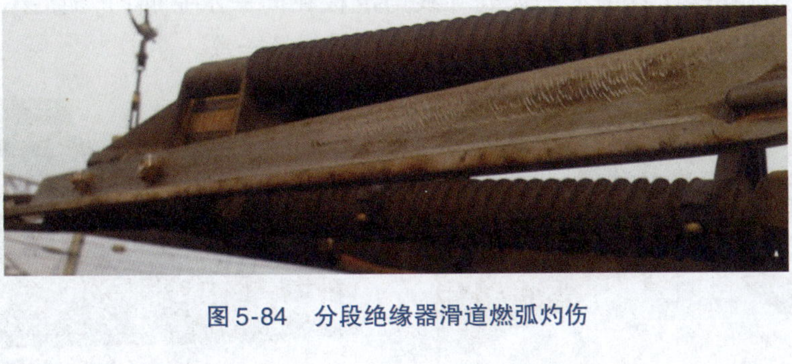

图 5-84　分段绝缘器滑道燃弧灼伤

2. 分段绝缘器消弧角断裂

分股绝缘器消弧角断裂,如图 5-85 所示,应更换分段绝缘器本体。

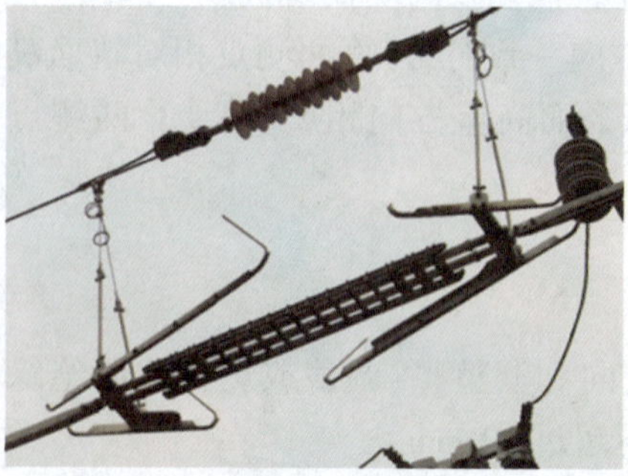

(a)分段绝缘器消弧角断裂

(b)分段绝缘器消弧角断裂截面

图 5-85　分段绝缘器消弧角断裂

FYFH-1. 8AT 型分段绝缘器更换步骤如下：

(1)在分段绝缘器两侧挂接 25 mm^2 裸铜软绞短接线。

(2)更换安装前，先检查经过拉力试验合格的分段绝缘器各部元件及附件是否齐全，有无损伤，确认符合标准后，方可使用。

(3)先将予以更换分段绝缘器两侧接触线适当位置分别安装紧线器，挂上链式紧线器。

(4)摇紧链式紧线器，直至分段绝缘器卸载。

(5)拆除旧的分段绝缘器，更换新的分段绝缘器。

(6)松链式紧线器与紧线器，使分段绝缘器充分受力，检查各部件受力情况并再次按照力矩大小紧固螺栓，确认分段绝缘器受力状态良好，安全可靠后，完全松开链式紧线器。

(7)通过调整螺栓细调高度，并用水平尺测量滑轨横向连线与轨面连线平行度，调整后，用激光测量仪检测高度。

(8)更换完毕，撤除 25 mm^2 裸铜软绞短接线。

3. 接头线夹处过渡不平滑

如图 5-86 所示，调整步骤：分段绝缘器与接触线连接处接头线夹过渡不平衡，有硬点时应调整分段绝缘器的调整螺栓，进行微调。从滑板端部向分段中心量取 50 mm，把水平尺放在此处，用扳手调整螺栓直到水平尺处导线与滑板在同一水平面内，随后紧固防松螺母。接触线接头线夹上部辅助接触线与接触线主线型号保持一致。

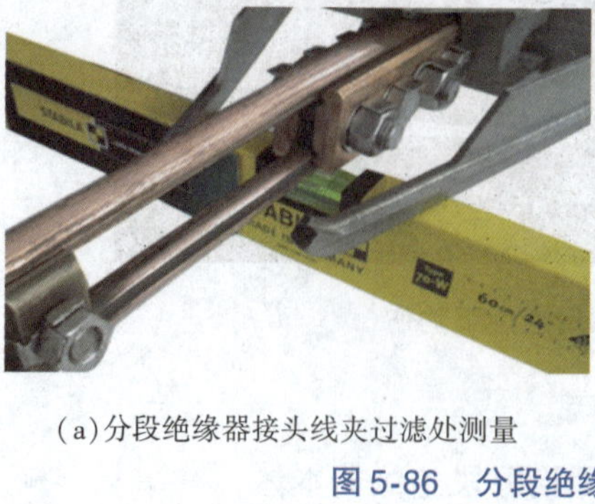

(a)分段绝缘器接头线夹过滤处测量

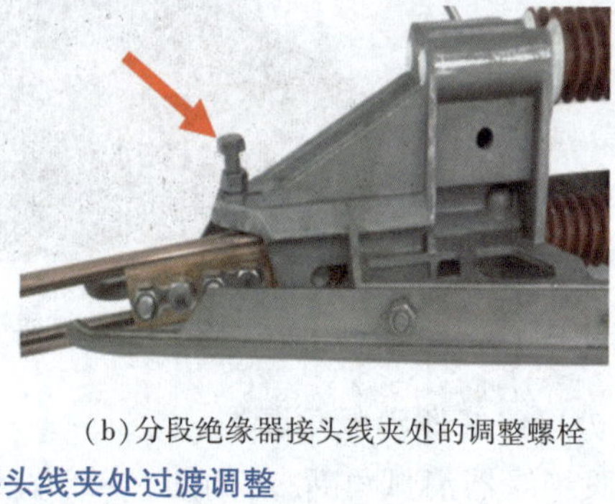

(b)分段绝缘器接头线夹处的调整螺栓

图 5-86　分段绝缘器接头线夹处过渡调整

三、避雷器

(一)作业内容及标准

1. 外观检查

(1)检查避雷器托架。安装水平,无锈蚀,各部螺栓连接紧固。

(2)检查避雷器本体及支撑绝缘子。避雷器及支持绝缘子应呈竖直状态,倾斜角度不超过2°。表面清洁,安装牢固,无裂纹、破损及放电痕迹。

(3)检查避雷器引线。无烧伤、断股,至高压侧引线的张力应适宜,不应使连接端子受到超出允许的外加应力。极限条件下,高压侧引线对接地体之间的距离大于350 mm。

(4)检查脱离器。脱离器状态良好,无破损、裂纹。安装位置应满足动作后,引线不侵入限界并与带电体保持足够的绝缘间距。

(5)检查避雷器接地线。接地线与各部螺栓连接牢固密实。接地线表面无锈蚀、无断裂。引线固定线夹无放电痕迹,接触良好。

(6)检查动作计数器。计数器外观良好,无破损。检查时将避雷器读数、泄漏电流指数进行记录。外观密封良好,连接部位接触良好,动作次数与指示一致。

2. 参数测量

(1)测量避雷器引线绝缘距离

①任何条件下,高压侧引线对接地体间绝缘距离不小于350 mm。

②引线长度应预留因温度变化而引起的伸缩距离,并保证不侵入受电弓限界。

③引线在钢轨相交处应大于接触线高度300 mm。

(2)测试接地电阻

用接地电阻测试仪(钳形电阻表)测量接地极接地电阻,接地电阻不大于10 Ω。

(二)检　　调

1. 调整避雷器托架水平,操作步骤:底座调整时可稍松动底座螺栓,用手锤敲击,调整上底座水平和扭转状态,调至水平后紧固底座螺栓。

2. 调整引线弛度、绝缘距离

(1)避雷器引线弛度过小,调整步骤:将引线与承力索和接触线的连接点向靠近避雷器方向调整。

(2)避雷器引线弛度过大,调整步骤:调整设备线夹处引线长度或将引线在承力索上进行铜绑线绑扎,直至弛度符合标准。

(3)引线距接地部分距离较小,调整步骤:在支撑绝缘子金具处加装加长硬性支撑,增大绝缘距离。

四、27.5 kV 电缆

(一)作业内容及标准

1. 外观检查

(1)检查电缆终端

①电缆终端表面干燥、清洁、密封良好,无渗漏水、裂纹、老化、破损等。

②电缆终端应保证竖直向上，不得出现偏转、扭曲变形，伞裙不得挤压变形，最大偏移角度不得大于30°。

③电缆终端母排及零部件应与大地、接地钢构、固定抱箍等保持足够的绝缘距离。

④电缆终端应固定牢固，金属端子不得承受拉力，应力锥无受力变形。

(2)检查电缆本体及附属

①电缆本体各部分无机械损伤，无过热变色、变形、开裂、放电现象。

②电缆及电缆终端的固定处必须采用专用的铝制或非磁性材料抱箍，并加装保护垫。

③电缆固定支架无松动、严重锈蚀或变形，电缆悬挂钢索和挂钩无严重锈蚀或脱落。

④电缆铠装层、屏蔽层及电缆导体之间均应可靠绝缘。

⑤检查电缆支架、桥架及吊架切口边缘状态，不允许毛刺和卷边，电缆与切口边缘接触处应加橡胶垫。电缆支架、桥架的长度应超过电缆预留口的范围，防止电缆本体受力过大。

⑥检查电缆标桩是否齐全，缺失时补装。

(3)检查电缆沟

检查电缆明沟盖板是否有缺失、破损、移位等，电缆明沟路径上不得有动土、堆土的非法施工，电缆沟内无杂物、积水，电缆标桩设置符合要求。电缆沟杂乱、积水情况示例如图5-87所示。

(a)电缆沟杂乱　　(b)电缆沟积水

图5-87　电缆沟杂乱、积水

(4)检查电缆固定底座

电缆固定底座无锈蚀、断裂，零部件齐全，规格型号与固定电缆数量对应；安装位置约每1～2 m一处。

(5)检查电缆终端托架

电缆终端托架主角钢处于水平状态，不得偏斜；支撑角钢处于支撑状态；各零部件齐全，无锈蚀。

(6)检查母排及设备线夹

①母排有无裂纹、锈蚀、电气烧伤；安装处于水平状态，不得弯曲。

②设备线夹安装部分涂抹电力复合脂；连接螺栓紧固密贴，不得有间隙；不同材质间连接时，需安装同材质过度垫片。

(7)检查电缆中间接头

外护层有无开裂、划伤；装甲带无移位或开裂；接头屏蔽网套无对外放电的痕迹。

(8)检查电缆护层保护器

检查电缆头铜屏蔽层和铠装层是否单独接地;两端电缆头是否接地(长度大于 100 m 的电缆,两端电缆头一端铠装层、屏蔽层直接接地,另一端铠装层、屏蔽层均通过护层保护器接地;长度小于 100 m 的电缆,一端电缆头直接接地,另一端不接地);多个电缆头接地线是否共用一个护层保护器;护层保护器是否安装牢固。

2. 参数检测

(1)测量电气绝缘距离

检查 27.5 kV 户外电缆终端头及附属设备对地绝缘距离、电气绝缘距离是否符合要求。顶部端子对地空气绝缘距离不小于 450 mm,电缆终端应力锥对地空气绝缘距离不小于 35 mm,多个电缆终端并联时,其间空气绝缘距离不小于 35 mm。

(2)测量绝缘性能

①用 2 500 V 兆欧表摇测电缆主绝缘的绝缘电阻,绝缘电阻值与初始值及历次数据比较,不应有显著变化。

②利用红外热成像仪或紫外成像仪观察电缆头及相关主导电回路连接点温度及电场,判断是否有明显相对温度异常点和电场光子数异常点,如图 5-88 所示。

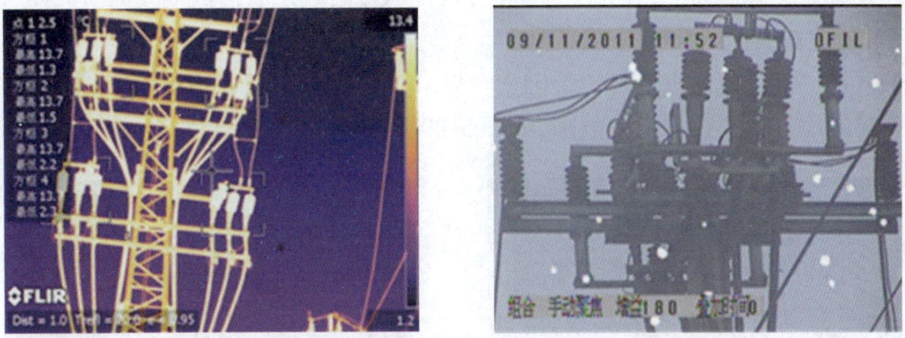

(a)红外热成像仪观测图　　(b)紫外成像仪观测图

图 5-88　电缆红外及紫外检测图

(3)测量接地电阻

用接地电阻测试仪测量电缆头接地电阻值是否大于 10 Ω。

(二)检　　调

1. 电缆头

(1)电缆终端头表面脏污,使用棉纱对电缆头绝缘部分进行清扫。

(2)电缆终端头伞群破损、烧伤痕迹严重,更换电缆终端头。

2. 电缆本体及附属

(1)电缆外护套轻微损伤时,用自粘绝缘胶带包扎。

(2)电缆外护套鼓包、严重损伤时,截断制作电缆中间头。

(3)电缆与套管之间无防护措施时安装绝缘衬垫;管口未封堵时用防火泥对管口进行封堵。

(4)电缆套管形成闭合磁路,更换为开槽的电缆套管。

(5)电缆固定卡箍锈蚀时进行更换。

(6)螺栓不齐全、紧固不到位时,补装螺栓并紧固。

(7)电缆固定卡箍形成闭合磁路时,更换为非导磁性的铝质固定卡箍或绝缘螺栓。

(8)电缆位置或电缆弯曲半径不符合标准时,调整电缆位置或电缆弯曲半径,安装绝缘衬垫。

(9)绝缘电阻值与初始值变化较大时,对试验数据异常的进行原因分析,立即进行全面排查,找出电缆接地点或破损处所并进行处理。

3. 母排及设备线夹

(1)母排

①发现母排锈蚀使用细砂纸进行打磨处理。

②母排表面有裂纹时,将缺陷母排拆除,重新安装。

③发现母排弯曲变形时,首先检查电缆终端头受力状态,若电缆终端头低于或高于母排,应将电缆终端托架整体降低或提高电缆终端头安装高度进行调整。

(2)设备线夹

发现设备线夹有锈蚀,应使用细砂纸进行打磨处理;发现有裂纹应及时进行更换。

(三)常见缺陷

由于电场、热、机械外力及环境等因素,高压电缆的绝缘层、护套和保护套、电缆安装附件几个关键的地方特别容易发生故障,如图 5-89 所示。

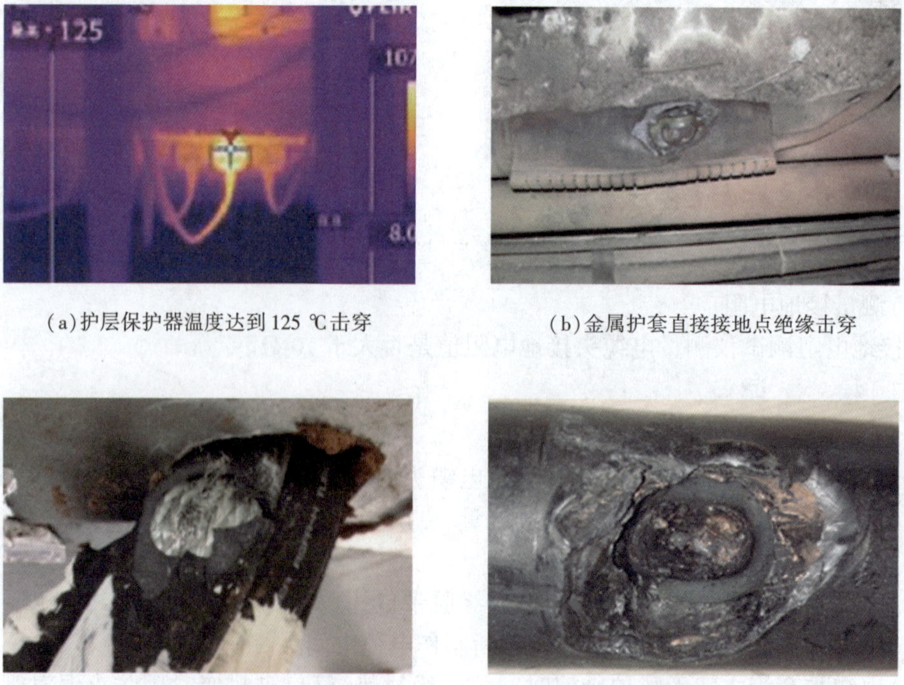

(a)护层保护器温度达到 125 ℃击穿

(b)金属护套直接接地点绝缘击穿

(c)电缆外护套破损

(d)电缆绝缘击穿

图 5-89　电缆典型故障

第七节 接触网检修工机具

一、受力工具

接触网受力工具主要有:链式紧线器、紧线器、钢丝套、滑轮组等,主要用于张力卸载、肩架安装等。受力工具应有合格证并定期进行试验;禁止使用试验不合格或超过试验周期的工具;应制定受力工具管理办法,专人负责进行编号、登记、整理,并监督按规定试验和正确使用。

(一)链式紧线器

使用链式紧线器(图5-90),需确认所采用的链式紧线器安全负荷选型是否与两端张力负荷相符,是否能达到要求,具体操作情况如下:

1. 自由挡:将切换棘爪放置于"N"位置上(即水平放置),并放开制动爪,同时手指按住防逆棘爪,然后链条可来回自由拉动。

2. 提升或拉紧:将切换棘爪放置到"U"位置上,并将制动爪置于棘轮齿轮处,用手柄进行操作。

3. 卸载:将切换棘爪放置于"D"位置上,并使用手柄进行操作。

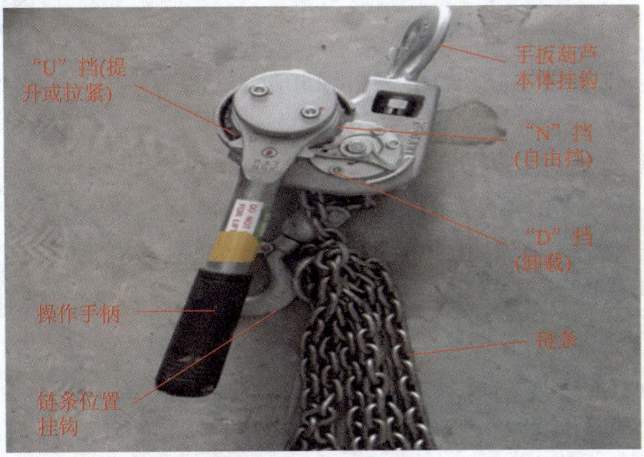

图5-90 链式紧线器

(二)卡 线 器

使用卡线器(图5-91)时,需确认所采用的卡线器安全负荷及线型是否相符,是否能达到要求,具体操作情况如下:

1. 检查紧线器本体状态:本体状态良好,无裂纹;安全标识齐全;保险装置(安全防护板)状态良好,处于锁闭状态。

2. 使用时,先将保险装置打开。

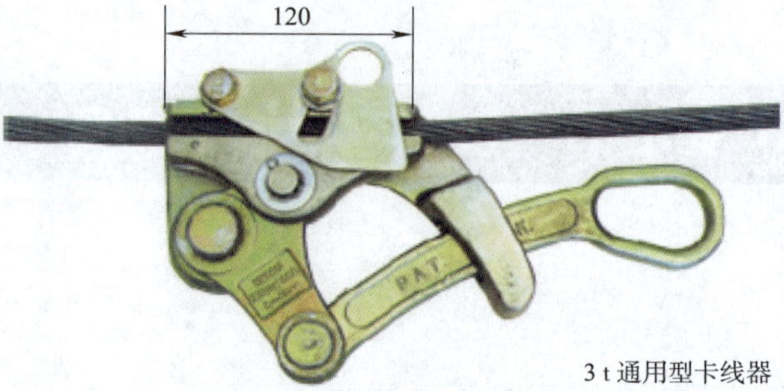

图 5-91　卡线器(单位:mm)

3. 一手扶着紧线器非活动端,另一手扶着紧线器活动端,相向用力,使得紧线器钳口张开。

4. 将紧线器卡在相应的线索上,松开双手。

5. 关闭保险装置,用手微微拉动紧线器活动端,使紧线器受力。

(三)力矩扳手

使用步骤:

1. 检查力矩扳手(图 5-92)本体状态,本体状态应良好,无裂纹;标识、零部件齐全,刻度盘清晰。

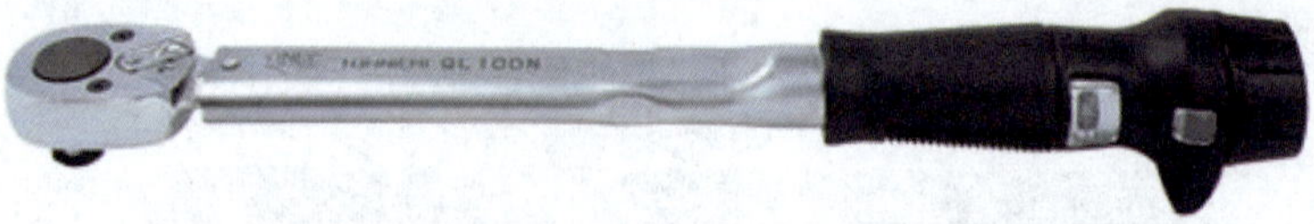

图 5-92　力矩扳手[QL10ON(L' = 339 mm)]

2. 根据需紧固零部件力矩要求设定好一个需要的扭矩值上限。

3. 在扳手方榫上装上相应的套筒,并套住紧固件。

4. 再在手柄上缓慢用力,当听到"嗒"的声响后(表示已达到预设扭矩值),停止加力。

二、辅助工具

每次使用挂梯前,须认真检查有无损坏,零配件是否齐全,连接是否牢靠,是否锈蚀。挂梯应定期进行试验且在有效期内。铝合金挂梯及蜈蚣梯如图 5-93 所示。

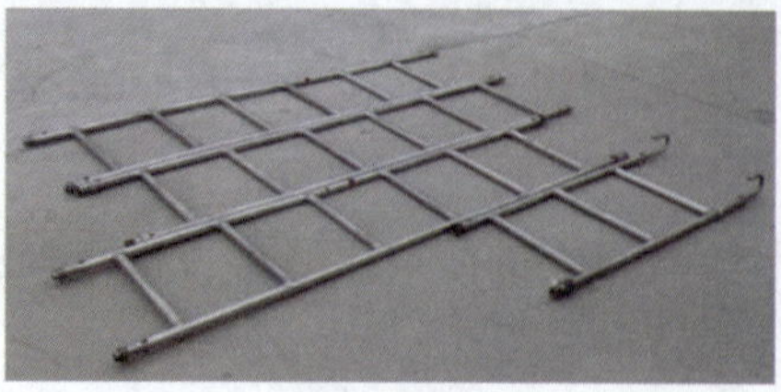

(a)铝合金挂梯

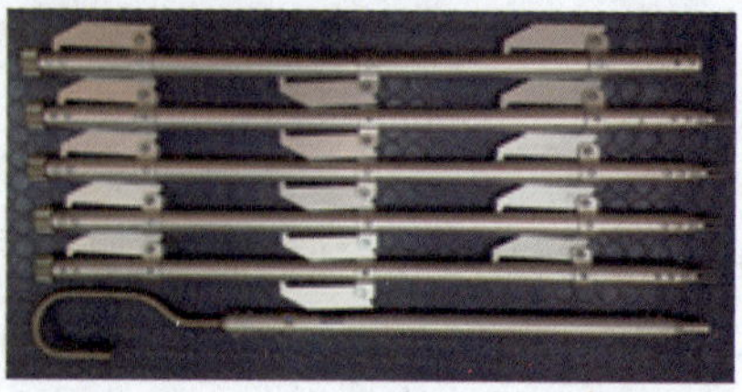

(b)蜈蚣梯

图 5-93　辅助工具

具体使用方法：

1. 挂梯接挂前，必须采取好防感应电的安全措施。
2. 接挂程序必须由两人进行，一人操作，一人监护。
3. 接挂挂梯必须挂在可靠承力索上。
4. 在挂梯登梯及作业过程中必须全程专人把扶梯子，保证挂梯的稳定性。

三、检测工具

接触网参数检测工具主要有：接触网激光检测仪(图5-94)、卷尺、游标卡尺、测杆等。其中最常用的是接触网激光检测仪，该检测工具可以对接触网常见的导高、拉出值、侧面限界、线岔等参数进行精准测量。

图5-94　激光检测仪

复习思考题

1. 拉出值维修标准是什么？
2. 高速铁路接触线高度控制对接触网有何意义？
3. 造成分段绝缘器燃弧的原因有哪些？
4. 控制线岔始触区的目的是什么？
5. 补偿装置补偿绳断股、断线可能造成什么后果？如何更换补偿绳？

引用规章文件

[1]《铁路技术管理规程(高速铁路部分)》(铁总科技〔2014〕172号、〔2017〕221号)第七章第182条

[2]《高速铁路接触网运行维修规则》(铁总运〔2015〕362号)第七章第一百～一百零三、一百零七、一百零九、一百一十三、一百一十四、一百一十六条

[3]《普速铁路接触网运行维修规则》(铁总运〔2017〕9号)第七章第一百零九、一百一十、一百一十二、一百一十六、一百一十九、一百二十五、一百二十六、一百三十条

[4]《接触网绝缘防雾(污)闪管理办法》(运供供电函〔2013〕471号)第4条

第六章

常用接触网实作培训

学习任务

接触网工是一个对操作技能要求较高的工种。熟练、标准、规范的实作技能既是保证设备维护质量的要求,也是保证接触网作业人身安全的需要。经常性地开展接触网实作培训是提高人员素质的基本手段和保证。

本章对10项常用接触网实作培训项目,常用仪器仪表的操作要求、流程和安全注意事项进行介绍。

通过培训和实践,掌握常用接触网实作项目操作要求及流程和常用仪器仪表的使用方法,尤其是要掌握在操作过程中的安全注意事项,防止受到伤害。

第一节　接触网设备维护

一、支柱攀爬

(一)作业准备

所需工具及材料:安全帽、安全带、GSM-R手机、网络对讲机、脚扣等。

(二)操作要求及流程[1]

1. 口述符合上道作业条件。如线路已封锁、作业地点两端地线接好,防护措施设置到位等。

2. 劳保防护用品状态检查,穿戴齐全,着装整齐。

3. 确认支柱杆号,检查支柱状态,观察支柱上有无其他设备,选好攀登方向和条件。

4. 攀爬支柱前先环绕支柱系好安全带,检查闭锁扣环是否扣牢。

5. 攀登支柱时要手把牢靠,脚踏稳准,尽量避开设备并与带电设备保持规定的安全距离。用脚扣攀登时,要卡牢系紧,严防滑落。

6. 按照要求攀爬至规定高度。

7. 下支柱时,注意身体平衡,确保脚扣下至支柱底部方可脱开脚扣,拆除安全带。

8. 作业完毕,清理现场机具。

(三)安全注意事项

1. 应在作业前检查攀登工具状态是否良好,安全用具是否完好合格。确认使用脚扣型号与攀登的支柱相匹配。

2. 攀爬过程中应防止安全带、手指被锋利物划伤。

3. 用脚扣攀登时,要卡牢系紧,严防脚扣滑移或掉落。

4. 严禁不使用脚扣沿支柱滑下。

5. 严禁不系安全带攀登支柱。

二、验电接地

(一)作业准备

1. 所需工具及材料:安全帽、绝缘手套、GSM-R 手机、网络对讲机、钢丝刷或砂纸、接地线、绝缘杆、验电器等。

2. 辅助人员 1 名。

(二)操作要求及流程

1. 劳保用品佩戴齐全,检查验电器、绝缘手套、接地线等工具,确认状态良好。

2. 与监护人共同确认接地线安装位置,准备验电接地工具。

3. 在接到监护人"验电接地"命令后先连接地线下部接地端。当接钢轨时,应先打磨钢轨,确保接触良好,连接牢固。

4. 地线操作人员先对验电器进行自检,然后进行验电,确认无电后向监护人汇报。

5. 接到监护人命令后将接地线上部与被停电的导体相连,确认接地线连接牢固并采取防风摆措施后,向监护人汇报。

6. 撤除地线。接到监护人命令后撤除接地线,先撤除停电的导体端,再撤除接地端。撤除后向监护人汇报。

7. 作业结束后清理现场。

(三)安全注意事项[2]

1. 必须使用同等电压等级的验电器验电,验电器的电压等级为 25 kV。验电前自检良好后,现场检查确认声、光信号显示正常(有条件的,还要先在同等电压等级有电设备检查其性能),然后再在停电设备上验电。

2. 接地线应使用截面积不小于 25 mm^2 的裸铜绞线制成并有透明护套保护。接地线不得有断股、散股和接头。

3. 在装设接地线时,先将接地线的一端接地;再将另一端与被停电的导体相连。撤除接地线时,其顺序相反。接地线要连接牢固,接触良好。

4. 装设、撤除接地线时,人体不得触及接地线,接好的接地线不得侵入未封锁线路的限界。装设或撤除接地线时,操作人要借助于绝缘杆进行。绝缘杆要保持清洁、干燥。

5. 接地线应可靠接在钢轨上,且不应跨接在钢轨绝缘两侧、道岔尖轨处,必须跨接在钢轨绝缘两侧时,应封闭线路。地线穿越或跨越股道时,必须采取绝缘防护措施。

三、隔离开关手动倒闸操作

(一)作业准备

1. 所需工具及材料:安全帽、绝缘手套、操作棒、GSM-R 手机、网络对讲机、隔离开关机构箱钥匙等。

2. 辅助人员1名。

(二)操作要求及流程

1. 与监护人员共同确认隔离开关位置及状态。

2. 作业前要和铁路局集团公司供电调度联系,汇报需倒闸的隔离开关信息,申请进行手动倒闸作业(口述)。

3. 倒闸。打开隔离开关机构箱,将开关挡位调至“手动”位;从开关机构箱门内侧取出操作摇把;将摇把插入手摇孔内;穿好绝缘靴戴好绝缘手套;根据旋转箭头开合指示方向,摇动开关合闸或分闸,注意手摇过程中用力要均匀,出现卡滞勿盲目用力,一人操作一人观察。

4. 操作结束后,与监护人员共同确认开关开合状态无误,并将开关挡位打至“远动”位。

5. 操作完毕后要和铁路局集团公司供电调度联系,确认隔离开关开合状态(口述)。

(三)安全注意事项[3]

1. 在高速铁路防护栅栏内进行当地倒闸作业时,必须在上、下行线路封锁或本线封锁、邻线列车限速 160 km/h 及以下进行。

2. 接触网作业人员进行隔离开关、负荷开关倒闸时,必须有供电调度的命令;对动车所等单位有权操作的隔离开关,接触网作业人员倒闸作业之前,须告知该单位主管负责人,并共同确认做好相应措施。

3. 操作人员接到倒闸命令后,必须先确认开关位置和开合状态无误,再进行倒闸。倒闸时操作人必须戴好安全帽和绝缘手套,穿绝缘靴,操作准确迅速,一次开闭到位,中途不得停留和发生冲击。

4. 倒闸作业完成,确认开关开合状态无误后,向要令人报告倒闸结束,由要令人向供电调度员申请消除倒闸作业命令。

5. 隔离开关、负荷开关的机构箱或传动机构须加锁,钥匙应存放于固定地点并由专人保管。

四、自动过分相地面磁感应器测量

(一)作业准备

所需工具及材料:安全帽、皮尺、数字特斯拉计、测量记录表、钢丝刷、抹布、工具包、照明用具、网络对讲机、GSM-R 手机、防护用品等。

(二)操作要求及技术标准[4]

1. 按照检修作业要求办理相关手续。

2. 清洁附着在地面磁感应器上的铁屑、矿粉等细小异物。

3. 检查地面磁感应器本体及固定状态,并使用皮尺测量地面磁感应器之间的距离,监护人员记录。地面磁感应器应安装牢固、完整无损、表面清洁,设置符合设计要求,允许偏差 ±2 m。

4. 使用数字特斯拉计测量地面磁感应器磁感应强度,并填写检测记录。测量方法:将数字特斯拉计垂直放置在地面磁感应器表面正上方,其顶部与钢轨表面垂直距离 110 mm,磁感应器强度有效值应大于 36 Gs,年衰减率不大于 8‰。

5. 关闭数字特斯拉计电源,取出电池并装箱。

6. 作业结束清点物品、工具。

(三)安全注意事项

1. 特斯拉计在使用前,应自检状态良好,并严格按照使用说明书进行测量。

2. 发现和接到管内地面磁感应器缺损、破裂、丢失等异常情况的报告后,应立即到高速铁路行车台或邻近车站(含线路所)行车监控室登记"运统-46",申请地面磁感应器停用。

3. 磁铁磁性比较强,检查、测量地感应器时要注意安全,尽量使手表、磁卡、手机等远离磁铁。

五、分段绝缘器检查测量

(一)作业准备

1. 所需工具及材料:车梯、激光接触网检测仪、钢卷尺、水平尺、活口力矩扳手、梅花扳手、橡胶锤、等位线、螺丝刀、钢丝钳、接地线、验电器、钢丝刷、安全带、安全帽、GSM-R 手机、网络对讲机、防护用品、抹布、开口销、螺纹锁固胶、分段绝缘器检查测量登记簿等。

2. 辅助人员 5 人。

(二)操作要求及流程[5]

1. 口述线路已封锁,现场防护及停电程序办理完毕,车梯及辅助人员已到位。

2. 使用激光测量仪测量分段绝缘器弛度。对分段绝缘器旁一侧支柱定位线夹(含)至另一侧支柱定位线夹(含)间的吊弦及分段的接触线高度依次进行测量,并通知监护人员填写测量记录。

3. 测量分段绝缘器处接触线高度及分段绝缘器水平位置。一般情况下分段绝缘器应位于受电弓中心,偏差不超过 100 mm。相对于两侧吊弦点有 5 ~ 15 mm 的负弛度,并通知监护人员填写测量记录。

4. 辅助人员推扶车梯至分段绝缘器下方,高处作业人员携带工具登上车梯,注意在进入车梯作业平台前,应用短接线将分段绝缘器两端进行短接。

5. 检查承力索绝缘子状态。观察绝缘子整体有无开裂、破损、变形等缺陷。用清洁干燥的抹布擦拭绝缘部分,观察有无放电痕迹。

6. 检查承力索和绝缘子接头处线索及连接线夹状态。检查楔形线夹有无损伤,线索回头是否与楔形线夹密贴,绑扎是否牢固。检查楔形线夹与绝缘子连接穿钉有无损伤,开口销掰开角度是否达到 120°。

7. 检查金属滑板状态。用清洁干燥的抹布擦拭分段绝缘器的绝缘部分,观察有无放电痕迹。检查并沟线夹是否卡入接触线沟槽。检查并沟线夹的螺栓有无松动,并涂抹锁固胶。

8. 用水平尺检调分段绝缘器过渡平滑。将水平尺从下方靠在滑板端头向分段绝缘器中心 50 mm 处，检查分段绝缘器的两个滑板与中间的接触线三点是否在一个平面上。若不在同一平面，须调整分段绝缘器端头上部调节螺栓，将接触线调整到与两端滑板在同一平面后，将固定螺母紧固，并涂抹锁固胶。

9. 用水平尺测量分段绝缘器的水平并调整。将水平尺从分段绝缘器下部对角测量分段绝缘器的滑板是否在同一平面内，是否与轨面平行。若水平尺指示倾斜，须调整花篮螺栓，调整花篮螺栓时，应两人配合，对称两组同时操作。花篮螺栓调整完毕后，将所有螺母拧紧，并插上开口销，保证掰开角度大于 120°。

10. 用水平尺从分段绝缘器下部沿导体与本体整体进行滑动，并通过本体，观察是否在同一水平度，有无可能妨碍受电弓运行的硬点。

11. 根据需要清扫分段绝缘器的绝缘部件。

（三）安全注意事项[6]

1. 作业过程中要避免碰撞、损伤、污染分段绝缘器，不得踩踏绝缘器。

2. 更换分段绝缘器或零部件作业时，应用不小于 25 mm^2 的等位线短接。作业过程中紧线器应采取防滑措施，并注意消除因紧线工具造成的接触线硬点。

3. 安装、更换绝缘器或绝缘部件后，应使用力矩扳手对各部螺栓进行紧固校验，防止接触线或绝缘棒抽脱。

4. 分段绝缘器不应长时间处于对地耐压状态，尤其在雾、雨、雪等恶劣天气时，应尽量缩短其对地的耐压时间，即当作业结束后应尽快合上隔离开关，恢复正常运行。

5. 当接头线夹及其附近的接触线磨耗大于 15% 或存在开裂、损伤、扭曲等异常现象时，应切除或局部更换接触线。

六、更换腕臂绝缘子

（一）作业准备

1. 所需工具及材料：等位线、平衡轮专用紧线工具、滑轮、棕绳、钢丝套、紧线器、抹布、螺丝刀、钢丝钳、安全带、安全帽、GSM-R 手机、网络对讲机、防护工具、棒式绝缘子、压线卡块及螺栓、底座螺栓、直角挂板、铁锚压板、穿钉螺栓（带螺帽）、穿钉、开口销、弹簧销、平头销钉、ϕ4. 0 mm 铁线。

2. 辅助人员 4 名。

（二）操作要求及流程[1]

1. 攀登支柱前，攀登支柱人员应观察检查支柱状态和支柱上方有无其他设备，选好攀登方向和条件。

2. 正确使用安全带和脚扣攀登支柱，注意尽量避开设备并与带电设备保持规定的安全距离。

3. 攀登支柱时，应扎好安全带，攀登时手把牢靠，脚踏稳准。

4. 高处作业前将安全带系在可靠位置。

5. 用杉木杆顶于承力索上，使杉木杆受力至平、斜腕臂卸载。

6. 在曲线上的支柱或转换柱受力较大时，应根据情况卸载线索的水平分力。

7. 将平腕臂(或斜腕臂)绝缘子穿钉及腕臂底座销钉开口销卸掉,卸松铁锚压板螺栓,将棒式绝缘子向外顶,使之脱离底座和腕臂后,取出棒式绝缘子。

8. 吊上新棒式绝缘子与腕臂和腕臂底座安装连接。检查各部螺栓连接良好,拆掉杉木杆。

9. 作业完毕将工具材料清理至安全地带。

(三)安全注意事项

1. 在对绝缘子进行更换前要打好等位线,防止感应电及穿越电流伤人。

2. 棒式绝缘子安装时要使排水口向下。

3. 正确使用和传递工具、材料,严禁高处掉物。

4. 更换绝缘子时,对受力较大的设备必须采取防脱措施。

5. 作业完毕后,检查相关设备状态,不符合要求时要按标准进行适当调整,并严格复核受电弓动态包络线。

七、更换定位器

(一)作业准备

1. 所需工具及材料:安全带、安全帽、GSM-R 手机、网络对讲机、防护用品、车梯、等位线、手钳、链条葫芦、力矩扳手(含套头)、角度仪、工具包、螺丝刀、定位器、各种螺栓、螺母、止动垫片、销钉、开口销等。

2. 辅助人员 5 名。

(二)操作要求及流程

1. 作业前准备。检查工具、材料状态。力矩扳手状态良好、角度仪状态良好、需更换定位器符合要求等。

2. 到达作业地点,作业人员口述:“接工作领导人通知,作业区段两端地线已挂好,驻站、现场防护已到位,符合上道作业条件。”

3. 将钢丝套子挂在支柱上,高度略高于定位器。链条葫芦(0.75 t)两端分别挂在接触线和钢丝套子上,摇紧倒链使定位器卸载。

4. 拆除需更换的定位器。高处作业人员首先打好安全带,卸载定位装置受力。高处二人组分工明确,一人拆除定位线夹,另一人拆除定位器电气连接线,拆除完毕后取下需更换的定位器。

5. 安装新定位器。首先将定位器向下,转动定位器将限位钩的豁口套进定位支座的凹槽,一人安装定位线夹,另一人安装定位器电气连接线,紧固完毕后一人先下梯车清理现场,另一人测量定位器坡度,检查定位线夹受力面安装、定位线夹 U 形销掰动角度(或定位线夹尼龙销钉,根据实际型号确定)、防松卡片安装是否符合要求。

6. 清理现场。将身上工具包、安全带、力矩扳手归零等工具材料,放入工具材料区,最后列队汇报作业结束。

(三)安全注意事项

1. 使用受力机具进行卸载作业时,应采取必要的防滑措施;作业人员不宜位于线索受力方向的反侧,防止跑线伤人。

2. 注意定位线夹受力面及定位钩、定位器管是否有裂纹，定位线夹应入槽。

3. 定位器应始终处于受拉状态，线夹不得偏斜，不得人为造成定位硬点。

4. 各部螺栓紧固时应注意交替紧固，受力均匀，紧固过程中不能咬扣。严禁使用金属工具敲击零部件。

八、整体吊弦检查更换

(一)作业准备

1. 所需工具及材料：激光测量仪、力矩扳手、安全带、安全帽、GSM-R 手机、网络对讲机、车梯、压接工具、整体吊弦压接平台、等位线、防护用具、吊弦线、吊弦线夹、鸡心环、钳压管、线鼻子等。

2. 辅助人员 5 名。

(二)操作要求及流程

1. 检测吊弦高差、结构高度、吊弦偏移是否符合技术要求。

2. 检查吊弦线本体和压接处的吊弦线是否受损、腐蚀、烧伤、断丝、断股和散股。

3. 检查压接管、线鼻子、心形环是否出现裂纹，压接是否牢靠，载流环应固定在线夹螺栓的外侧，线鼻子与接触线夹角应保持 30° ~ 45°，接触线处载流环应与列车前进方向一致，承力索处载流环应相反。

4. 检查吊弦线夹本体及螺栓有无损伤、变形、裂纹等其他不良状态，止动垫片状态是否良好，线夹是否卡入接触线沟槽，接触线吊弦线夹在直线处应保持铅垂状态，曲线处应垂直于接触线工作面。

5. 检查调整吊弦制作平台。将平台坠砣吊线调整到合适的高度并将坠砣挂在挂钩上，检查平台心形护环活动端子并调整到合适的刻度，确定吊弦线的长度，将吊弦制作平台调整到正确的刻度。吊弦预制长度应与计算长度相等，偏差应不大于 ±1.5 mm，如图 6-1 所示。

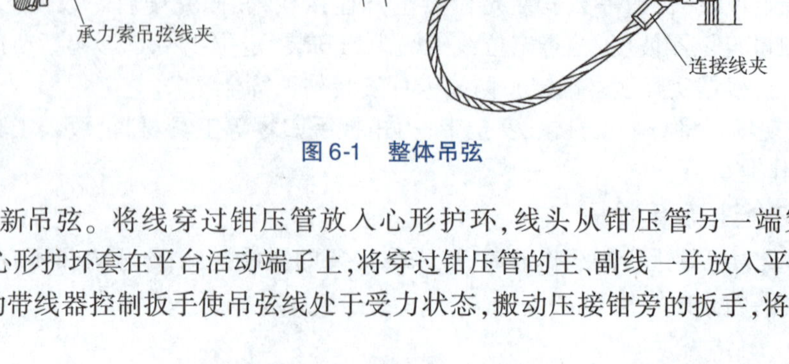

图 6-1　整体吊弦

6. 压接新吊弦。将线穿过钳压管放入心形护环，线头从钳压管另一端穿出预留约 300 mm，将心形护环套在平台活动端子上，将穿过钳压管的主、副线一并放入平台带线器中并锁紧，搬动带线器控制扳手使吊弦线处于受力状态，搬动压接钳旁的扳手，将钳压管推入压接钳使其靠近心形护环,双手操作压接钳进行压接,要求双向受力一次压接到位,严禁二次压接。

将平台带线器归位,取出压接好的吊弦端,将心形护环挂在平台尾端的固定端子上,将另一端缠绕心形护环后穿入钳压管,将心形护环放置在平台活动端子上,将副线放入带线器,搬动带线器扳手,使坠砣受力带紧吊弦线,然后按第一端压接相同方法对钳压管进行压接。

松开带线器,利用平台刻度尺,测量钳压管外线头外露长度,将多出的部分剪断。

7. 线鼻子的压接。更换压接钳模具,将吊弦两端预留线线头穿入线鼻子接孔底部,将穿好线的线鼻子放入压接模,并保证线鼻子压接面与压接模型腔中心重合,压接方式及要求和钳压管压接方式相同。

8. 安装新吊弦。拆除旧吊弦后,将承力索吊弦线夹本体套在承力索上,线夹圆弧与承力索外圆要吻合。用螺栓将已穿入带线心形环的吊环、线鼻子和线夹本体连接,穿入双耳止动垫圈、螺母。预紧螺栓,用力矩扳手紧固至 25 N·m,线鼻子与承力索保持 30°~45°角,注意防止止动垫片随着旋转,最后将止动垫片的短支弯折固定在螺母最近的六方侧面使其密贴。

接触线吊弦线夹牙型与接触线沟槽需吻合,不得脱槽。安装方式与承力索吊弦线夹相同。

9. 吊弦安装完毕后,使用测量工具复测吊弦高差、结构高度、与其他线索(或零部件)的空间距离等。

(三)安全注意事项

1. 装卸整体吊弦时应注意防止其滑脱弹起伤人。
2. 装卸整体吊弦时应防止人为损伤吊弦本体。
3. 确认承力索、接触线的吊弦线夹类型安装正确,接触线吊弦线夹应入槽。
4. 各部螺栓紧固时应注意交替紧固,受力均匀,紧固过程中不能咬扣。
5. 吊弦安装后,严禁在螺栓紧固情况下调整线鼻子。
6. 要注意保持相邻悬挂点(定位点)间导线坡度符合规定。

九、电连接压接

(一)准备工作

1. 所需工具及材料:安全帽、安全带、等位线、GSM-R 手机、网络对讲机、防护用具、车梯、激光测量仪、电连接压接工具、承力索电连接线夹、接触线电连接线夹、电连接线、细绑线(与电连接线同材质)、测温贴片、电力复合脂、砂纸、盒尺等。

2. 辅助人员 5 名。

(二)操作要求及流程

1. 接触线电连接线夹压接步骤及技术要求。接触线电连接线夹的压接,如图 6-2 所示。

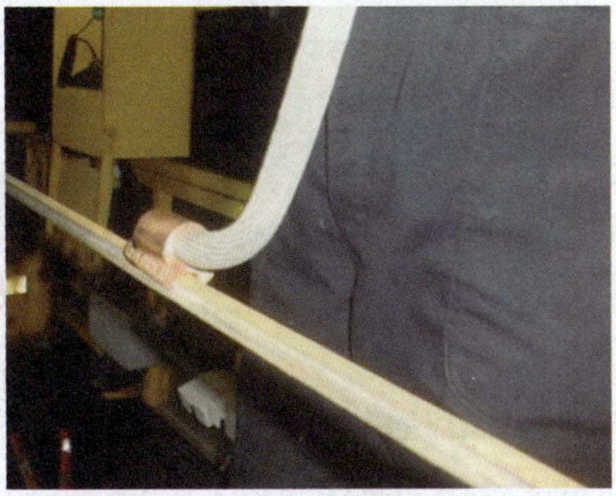

图 6-2　接触线电连接线夹安装

用钢丝刷(砂纸)去除线夹孔内表面及电连接线上的氧化皮。

把电连接线插入接触线电连接线夹孔内,线外露 10 ~ 20 mm 左右(注意电连接线截断时,应采取必要的措施,防止电连接线端头散股,造成安装困难),如图 6-3 所示。

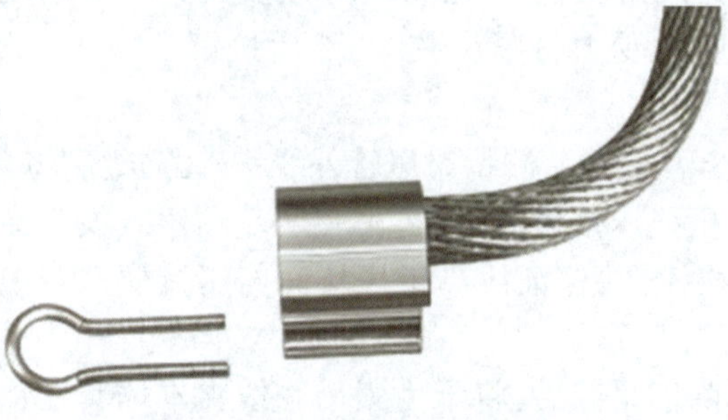

图 6-3　电连接线插入接触线电连接线夹孔内示意

把 U 形螺纹卡子先卡到接触线线槽上,然后用手轻握卡子将接触线电连接线夹穿到卡子上并涂抹电力复合脂。注意:卡子插入方向应与电连接线插入方向相反布置。电连接线夹本体应完全安装在卡子的螺纹部分,U 形螺纹卡子露头 1 ~ 3 mm,如图 6-4 所示。

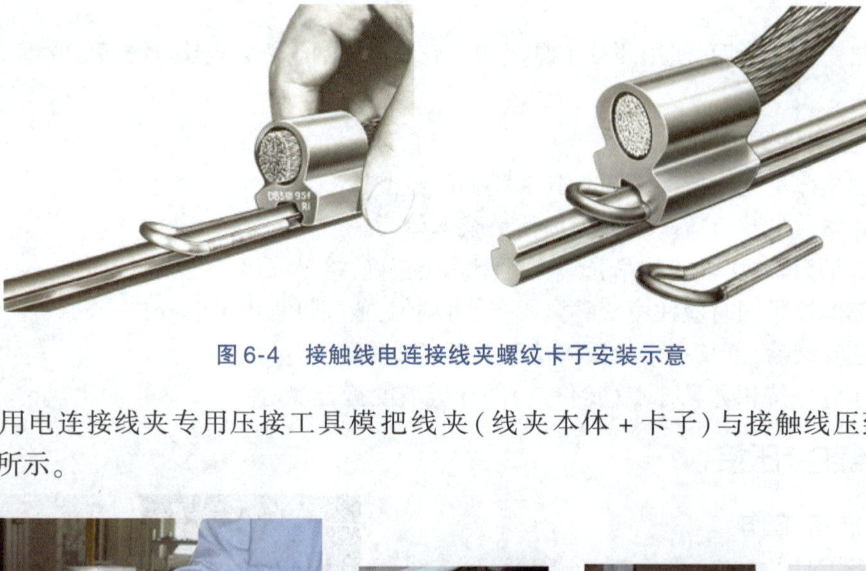

图 6-4　接触线电连接线夹螺纹卡子安装示意

须用电连接线夹专用压接工具模把线夹(线夹本体 + 卡子)与接触线压到一起,如图 6-5 所示。

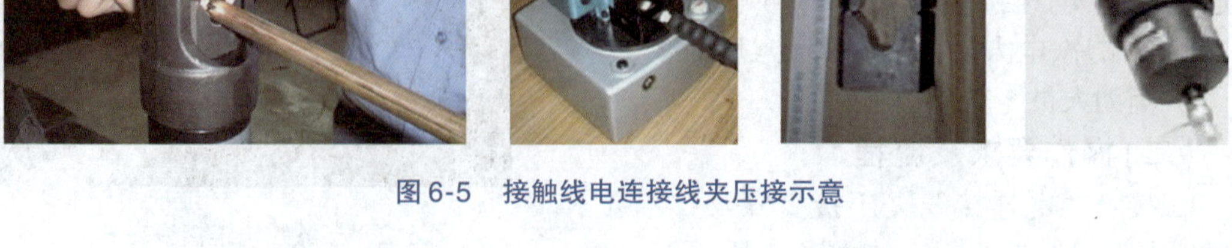

图 6-5　接触线电连接线夹压接示意

压接后进行检查,应保证线夹本体、U 形卡子、接触线、电连接线紧密压接在一起,不允许有压不实,线夹本体、U 形卡子、接触线压接部位有缝隙等现象,否则应拆除重新压接。

压接后的线夹尺寸检查,如图 6-6 所示,不符合尺寸的应予以更换。

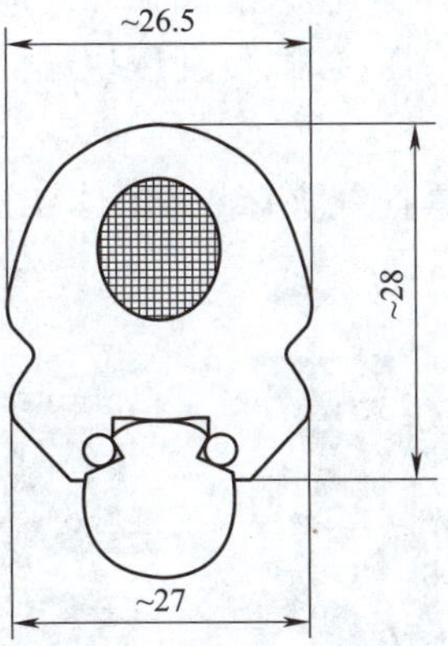

图 6-6　接触线电连接线夹压接后尺寸示意(单位:mm)

高度:从接触线底面至线夹顶面的总高度尺寸,150 mm^2 接触线时为 41. 5 ~ 44. 5 mm,120 mm^2 接触线时为 39 ~ 42 mm。宽度:压接后的线夹最大宽度为 26. 5 ~ 29. 5 mm。

2. 承力索电连接线夹压接步骤及技术要求。承力索电连接线夹的压接,如图 6-7 所示。

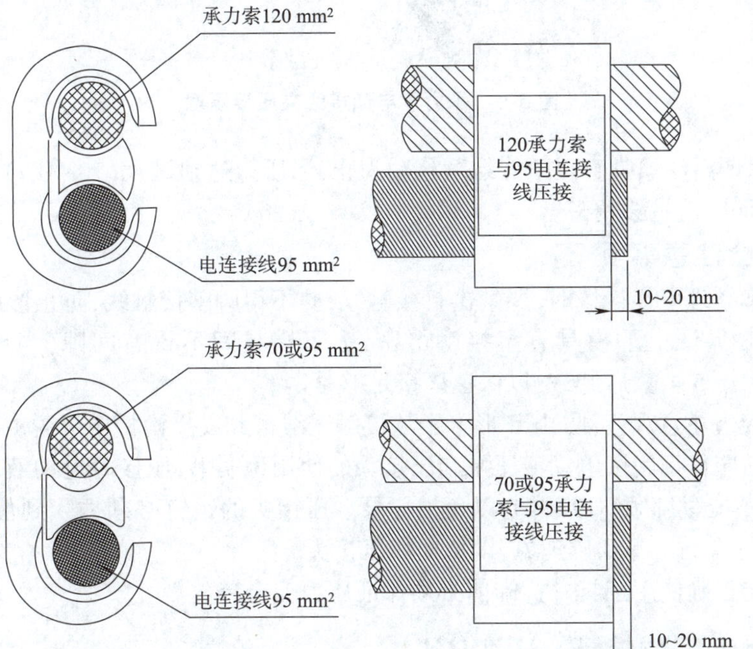

图 6-7　承力索电连接线夹压块的定位及安装示意

注:1. 压块平面应与线夹本体平面相对,不可装反;

2. 压块半径小的圆弧面对应直径小的导线,压块半径大的圆弧面对应直径大的导线。

用钢丝刷去除线夹内表面及电连接线上的氧化皮。把电连接线插入压接的承力索电连接线夹内,电连接线外露 10 ~ 20 mm。

定位压块平面应与线夹本体平面相对应,不可装反。压接半径小的圆弧面对应直径小的导线,压块半径大的圆弧面对应直径大的导线。压接前应涂抹电力复合脂。压接时,保证压块端面与线夹本体端面平齐,如图 6-8 所示。

须用电连接线夹专用压接工具把线夹(线夹本体 + 压块)与承力索压到一起,如图 6-9 所示。

图 6-8　承力索电连接线夹压块的插入示意

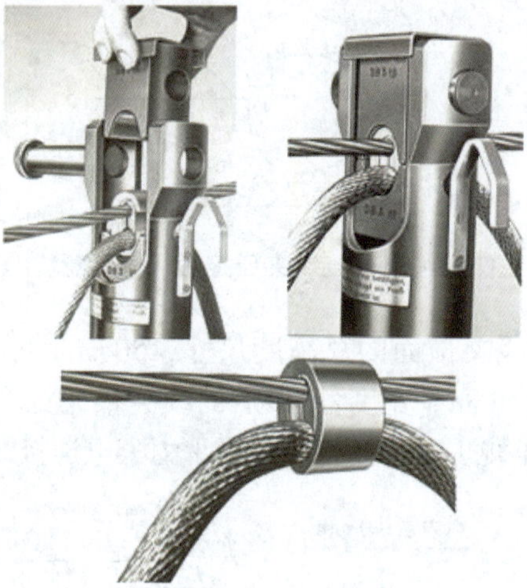

图 6-9　承力索电连接线夹压接示意

压接时保证活动模具直至不能继续移动为止,当压力达到最大(70 MPa)后保压 5 s,然后卸载,以保证压接足够紧密。

(三)安全注意事项

1. 压接和整理电连接线时,严禁击打接触线,并不得脚踏接触线,防止形成硬弯。

2. 压接时保证上下模具直至接触严密,上下模具间不得有间隙,当压力达到最大(70 MPa)后保压 5 s,然后卸载,以保证压接足够紧密。

3. 边压接边注意观察,防止 U 形卡子从接触线线槽和线夹沟槽中滑脱。

4. 安装前应仔细阅读电动液压泵和压接头的使用说明书,压接时电动液压泵应始终保持竖立状态,不能过度倾斜或放倒,以免损坏泵。压接头的销钉必须插入到位,贯穿压接头两耳孔,不允许有插入不到位现象,以免损坏压接头。

5. 按规定正确使用工具。拆卸前必须保证压力完全释放。

十、接触网异物处置(入网上线)

(一)作业准备

1. 所需工具及材料:安全帽、打杂杆、绝缘手套、绝缘靴、GSM-R 手机、网络对讲机、防护用品等。

2. 辅助人员1名。

(二)操作要求及流程

1. 口述异物处理前需布置安全措施。驻站联络员到岗,线路封闭,具备上线作业条件。

2. 作业人员到达现场,确认异物状态。

3. 驻站联络员向供电调度员申请撤除相关馈线的重合闸;操作人员组装打杂杆,穿戴绝缘手套、绝缘靴。

4. 现场负责人收到撤除相关馈线的重合闸通知后,进行异物处理,如图6-10所示。

图6-10　清理异物现场作业

5. 作业完毕,清点人员、工具,收集异物一并撤至安全地带后,监护人员向供电调度员申请恢复相关馈线的重合闸。

(三)安全注意事项[7]

1. 作业人员(包括其所携带的非绝缘工具、材料)与带电体之间须保持的最小距离不得小于1 000 mm,当受限制时不得小于600 mm。

2. 需进入铁路防护栅栏内处理接触网设备异物时,可不申请停电,但须在办理双线同时封锁或本线封锁、邻线列车限速160 km/h及以下手续后进行。

3. 绝缘工具每次使用前,须认真检查有无损坏,并用清洁干燥的抹布擦拭有效绝缘部分后,再用2 500 V兆欧表分段测量(电极宽2 cm,极间距2 cm)有效绝缘部分的绝缘电阻,不得低于100 MΩ,或测量整个有效绝缘部分的绝缘电阻,不得低于10 000 MΩ。

4. 在处理网上异物过程中,注意控制异物的下落路径,使异物从田野侧脱离接触网设备,避免异物侵入邻线限界、再次搭在邻线接触网设备上或直接碰触作业人员。

第二节　常用仪器仪表使用方法

一、激光测量仪

(一)仪器放置标准

将测量架放置于待测目标下方的轨道面上,拨动测量架右端的轨距手柄,使测量架两端的固定测脚和活动测脚都紧靠钢轨内沿。保持测量架与轨道基本垂直。将主机放置于测量架的定位盘上,并使旋紧旋钮处于旋紧状态。

(二)开　　机

打开电源开关后,按下键盘上“启动”按钮,显示屏出现“请向右旋转主机”,根据提示用手轻轻旋转主机头(禁止快速旋转),直至显示屏上出现视频图像,即表示仪器进入正常测量状态,可以开始测量。

(三)瞄　　准

仪器的显示屏中央有白色十字丝，通过前后挪动测量架和旋转主机头，使十字丝中心与待测目标完全重合。瞄准时，可先用手转动主机头进行粗调，然后根据需要可旋转微调旋钮进行微调，直到对准目标。在光线较弱的情况下也可以按"长光"键打开长光，用眼睛观察红色激光点辅助瞄准。

(四)参数测量

在正常测量状态下，瞄准目标后即可按下相应功能键进行测量，并显示测量结果。如果没有瞄准目标则提示"进入盲区或未对准目标请重新测量"。

1. 标准模式：导高、拉出值、轨距、超高

将仪器按"仪器放置标准"放置；正常测量状态下瞄准目标后，按下"测量"键，即可显示结果，如图6-11所示。

07年09月16日10:58
导　高：6 023.0 mm
拉出值：+300.0 mm
轨　距：1 435.0 mm
超　高：+002.0 mm

图6-11　导高、拉出值显示

2. 红线标高、侧面限界测量

将仪器按"仪器放置标准"放置；正常测量状态下瞄准支柱上的红线（没标注红线时瞄准目测近似点即可）。按下"红线"键，即可显示结果，如图6-12所示。

红线标高
+005.0 mm
侧面限界
2 758.0 mm

图6-12　红线、侧面限界显示

3. 承力索、接触线高差测量

将仪器按"仪器放置标准"放置；正常测量状态下按下键盘上"承力索"键。仪器提示"请测量第一点"，瞄准承力索后按下"测量"键。仪器提示"请测量第二点"，瞄准接触线，按下"测量"键。按下"确认"键，即可显示结果，如图6-13所示。

承力索高差
高度1:9 000.0 mm
高度2:6 000.0 mm
高　差:3 000.0 mm

图6-13　承力索高差显示

4. 500 mm 处高差测量

将仪器按"仪器放置标准"放置于"500 mm 处"下方的任意一对钢轨上。正常测量状态下按下 "500 mm"键,进入 500 mm 处高差测量模式。仪器提示"请测量第一点",瞄准第一条接触线后按下"测量"键。仪器提示"请测量第二点",瞄准第二条接触线,按下"测量"键,即可显示结果,如图 6-14 所示。

500 mm 高差
高 度 1：6 100.0 mm
线　距：+502.0 mm
高　差：+015.0 mm

图 6-14　高差显示

(五)安全注意事项

1. 测量仪器在使用过程中应轻拿轻放。每次测量,激光测量仪移动触角均应抵紧钢轨,摆放垂直。

2. 主机与测量架编号一致,否则会产生测量误差。

3. 测量每一组数据时一定要将轨距手柄推到位,否则会产生拉出值的误差。

4. 注意保护仪器避免阳光直射、避免潮湿、保持仪器清洁。主机应保持清洁,尤其是光学部件要注意防尘。

5. 注意勿直视激光束,勿将激光束对向人或动物的眼睛。

6. 强光下要假装滤光片,弱光下要摘掉滤光片,否则会出现盲区。

7. 测量架主体为金属材料,采用喷塑工艺,具有较高的绝缘性,使用中为安全起见,切勿将其侧翻同时置于两条钢轨上。

8. 尽量避免在大雨天使用,若作业中遇雨天,应减少作业,作业后用干棉布将仪器擦干。

二、ZC-8 型接地电阻测试仪

(一)上线路测量的作业准备

1. 所需工具及材料:安全帽、ZC-8 型接地电阻测试仪、手锤、钢丝刷、GSM-R 手机、网络对讲机等。

2. 辅助人员 1 名。

(二)操作要求及流程

1. 沿被测接地极 E′使电位探测针 P′和电流探测针 C′依直线彼此相距 20 m,且电位探测针 P′插于接地极 E′和电流探测针 C′之间,如图 6-15 所示。

2. 用导线将 E′、P′和 C′连于仪表相应的端钮。

3. 将仪表放置水平位置,检查检流计是否指在中心线上,否则可用调零器将其调整指于中心线。

4. 将"倍率标度"置于最大倍数,慢慢转动发电机摇把,同时旋动"测量标度盘"使检流针指指于中心线。

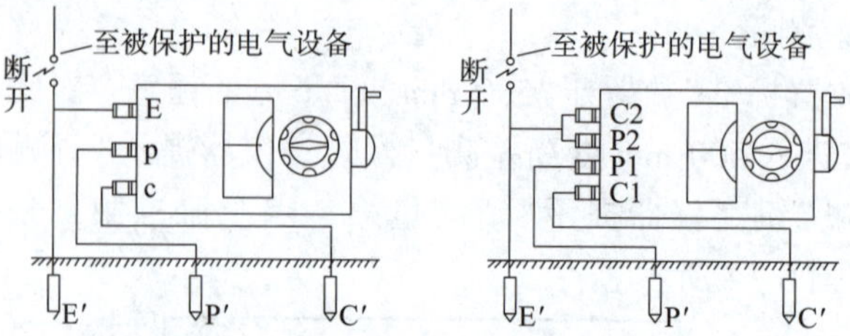

图 6-15 接地电阻测试仪接线示意

5. 当检流计的指针接近平衡时,加快发电机摇把的转速,使其达到 120 r/min 以上,调整“测量标度盘”使指针指于中心线上。

6. 如“测量标度盘”的读数小于 1 时,应将“倍率标度”置于较小标度倍数,再重新调整“测量标度盘”以得到正确读数。

7. 用“测量标度盘”的读数乘以“倍率标度盘”的倍数即为所测的接地电阻值。

8. 作业完毕将工具材料清理归位。

(三)安全注意事项

1. 当检流计的灵敏度过高时,可将电位探测针插入土壤中浅一些。当检流计灵敏度不够时,可沿电位探针和电流探测针注水湿润。

当大地干扰信号较强时,可以适当改变手摇发电机的转速,提高抗干扰能力,以获得平稳度数。

2. 当接地极 E′和电流探测针 C′之间的距离大于 40 m 时,电位探测针 P′的位置可插在离开 E′、C′中间直线几米以外,其测量误差可忽略不计。当接地极 E′、电流探测针 C′之间的距离小于 40 m 时,则应将电位探测针 P′插于 E′与 C′的直线中间。

3. 当用四端钮(0~1/10/100)Ω 规格的仪表测量小于 1 Ω 的电阻时,应将 C2、P2 接线端钮的连接片打开,分别用导线连接到被测接地体上,以消除测量时连接导线电阻而产生的误差。

4. 使用手锤时不得戴手套。

5. 作业人员测量时要防止触电和损坏仪表。

三、游标卡尺

(一)游标卡尺的基本结构

游标卡尺的基本结构如图 6-16 所示。

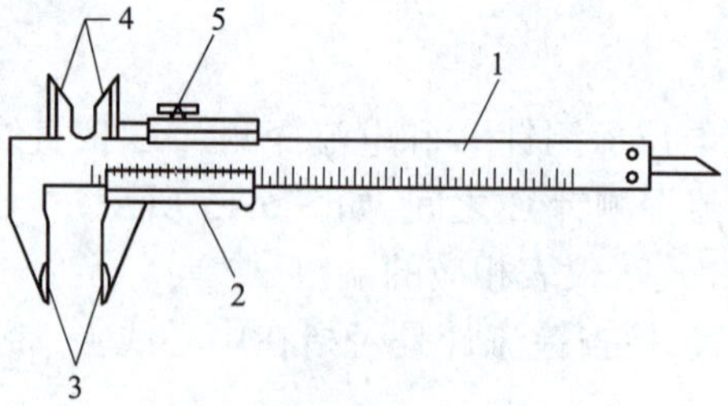

图 6-16 游标卡尺基本结构

1—主尺;2—副尺;3—外径卡脚;4—内径卡脚;5—制动螺栓

(二)游标卡尺的测量功能

游标卡尺的测量功能示意如图 6-17 所示。

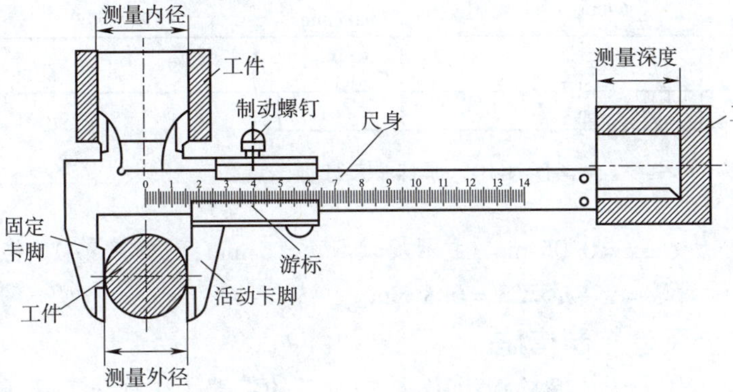

图 6-17　游标卡尺测量功能示意

(三)使用说明

使用前,松开尺框上紧固螺钉,将尺框平稳拉开,用布将测量面、导向面擦干净。

检查"零"位:轻推尺框,使卡尺两个量爪测量面合并,观察游标"零"刻线与尺身"零"刻线应对齐,游标尾刻线与尺身相应刻线应对齐。否则,应返材料科进行校验及调整。

测量外径尺寸时,应将两外测量面与被测量面相贴合。

测量内孔尺寸时,量爪应在孔的直径方向上测量。

测量深度时,应使深度尺杆与被测工件底面相垂直。

(四)读数方法

在使用游标卡尺前,应先检查游标卡尺的精度,一般游标卡尺精度分为:0.1 mm、0.02 mm、0.05 mm。精度用 Δx 表示;测量后主尺的刻度用 k 表示;主尺与副尺某刻度重合处,副尺的格数用 n 表示;被测量物的长度 $=k+n\times\Delta x$。

例 1:游标卡尺读数示意 1 如图 6-18 所示。

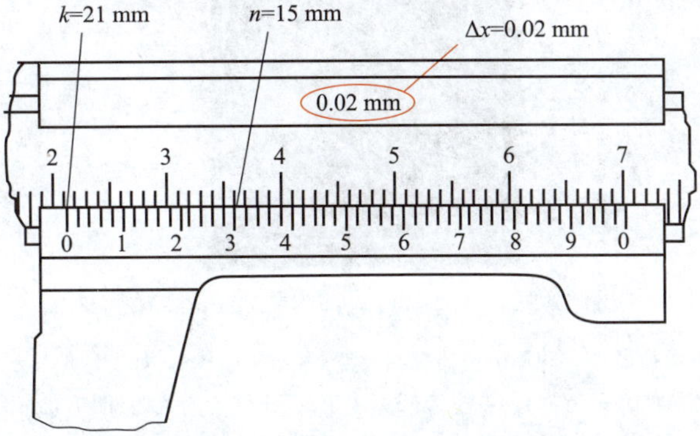

图 6-18　游标卡尺读数示意 1

检查游标卡尺精度 $\Delta x=0.02$ mm;主刻度读数 $k=21$ mm;副刻度 3 与主刻度相重合,副刻度3处为第15格，所以 $n=15$；测量结果 $=k+n\times\Delta x=21.3$ mm。

例2：游标卡尺读数示意2如图6-19所示。

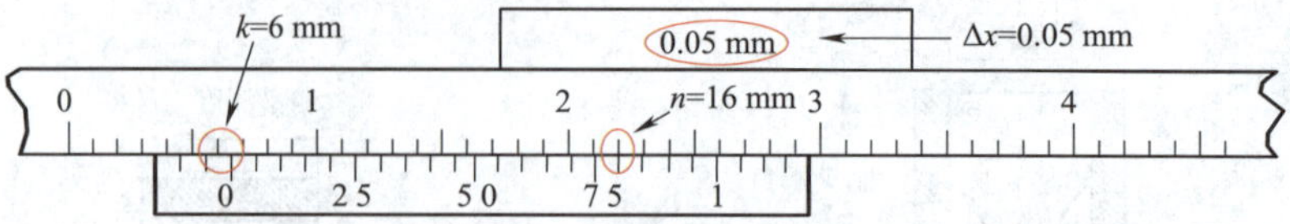

图6-19　游标卡尺读数示意2

检查游标卡尺精度 $\Delta x=0.05$ mm；主刻度读数 $k=6$ mm；副刻度第16格与主刻度相重合，所以 $n=16$；测量结果 $=k+n\times\Delta x=6.8$ mm。

(五)主要安全风险控制措施

1. 不要把卡尺当作卡钳或螺栓扳手用，或把量爪的尖端用作画线工具、圆规等。

2. 移动尺框和微动装置时，应松开紧固螺钉。

3. 带深度尺的卡尺，用完后要合并量爪。否则，较细的深度尺露在外边容易变形甚至折断。卡尺使用完毕，必须上油，放回卡尺盒内(或袋内)。不要将卡尺放在磁性物体上，发现卡尺带有磁性，应及时退磁后方可使用。

四、特斯拉计

(一)数字特斯拉计

数字特斯拉计外观如图6-20所示。

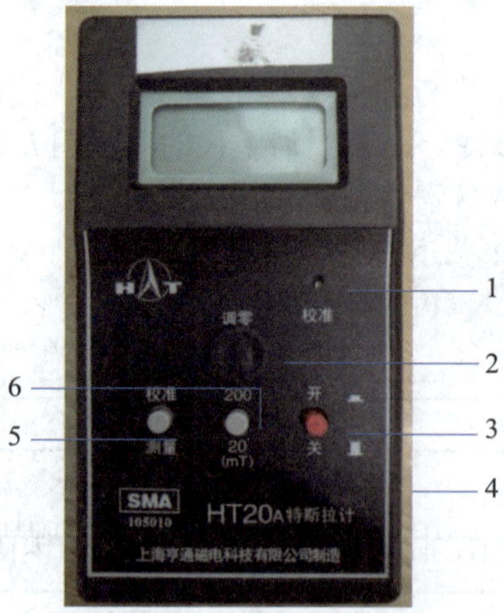

图6-20　数字特斯拉计外观

1—校准电位器；2—调零电位器(将传感器置于零磁场内，如有数值显示则调节调零电位器使显示为零)；3—电源开关按钮(凸出状态为关闭，凹下状态为开启)；4—外接9 V电源插孔；5—校准与测量转换开关(凸出状态为关闭，凹下状态为开启)；6—量程转换开关(凸出状态测量到20 mT，凹下状态测量到200 mT)

（二）特斯拉计技术指标

特斯拉计技术指标见表6-1。

表6-1　特斯拉计技术指标

型　号	HT20A
量程范围	0～20 mT,0～200 mT
不确定度	±2%
分辨率	0.01 mT、0.1 mT
被测磁场	直流、弱磁场
环境温度	5～40 ℃
相对湿度	20%～80%（无凝露）
供电电源	一节9 V电池或者外接稳压电源
外形尺寸	160 mm×88 mm×36 mm
仪器质量	300 g
显示方式	31/2LCD

注：仪器所有测量出的数值均以mT（毫特斯拉）为单位，1 mT（毫特斯拉）=10 Gs（高斯）。

（三）使用方法

1. 将仪器电源开关置于“关”位置，量程开关保持在原有位置。
2. 将仪器反面电池盖打开，装上电池，然后盖上电池盖。
3. 将电源开关置于“开”，显示器应该显示±000，若不为零，调整调零旋钮至显示为零。
4. 按被测磁场的磁感应强度大小选择量程，凸出状态测量范围是0～20 mT，凹下状态测量范围是0～200 mT。
5. 将数字特斯拉计垂直放置在地面磁感应器表面正上方，特斯拉计顶部测量点向下，且其顶部与钢轨表面垂直距离110 mm，磁感应器强度有效值应大于36 Gs，如图6-21所示。

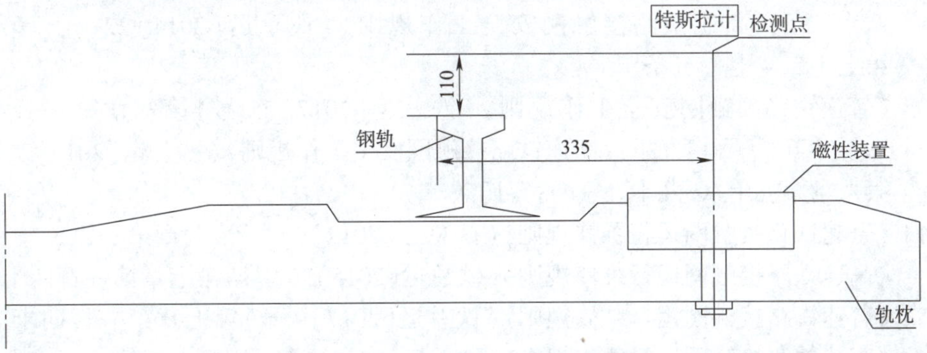

图6-21　特斯拉计测量示意（单位：mm）

6. 仪器在测试完毕后，最好将电池盒中的电池拿出来，这样能延长电池使用寿命。

(四)主要安全风险控制措施

在使用数字特斯拉计时,为使用仪器测量准确并且避免损坏仪器,必须严格遵守以下措施。

1. 传感器切不可受力,撞击或受挤压,以免损坏。

2. 调零时传感器应放置在远离磁场的地方,否则会造成测量误差。

3. 仪器应避免在不符合使用环境的条件下使用。

4. 当电池显示出弱电状态,如显示符号“LOBAT”即表示可更换电池。将仪器背面下方的电池盖打开,将里面的原装电池小心取出,换上新电池即可。

复习思考题

1. 高处作业的安全注意事项是什么?
2. 处理异物时哪些情况需要停电作业?
3. 压接接触线电连接线夹的操作流程及安全注意事项是什么?
4. 为什么使用受力工具作业的过程中,所用的紧线器应采取防滑措施?
5. 使用激光测量仪测量曲线拉出值为什么不考虑超高?

引用规章文件

[1]《普速铁路接触网安全工作规则》(铁总运〔2017〕25 号)第五章第四十四、四十五条;《高速铁路接触网安全工作规则》(铁总运〔2014〕221 号)第五章第四十二、四十三条

[2]《普速铁路接触网安全工作规则》(铁总运〔2017〕25 号)第六章第七十八~八十一条;《高速铁路接触网安全工作规则》(铁总运〔2014〕221 号)第六章第七十二~七十五条

[3]《普速铁路接触网安全工作规则》(铁总运〔2017〕25 号)第八章第一百零四、一百零五、一百零九条;《高速铁路接触网安全工作规则》(铁总运〔2014〕221 号)第八章第九十八、九十九、一百零四条

[4]《普速铁路接触网运行维修规则》(铁总运〔2017〕9 号)第七章第一百六十三条;《高速铁路接触网运行维修规则》(铁总运〔2015〕362 号)第七章第一百四十五条

[5]《普速铁路接触网运行维修规则》(铁总运〔2017〕9 号)第七章第一百四十五条;《高速铁路接触网运行维修规则》(铁总运〔2015〕362 号)第七章第一百二十九条

[6]《普速铁路接触网安全工作规则》(铁总运〔2017〕25 号)第六章第六十九条;《高速铁路接触网安全工作规则》(铁总运〔2014〕221 号)第六章第六十六条

[7]《普速铁路接触网安全工作规则》(铁总运〔2017〕25 号)第七章第八十九条、第四章第三十五条;《高速铁路接触网安全工作规则》(铁总运〔2014〕221 号)第七章第八十三条、第四章第三十三条

第七章

接触网安全管理

学习任务

接触网设备具有的高电压、大电流和大张力等设备自身特性，以及高处和运行线路作业等特点，决定了做好接触网安全管理是每位接触网从业人员最基本、最重要的要求和责任。

本章从接触网安全管理相关知识，接触网常见作业安全规定和电气化铁路有关人员电气安全要求等方面进行阐述，同时对铁路交通事故的定义、分类和调查处理原则等进行介绍。

通过学习，掌握接触网安全工作管理的规定，掌握接触网不同类型作业内容及相关安全措施，熟悉电气化铁路有关人员的电气安全要求，了解铁路交通事故调查程序和处理原则，提高对安全管理工作的管控能力。

第一节　接触网安全工作管理

一、安全生产意义

铁路肩负着维护社会公共安全和社会和谐稳定的重大政治责任和社会责任，在社会发展中发挥着重要作用。必须弘扬“生命至上、安全第一”的思想，正是因其作用的重要，铁路运输全过程的安全性就显得尤为突出，同时也事关人民生命财产安全以及铁路事业的发展。

电气化铁路是实现中国铁路现代化的发展目标，确保电气化铁路安全，对整个铁路网的安全运营有着至关重要的意义。

二、接触网安全规定

接触网是电气化铁路的重要且关键组成部分，主要面临着五个方面的安全风险：一是接触网自身零部件及材料的质量状态问题，是源头性安全风险；二是接触网处于露天自然环境中，容易受天气、气候、落石、轻飘物和危树、鸟害等外部因素影响；三是接触网施工人员不按标准工艺作业，接触网参数或状态不达标，造成接触网带病运行；四是机车（动车组）、线路、桥梁、隧道及上跨建筑物等结合出现了问题伤害到接触网设备；五是作业人员不遵守相关安全规定发生劳动安全伤害。面对诸多不安全风险源，要积极、主动采取相应对策措施，确保接触网的安全运行。

接触网设备自第一次受电开始即认定为带电设备[1]，电压为 27.5 kV。作业人员面临着高处、高电压及邻近高速列车运行的“三高”风险。铁路接触网安全工作管理的核心是确保人身、行车和设备安全，为此，在接触网运行检修和施工过程中，推行了接触网安全工作规则制度，凡从事铁路接触网工作的单位和个人，均需贯彻执行。

（一）安全等级制度[2]

从事接触网运行、维修、施工和专业管理的所有人员，实行安全等级制度，经过考试评定安全等级，考试合格并取得“铁路供电安全合格证”，方准参加与所取得的安全等级相适应的工作。每年定期进行一次安全考试和签发“铁路供电安全合格证”，如图 7-1 所示。

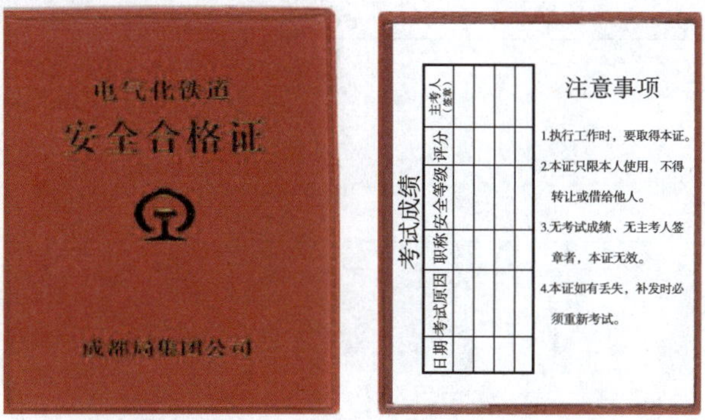

（a）封面　　（b）附页

图 7-1　安全合格证

从事接触网工作有关现职人员除每年进行一次安全等级考试外，对属于下列情况的人员，还应在上岗前进行安全等级考试[3]。

1. 开始参加接触网工作的人员。
2. 安全等级变更，仍从事接触网运行、维修和施工工作的人员。
3. 接触网供电方式改变时的运行、维修和施工工作人员。
4. 接触网停电维修方式改变时的运行、维修和施工工作人员。
5. 中断工作连续 6 个月及以上仍继续担任接触网运行、维修和施工工作的人员。

（二）工作票制度[4]

工作票是进行接触网作业的书面依据。根据作业性质的不同，工作票分为三种：一是接触网第一种工作票（图 7-2），用于停电作业；二是接触网第二种工作票（图 7-3），用于间接带电作业；三是接触网第三种工作票（图 7-4），用于远离作业即距带电部分 1 m 及其以外的高空作业、较复杂的地面作业（如安装或更换火花间隙和地线、开挖支柱基坑）、未接触带电设备的测量等。

接触网第一种工作票

__________工区　　　　　　　　任务来源：　　　　　　　　　　第____号

封锁范围					
作业地点			发票人		
作业内容			发票时间		
工作有效期	自　年　月　日　时　分至　年　月　日　时　分止				
工作领导人	姓名：		安全等级：		
作业组成员姓名及安全等级（安全等级写在括号内）	（　）	（　）	（　）	（　）	（　）
	（　）	（　）	（　）	（　）	（　）
	（　）	（　）	（　）	（　）	（　）
	（　）	（　）	（　）	（　）	共计：　　人
需停电的设备					
装设接地线的位置					
作业区防护措施					
其他安全措施					
变更作业成员记录					
工作票结束时间	年　月　日　时　分				
工作领导人（签字）		发票人（签字）		监控干部（签字）	

图 7-2　接触网第一种工作票

接触网第二种工作票

__________工区　　　　任务来源：　　　　第　　号

工作地点		发票人	
作业内容		发票时间	
工作有效期	自　年　月　日　时　分至　年　月　日　时　分止		
工作领导人	姓名：	安全等级：	
作业组成员姓名及安全等级(括号内为安全等级)	共计：　人		
绝缘工具状态			
安全距离			
作业区防护措施			
其他安全措施			
变更作业组成员记录			
工作票结束时间	年　月　日　时　分		
工作领导人(签字)		发票人(签字)	

图 7-3　接触网第二种工作票

接触网第三种工作票

______工区　　　　　　　　　　　　　　　　　　　　第____号

<table>
<tr><td>工作地点</td><td></td><td>发票人</td><td></td></tr>
<tr><td>作业内容</td><td></td><td>发票时间</td><td></td></tr>
<tr><td>工作有效期</td><td colspan="3">自　年　月　日　时　分至　年　月　日　时　分止</td></tr>
<tr><td>工作领导人</td><td>姓名：</td><td colspan="2">安全等级：</td></tr>
<tr><td>作业组成员姓名及安全等级(括号内为安全等级)</td><td colspan="3">共计：　　人</td></tr>
<tr><td>安全措施</td><td colspan="3"></td></tr>
<tr><td>变更作业组成员记录</td><td colspan="3"></td></tr>
<tr><td>工作票结束时间</td><td colspan="3">年　月　日　时　分</td></tr>
<tr><td>工作领导人(签字)</td><td></td><td>发票人(签字)</td><td></td></tr>
</table>

图 7-4　接触网第三种工作票

在接触网上进行作业时，除按规定开具工作票外，还必须有列车调度员准许停电的调度命令和供电调度员批准的作业命令。除遇有危及人身或设备安全的紧急情况，供电调度员发布的倒闸命令可以没有命令编号和批准时间外，接触网所有的作业命令，均必须有命令编号和批准时间，如图 7-5 和图 7-6 所示。

接触网间接带电作业命令票

__________接触网工区　　　　　　　　　　　　　　　　　　　　　第　　号

命令编号：	
批准时间：	年　　月　　日　　时　　分
命令内容	
要求完成时间：	年　　月　　日　　时　　分
发令人：	受令人：
销令时间：	年　　月　　日　　时　　分
销令人：	供电调度员：

图 7-5　接触网间接带电作业命令票

接触网停电作业命令票

________接触网工区　　　　　　　　　　　　　　　　　　第　　号

命令编号：	
批准时间：　　　　年　　月　　日　　时　　分	
命令内容	
要求完成时间：　　　　年　　月　　日　　时　　分	
发令人：	受令人：
销令时间：　　　　年　　月　　日　　时　　分	
销令人：	供电调度员：

图 7-6　接触网停电作业命令票

(三)安全防护制度

个人防护用具：接触网作业时，作业组全体成员须穿戴有反光标识的防护服、安全帽和安全带等劳动防护用具。

行车安全防护[5]：高速铁路一般不进行 V 形天窗作业，以垂直天窗作业为主。普速铁路接触网开展 V 形天窗作业或高速铁路利用 V 形天窗进行故障处理时，在线间距不足 6.5 m 地段施工，要求邻线限速 60～100 km/h 以下，除在车站设置驻站联络员外，作业组两端必须根据作业内容按规定设置现场防护员。行车防护人员安全等级不低于三级。设置要求如下：

1. 区间作业时,驻站联络员设在能控制列车运行相邻车站的行车监控室。车站作业时,驻站联络员设在该车站行车监控室。

2. 作业时,每个作业组在作业区段两端设置行车防护,防护人员不得侵入邻线限界。

3. 不同作业组分别作业时,不准共用行车防护人员。在未设置好行车防护前不得开始作业,在人员、机具未撤至安全地点前不准撤除行车防护。

三、高处作业

凡在距离地(桥)面 2 m 及以上的处所进行的作业均称为高处作业。高处作业除了配备地面配合操作人员之外,需设置负责高处检修人员的地面监护人员,密切注意和提醒高处作业人员的操作安全。高处操作人员应戴好安全帽,扎好安全带、防坠绳等,安全带保险绳要系于接触网设备中可靠的地方,不得系在将卸开而受张力的部位或即将卸下的部件上。此外,为了防止高处掉落(工具或零部件)造成伤害,高处作业人员还应带上工具袋装好检修工具和零件[6]。

(一)攀杆作业[7]

攀登工具应在出库前检查状态是否良好,安全用具是否完好合格。攀登支柱前要核对支柱号,检查支柱状态,观察支柱上有无其他设备,选好攀登方向和条件。攀登支柱时要手把牢靠,脚踏稳准,尽量避开设备并与带电设备保持规定的安全距离。用脚扣攀登时,要卡牢系紧,严防滑落,如图 7-7 和图 7-8 所示。

图 7-7　攀爬钢柱作业

图 7-8　攀爬混凝土支柱作业

(二)登梯作业[8]

使用车梯进行作业时,应指定车梯负责人,工作台上的人员不得超过两名。所有的零件、工具等均不得放置在工作台的台面上。接触网停电作业时,必须在车梯作业平台设置等位线。当车梯工作台面上有人时,推动车梯的速度不得超过 5 km/h,并不得发生冲击和急剧起、停。工作台上人员和车梯负责人应呼唤应答,配合妥当。当处理简易故障或异物时,可利用蜈蚣梯或挂梯等工具。人员上下车梯或梯子时要手把牢靠,脚踏稳准,如图 7-9、图 7-10 所示。

图 7-9　车梯作业

图 7-10　梯子作业

(三)接触网作业车作业[9]

接触网平台操作人应经相应培训并持证上岗。使用接触网作业车作业时,应指定作业平台操作负责人,作业平台不得超载。作业车平台应设置随车等位线,在完成作业平台和工作对象设备等位措施后,方可触及和进行作业,如图 7-11 和图 7-12 所示。

图 7-11　接触网作业车作业

图 7-12　多功能作业车作业

四、停电作业

停电作业时,作业组由要令人与供电调度事先申请,说明作业地点、内容和所需停电时间[10]。供电调度与行车调度联系后批准停电计划,给作业组下达停电命令。要令人复述停电命令无误,由供电调度下达批准命令号及批准时间后作业组方可进行作业。开始作业前,必须要使用声光验电器对作业相关停电单元的接触网设备进行验电,验明无电后,依据工作票在作业区两端及相关位置采取加挂接地线的防护措施,防止变电所误送电和消除感应电[11]。

双线电化区段,接触网停电作业按停电方式分为垂直作业和 V 形作业[12]。垂直作业为在双线电化区段上、下行接触网同时停电进行的接触网作业;V 形作业为在双线电化区段上、下行接触网一行停电进行的接触网作业。

不能采用 V 形作业而必须利用垂直作业方式的区段,应在接触网平面图上用红线框出,并注明“禁止 V 形”作业字样。签发工作票时应在“其他安全措施栏”项目中详尽注明。

(一)V 形停电作业应具备的条件[13]

1. 一行接触网设备距离另一行接触网带电设备间的距离大于 2 m,困难时距离不小于 1.6 m。

2. 一行接触网设备距离另一行通过的电力机车(动车组)受电弓的瞬时距离大于2 m,困难时距离不小于1.6 m。

3. 上、下行或由不同馈线供电的设备间的分段绝缘器其主绝缘爬电距离不小于1.6 m;分段绝缘器的空气绝缘间隙不应小于300 mm。

4. 上、下行或由不同馈线供电的横向分段绝缘子串,爬电距离不小于1.6 m。

5. 同一支柱(吊柱)上的设备由同一馈线供电。

(二)防止感应电措施

1. 遇有雨、雪、大雾、重度霾、强风及以上恶劣天气时,一般不进行V形停电作业。遇有特殊情况需停电作业时,应增设接地线,并在加强监护的情况下方准作业。

2. V形停电作业,在断开导电线索前,应事先采取旁路措施。更换长度超过5 m的长大导体时,应先等电位后接触,拆除时应先脱离接触再撤除等电位。

3. 检修吸上线、PW线、回流线(含架空地线与回流线并用区段)、避雷线等附加导线时不得开路,如必须进行断开回路的作业,则须在断开前使用不小于25 mm^2铜质短接线先行短接后,方可进行作业。吸上线与扼流变中性点连接点的检修,不得进行拆卸,防止造成回流回路开路。确需拆卸处理时,须采取旁路措施,必要时请电务部门配合。

4. 检修隔离(负荷)开关、绝缘锚段关节、关节式分相和分段绝缘器等作业时,应用不小于25 mm^2的等位线先连接等位后再进行作业。

5. V形停电作业,两接地线间距大于1 000 m时,需增设接地线。

6. 一般情况下,接触悬挂和附加导线及同杆架设的其他供电线路均需停电并接地。但若只在接触悬挂部分作业,不侵入附加导线及同杆架设的其他供电线路的安全距离时,附加悬挂及同杆架设的其他供电线路可不接地,但须按有电对待并保持足够的安全距离。

五、间接带电作业[14]

间接带电作业是指在接触网不停电的情况下,作业人员利用绝缘工具开展的如打冰、处理鸟窝和网上异物等相关作业。遇有雨、雪、重雾、霾等恶劣天气,或空气相对湿度大于85%时,一般不进行间接带电作业。间接带电作业时应戴绝缘手套,穿绝缘鞋。作业人员安全等级不低于三级,如图7-13、图7-14所示。

图7-13 间接带电取异物作业

图7-14 间接带电打冰作业

六、倒闸作业[15]

接触网隔离(负荷)开关的倒闸作业,具备远动功能的由供电调度员远动操作。不具备远动功能或远动功能失效时,由供电调度员发布倒闸命令,由作业人员当地操作。接触网倒闸作业执行一人操作、一人监护制度。从事隔离(负荷)开关现场倒闸的作业人员应由安全等级不低于三级的人员担任。对车站、机务(折返)段、车辆段、动车段(动车所、客车整备所)内或路外厂矿等单位有权操作隔离(负荷)开关的人员应经供电站段年度培训、考试合格,签发安全合格证或隔离开关操作证后方可担任此项工作。

接触网作业人员进行隔离(负荷)开关倒闸时,必须有供电调度的命令,如图7-15、图7-16所示。

隔离(负荷)开关倒闸命令票

第　　号

1. 把________车站(或区间)第________号隔离(负荷)开关闭合(或断开)。
2. 再将________车站(或区间)第________号隔离(负荷)开关闭合(或断开)。

发令人:　　　　受令人:

批准时间:　　时　　分　　　日期:　　年　　月　　日

图7-15　倒闸命令票

隔离(负荷)开关倒闸完成报告单

第　　号

根据第________号倒闸命令,已完成下列倒闸:

1. ________车站(或区间)第________号隔离(负荷)开关已于____时____分闭合(或断开)。
2. ________车站(或区间)第________号隔离(负荷)开关已于____时____分闭合(或断开)。

倒闸操作人:　　　受令人:　　　发令人:

完成时间:　　时　　分　　　日期:　　年　　月　　日

图7-16　倒闸完成报告单

七、天窗点外作业[16]

1. 高速铁路固定设备上线检查、检测、维修工作应在天窗时间内进行,天窗时间外不得进入桥面、隧道和路基地段栅栏范围内以及车站站台安全线股道一侧。

2. 普速铁路的一些维修作业可在天窗点外进行，但严禁利用速度 160 km/h 及以上的列车与前一趟列车之间的间隔时间作业。接触网可天窗点外作业项目：接触网步行巡视、静态测量、测温等设备检查作业；打冰，处理鸟窝、异物；在道床坡脚以外栅栏以内的标志安装及整修、基础整修、接地装置整修、支柱基坑开挖、不需要停电的支柱除锈涂漆等不影响设备正常运行的作业。

上述作业应制定天窗点外维修作业计划，天窗点外维修作业计划由设备管理单位车间或段一级批准，具体审批程序由铁路局集团公司规定。作业前应在车站“行车设备检查登记簿”内登记，车站值班员签认，应按规定设置驻站联络员、现场防护员，联系中断时必须停止作业。

八、安全用具及管理

（一）安全用具

接触网安全用具主要有安全帽、安全带、绝缘工具等，对各类工具要确保其机械性能及绝缘性能符合要求，安全用具试验标准见《普速铁路接触网安全工作规则》《高速铁路接触网安全工作规则》中附件 10、附件 11。

1. 安全帽

安全帽由帽壳和帽衬（即防振罩）组成，帽衬又由帽箍、顶衬、后箍组成，总质量约 400 g。使用安全帽之前，应检查安全帽外观（确保无裂纹）、后箍是否齐全等，如图 7-17 所示。

安全帽的使用要求：

（1）戴安全帽前应将帽后调整带按自己的头型调整到适合的位置，然后将帽内弹性带系牢。

（2）安全帽的下领带必须扣在颌下，并系牢，松紧要适度。

（3）由于安全帽在使用过程中，会逐渐损坏。所以要定期检查，检查有没有龟裂、下凹、裂痕和磨损等情况，发现异常现象要立即更换，不准再继续使用。

（4）严禁使用只有下颌带与帽壳连接的安全帽，也就是帽内无缓冲层的安全帽。

（5）施工人员在现场作业中，不得将安全帽脱下，搁置一旁，或当坐垫使用。

2. 安全带

安全带是预防高处作业工人坠落的个人防护用品，由带子、绳子和金属配件组成，总称安全带，如图 7-18 所示。

图 7-17　安全帽

图 7-18　安全带

安全带使用要求：

(1)安全带使用期一般为3～5年，发现异常应提前报废。

(2)安全带的腰带和保险带、绳应有足够的机械强度，材质应有耐磨性，卡环(钩)应具有保险装置。保险带、绳使用长度在3 m以上的应加缓冲器。

(3)使用安全带前应进行外观检查，包括：组件完整、无短缺、无伤残破损，绳索、编带无脆裂、断股或扭结，金属配件无裂纹、无焊接缺陷、无严重锈蚀，挂钩的钩舌咬口平整不错位，保险装置完整可靠。

(4)安全带应系在牢固的物体上，禁止系挂在移动或不牢固的物件上。不得系在棱角锋利处。安全带要高挂和平行拴挂，严禁低挂高用。

3. 绝缘鞋(靴)及绝缘手套

倒闸时操作人必须戴好安全帽和绝缘手套，穿绝缘靴。绝缘胶鞋和绝缘靴如图7-19、图7-20所示。

图7-19　绝缘胶鞋

图7-20　绝缘靴

绝缘鞋(靴)使用要求：

(1)绝缘鞋(靴)的外观不可有破损。使用时不得直接用手接触电气设备。

(2)穿用绝缘靴时，应将裤管套入靴筒内。穿用绝缘鞋时，裤管不宜长及鞋底外沿条高度，更不能长及地面，保持布帮干燥。

(3)在购买绝缘鞋(靴)时，应查验鞋上是否有绝缘永久标记，如红色闪电符号，鞋底有耐电压多少伏等表示；鞋内有无合格证、安全鉴定证、生产许可证编号等。

绝缘手套(图7-21)使用要求：

(1)在使用前必须进行充气检验，发现有任何破损则不能使用。使用6个月必须进行预防性试验。

(2)作业时，应将衣袖口套入筒口内，以防发生意外。

(3)使用后，应将内外污物擦洗干净，待干燥后，撒上滑石粉放置平整，以防受压受损，切勿放于地上。

(4)应储存在干燥通风，室温 -15～30 ℃，相对湿度50%～80%的库房中，远离热源，离开地面和墙壁20 cm以上。避免受酸、碱、油等腐蚀品物质的影响，不要露天放置，避免阳光直射，勿放于地上。

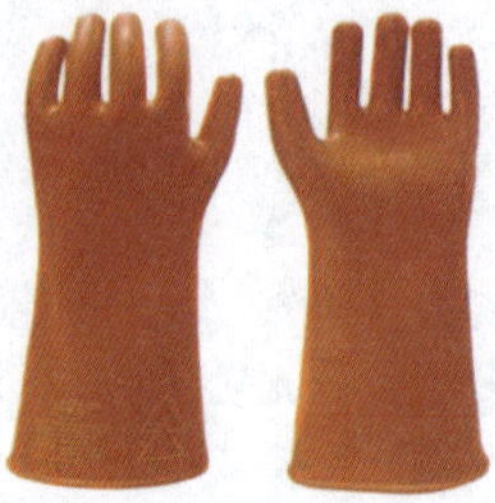

图7-21　绝缘手套

4. 地线杆及接地线

接挂地线前，应仔细检查地线杆及地线状态，主要有外观检查、地线勾检查、接地线夹检查、地线铜鼻子检查等,确保地线状态良好,如图 7-22 所示。

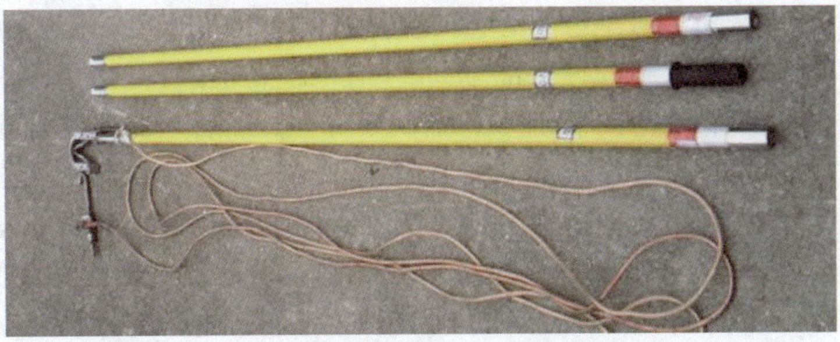

图 7-22　接地线及绝缘杆

接地线使用要求:

(1)绝缘杆每次使用前,须认真检查有无损坏,绝缘杆末端密封是否良好,各连接部分是否良好,并测试有效绝缘部分的绝缘电阻。

(2)接地线应使用截面积不小于 25 mm^2 的裸铜绞线制成并有透明护套保护,接地线不得有断股、散股和接头。压接处牢固、无破损露线。

(3)接地线挂钩外表不应有裂纹、损伤,与绝缘杆连接牢固,固定地线螺栓无缺失,线钩内置弹片弹力正常。

(4)接地钩表面应无裂纹、损伤,无明显变形,螺栓无滑丝、缺失。与接地线连接牢固。

5. 高压验电器

电气化铁路接触网专用验电器适用于电压等级 27.5 kV,要求具备声光提醒、自检和抗干扰功能,如图 7-23 所示。

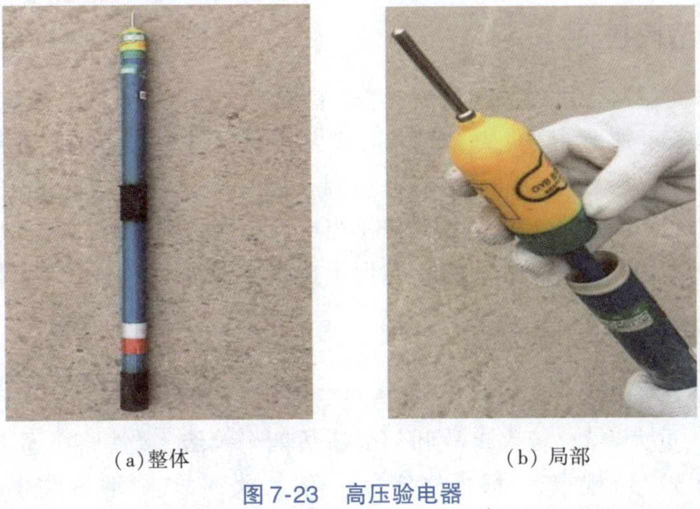

(a)整体　　(b)局部

图 7-23　高压验电器

(1)接触网验电过程所使用的验电器,须每 6 个月进行试验,经电气试验合格后,方能投入使用,禁止使用电压等级不对应的验电器进行验电。

(2)在使用高压验电器进行验电时,必须认真执行操作监护制,一人操作,一人监护。操作者在前,监护人在后。使用验电器时,必须注意其额定电压要和被测电气设备的电压等级相适应,否则可能会危及操作人员的人身安全或造成错误判断。

(3)验电时,操作人员要戴绝缘手套,穿绝缘靴,防止跨步电压或接触电压对人体的伤害。操作者应手握罩护环以下的握手部分,先在有电设备上进行检验。检验时,应渐渐地移近带电设备至发光或发声止,以验证验电器的完好性。然后在需要进行验电的设备上检测。同杆架设的多层线路验电时,应先验低压,后验高压,先验下层,后验上层。

(4)为防止干扰,接触网验电位置应参考以下要求:在软横跨或软索式硬横跨进行验电时,验电作业应选择距定位点约 2 m 处的接触线上进行,若此处安装有线岔或分段绝缘器等设备时,应选择另一侧距定位点约 2 m 处的接触线上进行验电。在接触网支持装置为腕臂结构的处所进行验电时,应在距棒式绝缘子连接金具约 200 mm 处的斜腕臂上进行。在供电线、正馈线上进行验电时,应选择距悬挂点或固定点约 1 m 处的线索上进行验电。

(二)安全用具管理

各种受力工具和绝缘工具应有合格证并定期进行试验(试验结果应粘贴在工具不影响绝缘性能的部位上),做好记录,禁止使用试验不合格或超过试验周期的工具。使用单位应制定受力工具和绝缘工具管理办法,专人负责进行编号、登记、管理,并按规定试验和正确使用。绝缘工具应存放在室内并离地存放,室内要保持清洁、干燥、通风良好,并采取防潮措施。绝缘工具在运输和使用中要经常保持清洁干燥,切勿损伤。

第二节　铁路交通事故调查和处理

一、事故、故障的定义

铁路机车车辆在运行过程中与行人、机动车、非机动车、牲畜及其他障碍物相撞,或者铁路机车车辆发生冲突、脱轨、火灾、爆炸等,或者在铁路行车相关作业过程中造成人员伤亡、设备损坏、经济损失,影响铁路正常行车达到一定程度的,均构成铁路交通事故[17]。

因违反作业标准、操作规程及养护维修不当或设计制造质量缺陷、自然灾害等,造成供电设备损坏,影响正常行车,危及行车安全,但未造成事故的,均构成设备故障。

二、接触网事故、故障分类

1. 根据《铁路交通事故应急救援和调查处理条例》(国务院令第 501 号)规定,事故分为特别重大事故、重大事故、较大事故和一般事故四个等级。《铁路交通事故调查处理规则》(铁道部令第 30 号)规定,一般事故分为:一般 A 类事故、一般 B 类事故、一般 C 类事故、一般 D 类事故。与接触网相关的常见事故类型如下:

(1)一般 B 类事故[18]:造成 1 人死亡构成 B1 类事故;造成 5 人以下重伤构成 B2 类事故。

(2)一般 C 类事故[19]:运行中碰撞轻型车辆、小车、施工机械、机具、防护栅栏等设备设施或路料、坍体、落石构成 C13 类事故;接触网断线、倒杆或塌网构成 C14 类事故;错误向停电区段的接触网供电构成 C20 类事故;电气化区段攀爬车顶耽误列车构成 C21 类事故;无调度命令施工，超范围施工，超范围维修作业构成 C24 类事故。

(3)一般 D 类事故[20]：行车设备故障耽误本列客运列车 1 h 以上，或耽误本列货运列车 2 h 以上；固定设备故障延时影响正常行车 2 h 以上(仅指正线)构成 D21 类事故；施工、检修、清扫设备耽误列车构成 D9 类事故；作业人员违反劳动纪律、作业纪律耽误列车构成 D10 类事故。

2. 发生耽误列车，危及行车安全或影响列车正常运行的情形，但未构成铁路交通事故的，为行车设备故障。接触网故障列“G9 供电设备故障”。

三、事故(故障)调查

(一)现场调查

现场调查的目的是寻找收集事故、故障发生时的第一原始信息。包括原始记录凭证和物证，第一原始地点和肇事地点，为判定事故(故障)的性质和责任提供原始依据。

对事故(故障)现场原貌进行实地勘察、察看，测量、记录几何尺寸等相关数据；现场拍照、录像，包括全景、局部、所处位置等；收集现场损坏散落的设备部件；绘制事故(故障)现场示意图；收集各种物证。调查了解机车(动车)及受电弓情况，查看并拍照机车情况及受电弓跳闸放电痕迹等工作。

(二)查阅资料

在进行初步分析判断事故(故障)性质和原因的基础上，补充完善调查资料。绘制事故(故障)现场示意图。

(三)召开会议

召开事故(故障)分析会议。

(四)分析报告

写出事故(故障)报告。

四、事故(故障)责任判定

事故按责任可划分为全部责任、主要责任、重要责任、次要责任、无责任和同等责任。常见如下：

1. 因设备管理不善造成的事故，定设备管理单位责任。

2. 因产品质量不良造成事故，定产品供应商或制造、检修单位责任；应采用经行政许可或强制认证的产品而采用其他产品的，追究采用单位责任；采购不合格或不达标产品的，追究采购单位责任。

3. 自然灾害原因导致的事故，因防范措施不到位，定责任事故。确属不可抗力原因导致的事故，定非责任事故。

4. 营业线施工中发生责任事故，属工程建设、设计、监理、施工等原因造成的，定上述相关单位责任；同时追究设备管理单位责任。

已经竣工验收的设备，因质量问题发生责任事故，确属工程建设、设计、施工、监理等单位责任的，定上述相关单位责任；属设备管理不善的，定设备管理单位责任。

5. 经公安机关确认属人为破坏原因造成的，定发生单位非责任事故。

6. 铁路作业人员在从事与行车相关的作业过程中,不论作业人员是否在其本职岗位,由于违反操作规程、作业纪律,或铁路运输生产设备设施、劳动条件、作业环境不良,或安全管理不善等造成伤亡,定责任事故。

五、事故损失认定[21]

负有事故全部责任的,承担事故直接经济损失费用的100%;负有主要责任的,承担损失费用的50%以上;负有重要责任的,承担损失费用的30%以上、50%以下;负有次要责任的,承担损失费用的30%以下。

第三节 电气化铁路有关人员电气安全要求

一、电气化铁路沿线非牵引供电专业人员及作业安全的规定[22]

1. 安全距离。电气化铁路接触网额定电压25 kV,为防止人员触电,考虑人员活动范围和视觉误差,保证人身安全,除牵引供电专业人员按规定作业外,任何人员及所携带的物件、作业工器具等须与牵引供电设备高压带电部分保持2 m以上的距离。回流线、架空地线、保护线正常情况下虽然没有25 kV的高电压,但不接地或接地状态不良时,仍有可能有一定感应电压。即使是接触网专业人员也要采取接地措施后,方能接触,因此也规定非牵引供电专业人员与回流线、架空地线、保护线保持1 m以上距离。

2. 非牵引供电专业人员与上述相应设备安全距离不足时,牵引供电设备须停电。

3. 对电气化铁路区段,具有升降、伸缩、移动平台等功能的机械设备进行施工、装卸等作业时安全距离也是上述同样的规定。

二、邻近电气化铁路作业安全的规定[23]

1. 在距牵引供电设备高压带电部分2 m以外,与回流线、架空地线、保护线1 m以外,邻近铁路营业线作业时,牵引供电设备可不停电,但须按照铁路营业线施工安全管理有关规定,在牵引供电专业人员监督配合情况下方可进行。

2. 人员攀登到机车、动车及各种车辆车顶或车辆装载的货物上,上方的接触网设备必须办理停电并采取接地等安全防护措施。

3. 电气化区段上水、保洁、施工等作业用水通常不能满足绝缘要求,因此不得将水管向供电线路方向喷射,站车保洁不得采用向车体上部喷水方式洗刷车体。

三、发生牵引供电设备故障时的规定[24]

1. 牵引供电设备故障时,与牵引供电设备相连接的支柱、接地引下线、综合接地线等可能出现高电压,未采取安全措施前,禁止与其接触,并保持安全距离。

2. 发现牵引供电设备断线及其部件损坏,或发现牵引供电设备上挂有线头、绳索、塑料布或脱落搭接等异物,均不得与之接触,应立即通知附近车站,在牵引供电设备检修人员到达未采取措施以前，为防止跨步电压，任何人员均应距已断线索或异物处所 10 m 以外。

3. 牵引供电设备支柱及各部接地线损坏，回流吸上线与钢轨或扼流变连接脱落时，禁止非专业人员与之接触。

四、电气化铁路附近金属构件接地的规定[25]

为防止电气化铁路对附近金属构件物体因接触网感应电被人体接触时伤人或引起人体感觉不适，以及接触网发生断线落地时牵引变电所保护正常启动跳闸断电，规定距牵引供电设备支柱及牵引供电设备带电部分 5 m 范围以内的金属结构应接地。综合接地系统接地电阻小，因此规定具备接入综合接地条件应纳入综合接地系统；不能接入综合接地系统的金属结构须装设接地装置，接地电阻一般不大于 10 Ω。

我国高速铁路路基段单根接触网支柱处，基础螺栓通过接地连接线与综合接地系统的贯通地线连在一起，实测接触网支柱接地电阻可达到 1 Ω 以下。

五、对牵引供电防触电标识和保安装置的规定[26]

1. 站内和行人较多的地段，牵引供电设备支柱在距轨面 2.5 m 高处均要设白底黑字"高压危险"并有红色闪电符号的警示标志，如图 7-24 所示。

(a)混凝土柱

(b)格构式钢柱

图 7-24　接触网支柱上安装的警示标志

2. 天桥、跨线桥靠近或跨越牵引供电设备的地方，须设置防护栅网，栅网由所附属结构的产权或工程建设单位负责安设。防护栅网安设"高压危险"标志，警示标志由供电设备管理单位制作安装，如图 7-25 所示。

(a)上跨桥及防抛网

(b)警示标志

图 7-25　上跨桥防抛网及警示标志

六、对上跨电气化铁路构建物的规定[27]

1. 防止脱落物短接高压接触网。电气化铁路区段车站风雨棚、跨线桥、隧道等构建物应安装牢固,状态良好,不得脱落。距牵引供电设备 2 m 范围内不得出现漏水、悬挂冰凌等现象。附挂在跨线桥、渠上的管路,以及通信、照明等线缆,须设专门的固定设施,且安装可靠,不得脱落。

2. 防止上跨线索施工脱落短接高压接触网。为防止电力线路、光电缆、管路等跨越电气化铁路施工,须在接触网停电并做好安全防护措施后进行。

七、接发列车及调车作业安全规定[28]

电气化铁路接触网供电单元与另一个供电单元间用电分段或电分相实现电气绝缘。向停电检修的供电单元放行电力机车或动车组,采用电分相绝缘时将会造成电力机车停在无电区,采用电分段绝缘时将会造成电力机车带电闯无电区,危及作业组人身安全和设备安全。因此规定电气化铁路接触网停电检修时,禁止向停电区放行电力机车及动车组。司机发现不符合此项规定时,应立即断电并降弓停车。

八、货运、装卸作业安全规定[29]

1. 装卸货物线的接触网隔离开关平时要处于合闸状态,雨、雪、雾、霾等恶劣天气下,严禁处于分闸状态。

装卸货物线的接触网隔离开关与分段绝缘器连接(图 7-26)。装卸货物线的接触网隔离开关一般为带接地刀闸的隔离开关。如某车站中 59 号隔离开关(图 7-27)打开时接地刀闸闭合,装卸货物线的 360 m 长的接触网接地。装卸货物线的接触网隔离开关平时要经常处于合闸位置,否则分段绝缘器一端为接触网高电压,另一端接地。因长时间承受高电压会加速分段绝缘器主绝缘老化,并且在气象条件恶劣(如雨雾、风雪等)和环境污染严重的情况下(如装卸石灰、水泥、煤等粉尘物),会发生闪络或击穿。接触网工区平时应按规定对分段绝缘器及隔离开关进行检查维护,以保证状态良好,确保装卸作业安全。

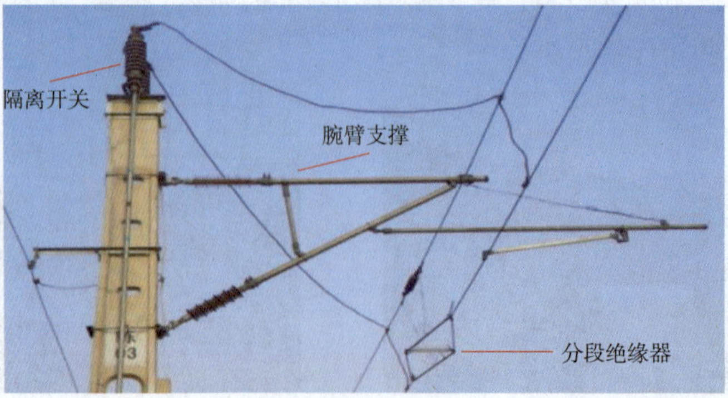

图 7-26　装卸货物线的接触网隔离开关与分段绝缘器连接

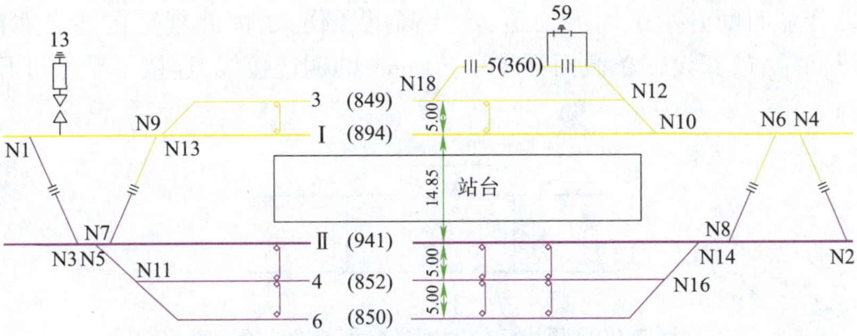

图 7-27 带有装卸线的车站供电分段示意(单位:m)

2. 为防止雷击过电压及接触网隔离开关操作产生接触网内部过电压,造成隔离开关绝缘子闪络接地,危及操作人员安全,货装线隔离开关操作应当执行与专业人员相同的规定,即:隔离开关操作人员须经过培训并取得由供电设备管理单位颁发的安全操作证后,才能担任工作;隔离开关倒闸作业时,必须执行一人操作一人监护制度;隔离开关操作前,操作人必须按规定穿戴好绝缘靴和绝缘手套,确认开关及其操作机构正常,接地线良好,方准按程序操作;遇雷雨天气时,禁止操作隔离开关。严禁带负荷操作隔离开关;绝缘靴、绝缘手套等安全用品,应半年进行一次绝缘耐压试验,并存放在阴凉干燥、防尘处所,使用前用干布擦拭,并进行外观检查,发现有漏气、裂损等现象禁止使用。

3. 货物装载高度须满足《铁路技术管理规程》、《铁路超限超重货物运输规则》及《中国铁路总公司超限货物运输线路建筑限界管理办法》规定的电气化区段安全距离。

4. 需停电装卸作业时,必须先断开隔离开关停电后,在指定的货物线安全区域标志内进行装卸作业。装卸作业结束,确认所有人员已至安全地带后,方能合上隔离开关。

在装卸线的分段绝缘器内侧 2 m 处设安全区域标志,如图 7-28 所示。

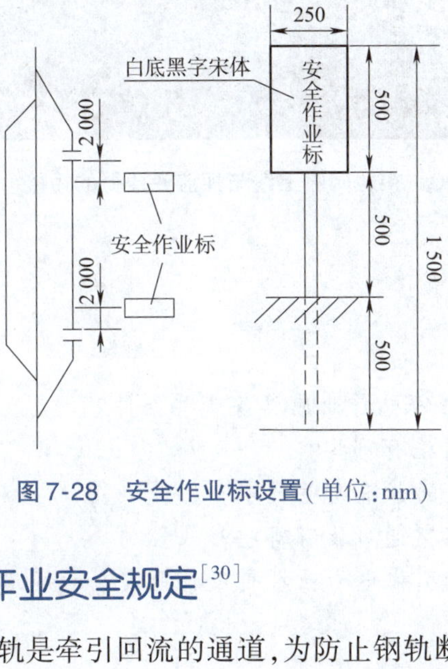

图 7-28 安全作业标设置(单位:mm)

九、工务更换钢轨作业安全规定[30]

1. 由于电气化区段,钢轨是牵引回流的通道,为防止钢轨断开、更换钢轨、拆换接头夹板或调整轨缝作业时断开牵引回流通道，产生高电压伤人，因此规定上述作业前应在钢轨两端轨节间纵向位置，安设一条截面不少于 70 mm^2 的铜连接线，连接可靠方可开始作业，如图 7-29 所示。

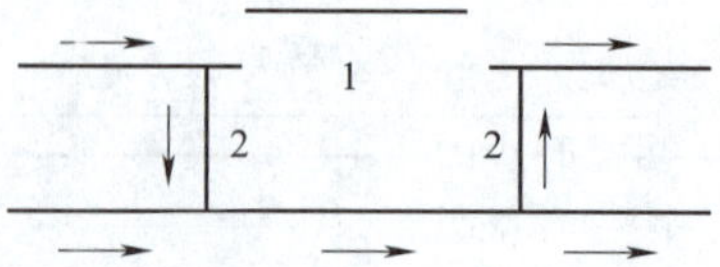

图 7-29　更换钢轨时铜连接线装设位置示意

1—被更换的钢轨；2—横向连接线

2. 工务作业需拆开接触网接地线、吸上线、电务扼流变钢轨引线等设备时，应由相应接触网或电务专业设备管理单位按设备分界进行作业，并及时恢复。

十、电务作业安全规定[31]

维修或更换信号设备扼流变压器，中心连接板，轨道电路送、受电的扼流变压器引接线，站内横向连接线等器件时，应按规定采取保证牵引回流畅通措施后，方可开始作业。

图 7-30 所示为接触网吸上线与扼流变压器的短接现场照片。拆除更换扼流变压器时应先用满足导电能力的导体可靠连通牵引电流回路，保证牵引回流畅通后方可进行拆除作业。必要时，应在接触网停电情况下进行。

图 7-30　接触网吸上线与扼流变压器的短接（一端）

复习思考题

1. 双线电气化区段 V 形停电作业应具备哪些条件？
2. 防止感应电的安全措施有哪些？
3. 接触网作业行车安全防护有哪些要求？
4. 与接触网相关的铁路交通事故有哪些？
5. 电气化铁路沿线非牵引供电专业人员及作业安全的规定有哪些？

引用规章文件

[1]《普速铁路接触网安全工作规则》(铁总运〔2017〕25 号) 第二章第五条
[2]《普速铁路接触网安全工作规则》(铁总运〔2017〕25 号) 第二章第六条
[3]《普速铁路接触网安全工作规则》(铁总运〔2017〕25 号) 第二章第七条
[4]《普速铁路接触网安全工作规则》(铁总运〔2017〕25 号) 第三章第十八条
[5]《普速铁路接触网安全工作规则》(铁总运〔2017〕25 号) 第九章第一百一十条
[6]《普速铁路接触网安全工作规则》(铁总运〔2017〕25 号) 第五章第三十八、三十九、四十一条
[7]《普速铁路接触网安全工作规则》(铁总运〔2017〕25 号) 第五章第四十四、四十五条
[8]《普速铁路接触网安全工作规则》(铁总运〔2017〕25 号) 第五章第四十七、四十八条
[9]《普速铁路接触网安全工作规则》(铁总运〔2017〕25 号) 第五章第五十五条
[10]《普速铁路接触网安全工作规则》(铁总运〔2017〕25 号) 第六章第七十三、七十五条
[11]《普速铁路接触网安全工作规则》(铁总运〔2017〕25 号) 第六章第七十六、八十一、八十三条
[12]《普速铁路接触网安全工作规则》(铁总运〔2017〕25 号) 第六章第六十三条
[13]《普速铁路接触网安全工作规则》(铁总运〔2017〕25 号) 第六章第六十八条
[14]《普速铁路接触网安全工作规则》(铁总运〔2017〕25 号) 第七章第八十七、八十八条
[15]《普速铁路接触网安全工作规则》(铁总运〔2017〕25 号) 第八章第九十八、九十九、一百零一、一百零二条
[16]《国铁集团铁路营业线施工管理办法》(铁调〔2021〕160 号) 第十二章第七十二、七十七条
[17]《铁路交通事故应急救援和调查处理条例》(国务院令第 501 号)第一章第二条
[18]《铁路交通事故调查处理规则》(铁道部令第 30 号)第二章第十三条
[19]《铁路交通事故调查处理规则》(铁道部令第 30 号)第二章第十四条
[20]《铁路交通事故调查处理规则》(铁道部令第 30 号)第二章第十五条
[21]《铁路交通事故调查处理规则》(铁道部令第 30 号)第五章第七十六条
[22]《电气化铁路有关人员电气安全规则》(铁运〔2013〕60 号)第二章第 6、7 条
[23]《电气化铁路有关人员电气安全规则》(铁运〔2013〕60 号)第二章第 8 ~ 10 条
[24]《电气化铁路有关人员电气安全规则》(铁运〔2013〕60 号)第二章第 11 ~ 13 条
[25]《电气化铁路有关人员电气安全规则》(铁运〔2013〕60 号)第二章第 14 条
[26]《电气化铁路有关人员电气安全规则》(铁运〔2013〕60 号)第二章第 15、16 条

[27]《电气化铁路有关人员电气安全规则》(铁运〔2013〕60 号)第二章第 17、18 条
[28]《电气化铁路有关人员电气安全规则》(铁运〔2013〕60 号)第三章第 19 条
[29]《电气化铁路有关人员电气安全规则》(铁运〔2013〕60 号)第四章第 20、21、23 条
[30]《电气化铁路有关人员电气安全规则》(铁运〔2013〕60 号)第六章第 28、29 条
[31]《电气化铁路有关人员电气安全规则》(铁运〔2013〕60 号)第七章第 32 条

第八章

接触网作业车安全管理

学习任务

接触网作业车是铁路供电系统设备单位维修、事故抢险的重要机械动力设备，同时又是直接的行车设备。接触网作业车的行车安全在铁路供电系统设备单位安全管理中十分重要，确保接触网作业车行车安全是每一位接触网作业车使用参与者的共同职责。

本章介绍接触网作业车的用途及分类，常用接触网作业车及其技术参数以及接触网作业车的运用安全知识。

通过学习，了解接触网作业车的用途及常用技术参数，掌握接触网作业车安全使用的注意事项。

第一节 接触网作业车的用途及分类

一、接触网作业车的用途

电气化铁路的发展，有效提升了铁路运输能力、降低了运输成本、减少了环境污染，为确保持续、稳定、安全地为牵引机车和动车组供电，需要定期对接触网设备进行检修维护。接触网检修属于高处作业，为满足接触网检修作业要求，同时提高接触网检修效率，确保作业安全，我国自主研发了各种类型的接触网作业车。

接触网作业车可以满足接触线及承力索检修、接触网恒张力放线、绝缘子清洗、接触网状态检测及接触网支柱立杆作业等多种作业需求，也可以用作牵引车。接触网作业车现已成为电气化铁路建设、运营维护、应急抢险工作中不可或缺的设备。

二、接触网作业车的分类

接触网作业车的种类、型号众多,可以按照传动方式、动力源及功能的不同进行分类。

(一)按传动方式分类

接触网作业车按传动方式的不同,可以分为机械传动接触网作业车和液力传动接触网作业车。

1. 机械传动接触网作业车是将动力通过离合器、变速器、换向分动箱、传动轴、车轴齿轮箱等将发动机的动力传递到轮对上,实现驱动车辆运行。常用的机械传动接触网作业车型号有 JW-4、DA12、TY-5 型接触网作业车,如图 8-1 ~ 图 8-3 所示。

图 8-1 JW-4 型接触网作业车

图 8-2 DA12 型接触网作业车

图 8-3 TY-5 型接触网作业车

2. 液力传动接触网作业车是将动力通过液力变矩器(也叫变扭器)、传动轴、车轴齿轮箱等将发动机的动力传递到轮对上,实现驱动车辆运行。常用的液力传动接触网作业车型号有 JW-4G、JW-4P 型接触网作业车,如图 8-4、图 8-5 所示。

图 8-4 JW-4G 型接触网作业车

图 8-5 JW-4P 型接触网作业车

(二)按动力源分类

根据动力源的不同,接触网作业车可分为内燃动力接触网作业车和混合动力接触网作业车。

1. 内燃动力接触网作业车是由柴油发动机提供动力，普通的机械传动、液力传动接触网作业车均为内燃动力。

2. 混合动力接触网作业车是既有内燃动力又有电能动力驱动，适用于长大隧道或对噪声、污染物排放要求较高的区段，如图8-6所示。

图8-6　HDX型接触网检修作业车

（三）按功能分类

接触网作业车按功能可以分为接触网架线作业车、接触网放线车、接触网检修车、接触网巡检车、接触网轨道起重车、接触网立杆作业车、接触网多功能检修作业车、接触网高空作业车、接触网检修车列、接触网多平台作业车、接触网专用平板车、绝缘子水冲洗车等。

1. 接触网架线作业车：主要用于电气化铁路承力索、接触线的架线，接触悬挂的安装及其他部件的检修作业。

2. 接触网放线车：主要用于电气化铁路承力索、接触线、附加悬挂的放线作业，可对线索施加预设张力。

3. 接触网立杆作业车：主要用于电气化铁路接触网支柱、钢柱、横梁及质量较大设备的安装，无牵引动力。

4. 接触网多功能检修作业车：用于电气化铁路接触网检修作业及超过支柱限界、超过接触悬挂高度的设备的维修及桥梁下部设备的检修作业，配置的接触网1C检测系统可实现接触网与受电弓的实时动态检测。

5. 接触网高空作业车：用于电气化铁路接触网检修作业，配置的作业吊斗可用于超过支柱限界、超过接触悬挂高度设备的维修。

6. 接触网巡检车：安装有高清成像系统、接触网悬挂状态检测监测装置、弓网检测装置等，主要用于电气化铁路接触网检测。

7. 接触网多平台作业车：用于接触网上部设施的安装、检修和日常维护保养。

8. 接触网检修车列：主要用于接触网检修作业，用于线路维护中物料、工具、人员等的运输，为接触网检修作业提供后勤保障，接触网检修作业时的现场办公，随车配置的发电机组、接触网供电电源可为整车和外接电动机具提供电源。

9. 接触网专用平板车：主要用于较大零部件、设备及材料的运输，无牵引动力。

10. 绝缘子水冲洗车：主要用于电气化铁路接触网绝缘部件的清洗作业。

第二节　常用接触网作业车

接触网作业车种类、型号众多，本节就常用的机械传动和液力传动接触网作业车、多功能检修作业车、多平台作业车及接触网检修作业车列进行简要介绍。

一、机械传动接触网作业车

（一）概　　述

机械传动接触网作业车是接触网作业车的早期产品，具有启动和牵引性能良好、操纵维修方便、作业效率高、运用成本低等优点，主要运用于普速电气化铁路接触网上部设施的安装、维修和日常检查、保养，也可兼作牵引车辆。以 JW-4 型接触网作业车为例，其结构及性能参数如下。

JW-4 型接触网作业车是采用机械传动方式的四轴、可双向驾驶的接触网作业车，主要由动力及传动系统、走行部、电气系统、制动系统、液压系统及液压升降回转作业平台、随车起重机等组成，如图 8-7 所示。

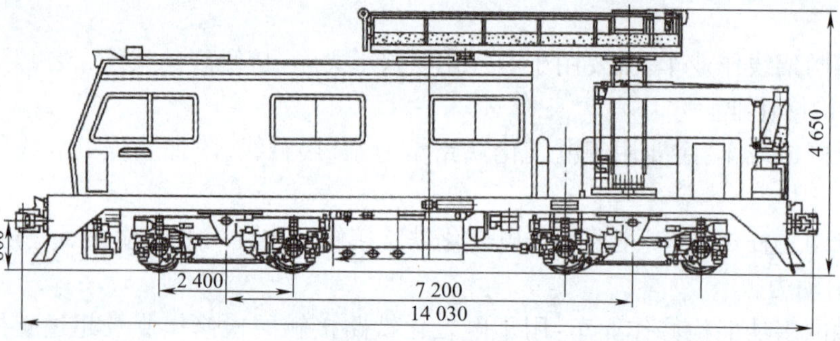

图 8-7　JW-4 型接触网作业车外形尺寸示意(单位：mm)

机械传动接触网作业车的动力系统及传动系统由统发动机、离合器、变速器、换向箱（分动箱）、传动轴、车轴齿轮箱等组成，如图 8-8 所示。

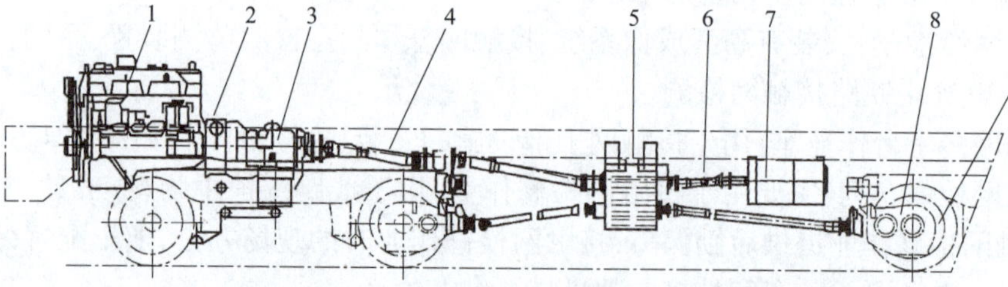

图 8-8　机械传动接触网作业车动力传动系统示意

1—发动机；2—离合器；3—变速器；4—传动轴；5—换向箱；6—传动轴；7—发电机；8—车轴齿轮箱；9—轮对

（二）工作原理

JW-4 型接触网作业车由柴油发动机提供动力，经过离合器、变速器、换向分动箱和车轴齿轮箱等齿轮传动系统将发动机产生的动力、扭矩等传递至轮对；再通过轴箱拉杆传递至转向架后经牵引拉杆传递至车体，从而驱动整车走行；通过齿轮组实现扭矩的放大和换向；通过操纵换向分动箱确定行驶方向。转向架与车轴、车体与转向架间安装减振装置以改善接触网作业车的运行品质与乘坐舒适性能；车体两端安装车钩及缓冲装置，以传递牵引力、减缓车辆间冲击力。

(三)主要技术参数

JW-4 型接触网作业车主要技术参数详见表 8-1。

表 8-1　JW-4 型接触网作业车主要技术参数

项目	参数名称	单位	技术参数
整车技术参数	轴列式	—	1A-A1
	转向架中心距	mm	7 200
	转向架轴距	mm	2 400
	轮径	mm	840
	最高自运行速度	km/h	100/120
	车钩形式	—	前端 2 号车钩、后端 13B 型车钩 + ST 或 MT-3 型缓冲器或 G1 型缓冲器
	线路最大超高	mm	125
	线路最大坡度	‰	30
	通过最小曲线半径	m	90
	整机质量	t	37
	燃油箱容积	L	760
	外形尺寸(长 × 宽 × 高)	mm	标准车型 14 030 × 3 070 × 4 650 安装紧线装置 14 030 × 3 070 × 4 750

二、液力传动接触网作业车

(一)概　　述

液力传动接触网作业车,采用液力变矩器(亦称变扭器)可实现无级变速,具有装机功率大、操纵简单、运行平稳、使用寿命长等优点,主要运用于电气化铁路接触网上部设施的安装、维修和日常检查、保养,也可兼作牵引车辆。以 JW-4G 型接触网作业车为例,其结构及性能参数如下。

JW-4G 型接触网作业车是采用液力传动方式的四轴、可双向驾驶的接触网作业车。该车设计时速为 120 km,主要由车体、车架、转向架、动力传动装置、制动系统、液压系统、电气系统、自动调平的升降回转作业平台、车钩及缓冲装置、空调、随车起重机等组成,如图 8-9、图 8-10 所示。走行部采用两台两轴转向架,动力传动装置下悬,车辆前端设置司机室,后部设置升降回转作业平台及随车起重机。

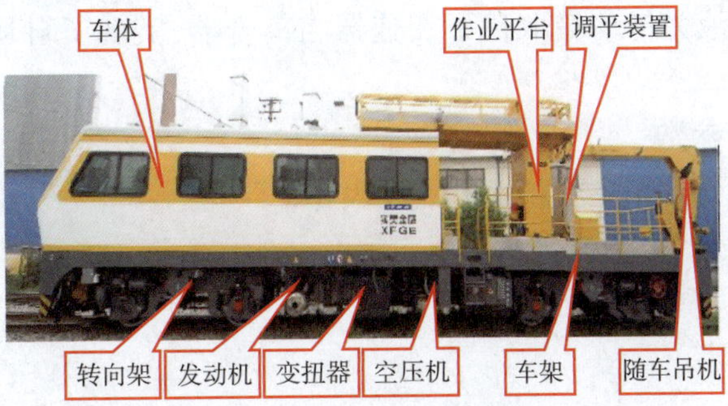

图 8-9　JW-4G 型接触网作业车

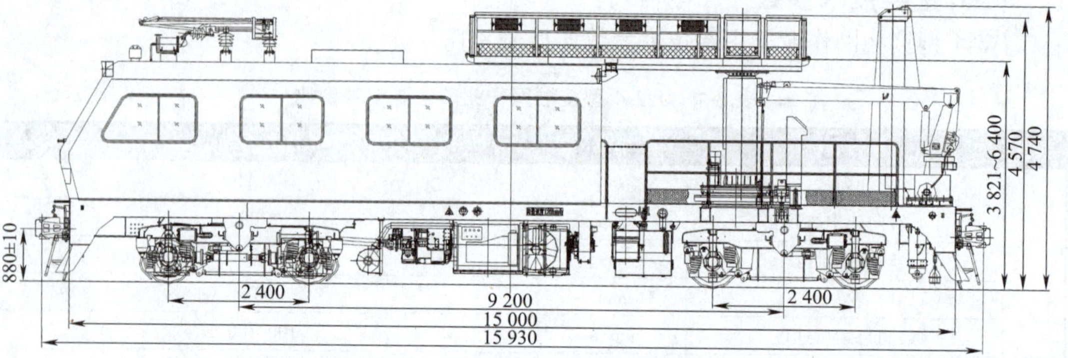

图 8-10 JW-4G 型接触网作业车外形尺寸示意(单位:mm)

JW-4G 型接触网作业车液力传动系统由液力变矩器(变扭器)、传动轴、车轴齿轮箱、轮对等组成,如图 8-11 所示。

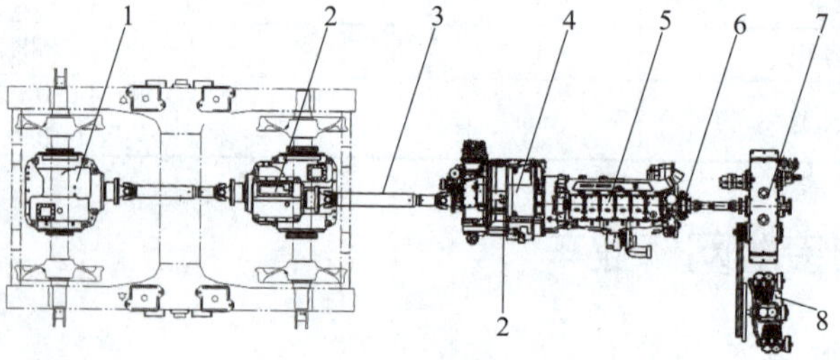

图 8-11 JW-4G 型接触网作业车动力传动系统示意

1、2—车轴齿轮箱;3—传动轴;4—液力传动箱;5—发动机;
6—弹性联轴器;7—分动箱;8—空压机

(二)工作原理

JW-4G 型接触网作业车由柴油发动机提供动力,经过液力传动箱、传动轴、车轴齿轮箱将发动机产生的动力传递至轮对,从而驱动整车走行。分动箱通过传动轴与发动机自由端连接,为空压机和液压油泵提供动力,进而为整车油水散热器、作业平台、调平装置、液压支腿及随车吊机提供动力。

液力传动接触网作业车的结构与机械传动接触网作业车基本相同,主要区别在于液力传动接触网作业车用液力传动箱取代了变速器与离合器,实现了自动换挡调速,提高了运行的平稳性和舒适性。

(三)主要技术参数

JW-4G 型接触网作业车主要技术参数见表 8-2。

表 8-2 JW-4G 型接触网作业车主要技术参数

项目	参数名称	单位	技术参数
整车技术参数	轴列式	—	2-B
	转向架中心距	mm	9 200
	轴距	mm	2 400
	最大外轨超高	mm	180
	最大坡度	‰	≤33
	最高风速	m/s	≤20
	最高持续运行速度	km/h	120(牵引 50 t)
	最高连挂运行速度	km/h	120
	启动牵引力	kN	50
	燃油箱容积	L	1 000
	总风缸容积	L	500
	紧急制动距离	m	≤400(单机平直道,制动初始速度 80 km/h) ≤800(单机平直道,制动初始速度 120 km/h)
	车架长度	mm	15 000
	车架宽度	mm	2 960
	钩缓装置	—	13B 上作用车钩及缓冲器
	整备质量	t	约 46(不带紧线柱);约 47(带紧线柱)
	外形尺寸(长×宽×高)	mm	15 930×3 118×4 625(不带紧线柱) 15 930×3 118×4 740(带紧线柱)

三、接触网多功能检修作业车

(一)概　　述

接触网多功能检修作业车是电气化铁路接触网检修、维护、抢修的专业设备,也可以用于线路、桥梁等设施的检查和维护、邻线的接触网抢修作业等。目前在用的多功能检修作业车有 BR711(图 8-12)和 JDZ-160(图 8-13)两种型号。以 BR711 型接触网多功能检修作业车为例,其结构、参数如下。

图 8-12 BR711 型接触网多功能检修作业车

图 8-13 JDZ-160 型接触网多功能检修作业车

BR711 型接触网多功能检修作业车,车顶安装有接触网检测装置、导线拔线装置、升降旋转作业平台、高空作业斗等作业装置,照明灯具等,如图 8-14 所示。车内布置有司机室、工作间和生活间。车下装有两台动力转向架、两台柴油机、两台液力传动箱、两个组合式冷却装置、柴油机辅助装置、分动箱、燃油箱、柴油发电机组、应急泵组、蓄电池组、各静液压泵组及基础制动系统等，自运行速度最高 160 km/h，作业运行速度 0～10 km/h。

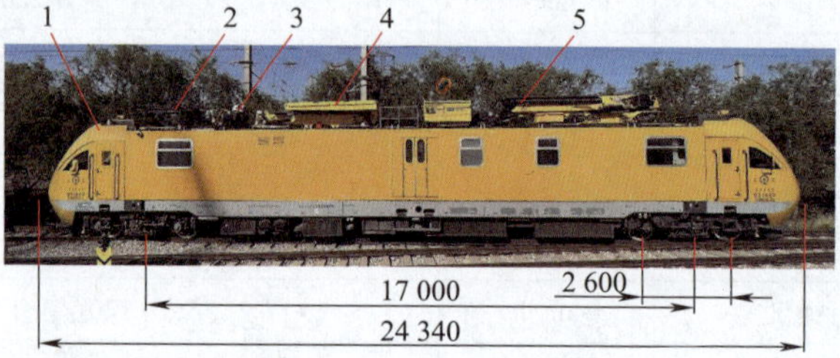

图 8-14　BR711 型接触网多功能检修作业车外形尺寸示意(单位：mm)

1—Ⅰ端司机室；2—接触网检测装置；3—导线拨线装置；4—升降旋转作业平台；5—高空作业斗

(二)工作原理

工作原理与 JW-4G 型接触网作业车相似。

(三)主要技术参数

BR711 型接触网多功能检修作业车主要技术参数见表 8-3。

表 8-3　BR711 型接触网多功能检修作业车主要技术参数

项目	参数名称	单位	技术参数
整车技术参数	轴式	—	B-B
	转向架中心距	mm	17 000
	转向架轴距	mm	2 600
	传动方式	—	作业走行采用液压传动，高速运行采用液力传动
	发动机总功率	kW	1 300
	传动箱吸收功率	kW	550×2
	燃油箱容积	L	≥1 600
	最高运行速度	km/h	160
	作业运行速度	km/h	0～10
	最大坡度	‰	≤33
	外轨最大超高	mm	180
	最大风速	m/s	12.5(6 级风)
	紧急制动距离	m	≤1 400(平直道，初速度 160 km/h)
	整备质量	t	84(包括 5 t 车载备品)
	外形尺寸(长×宽×高)	mm	24 340×2 875×4 610

四、DPT 型接触网检修作业车

(一)概　　述

DPT 型接触网检修作业车设计时速为 120 km,它具有 JW-4G 型接触网作业车的所有优点,此外,该车还配置了三个作业平台,三个作业平台独立操纵。主平台主要用于接触导线作业,可向上移动;辅助平台主要用于承力索、支柱、支撑装置等作业,可向上和分别向左右移动。

图 8-15　DPT 型接触网检修作业车

DPT 型接触网检修作业车为液力传动的四轴作业车,装机功率为 353 kW,最高运行速度为 120 km/h,其主体结构与 JW-4G 型接触网作业车类似,其区别在于在车体中部配置三平台作业装置,将一个驾驶室优化为两端两个驾驶室,如图 8-15、图 8-16 所示。

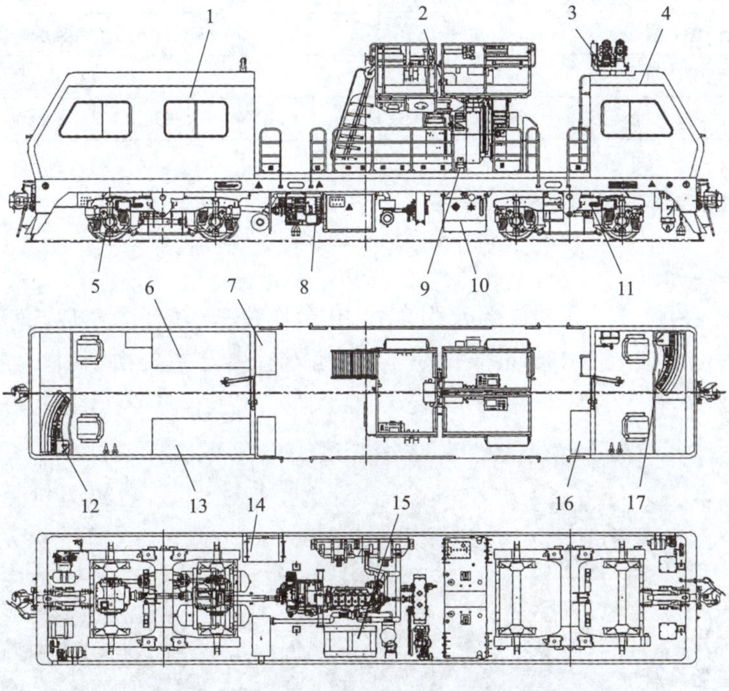

图 8-16　DPT 型接触网检修作业车外形示意

1—前司机室;2—三平台装置;3—抬拨线装置;4—后司机室;
5—动力转向架;6、13—卧铺;7、16—空调室外机;8—动力系统;
9—调平装置;10—燃油箱;11—转向架;12—前司机台;
14—蓄电池箱;15—发电机组;17—后司机台

(二)工作原理

工作原理与 JW-4G 接触网作业车相似。

(三)主要技术参数

DPT 型接触网检修作业车主要技术参数见表 8-4。

表 8-4　DPT 型接触网检修作业车主要技术参数

项目	参数名称	单位	技术参数
整车技术参数	轴列式	—	2-B
	转向架中心距	mm	9 200
	轴距	mm	2 400
	线路坡度	‰	33
	最高持续运行速度	km/h	120(牵引 50 t)
	最高连挂运行速度	km/h	120
	启动牵引力	kN	50
	燃油箱容积	L	1 090
	总风缸容积	L	500
	紧急制动距离	m	≤400(单机平直道,制动初始速度 80 km/h)
	钩缓装置	—	13B 上作用车钩及缓冲器
	整备质量	t	约 49
	外形尺寸(长×宽×高)	mm	15 930×3 300×4 500

五、JJC 型接触网检修作业车

(一)概　　述

JJC 型接触网检修作业车由 2 台牵引车和 10 台作业车组成(图 8-17),该车最高运行速度为 120 km/h,顶部安装有 175 m 长的贯通升降作业平台,主要由牵引车、物料存储车、设备预配车/安全用品车、工具车、储藏车、餐车、会议车、宿营车、办公车组成。

图 8-17　JJC 型接触网检修作业车外观

JJC 型接触网检修作业车集生产、生活于一体，主要用途包括高速或普速铁路接触网检修作业；线路维护中物料、工具、人员等的运输；为接触网检修作业提供后勤保障；接触网检修作业时的现场办公；随车配置发电机组、接触网供电电源，为整列车和外接电动机具提供电源。JJC 型接触网检修作业车功能分布如图 8-18 所示。

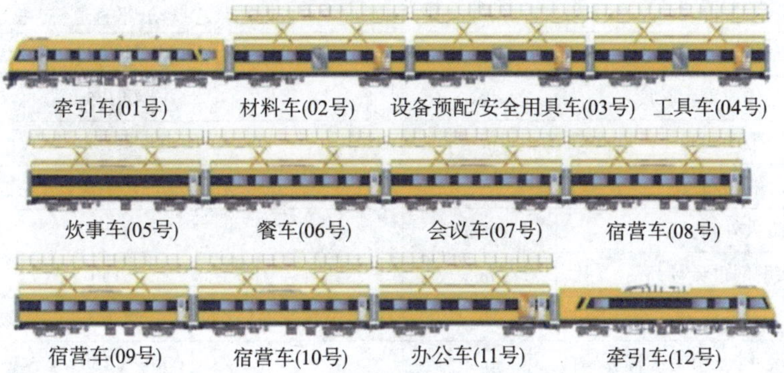

图 8-18　JJC 型接触网检修作业车车辆功能分布

JJC 型接触网检修作业车牵引车走行部采用两轴转向架，动力传动装置下悬式安装，每组转向架均设动力单元，整车共四套动力、传动装置，其设备安装位置如图 8-19 所示。

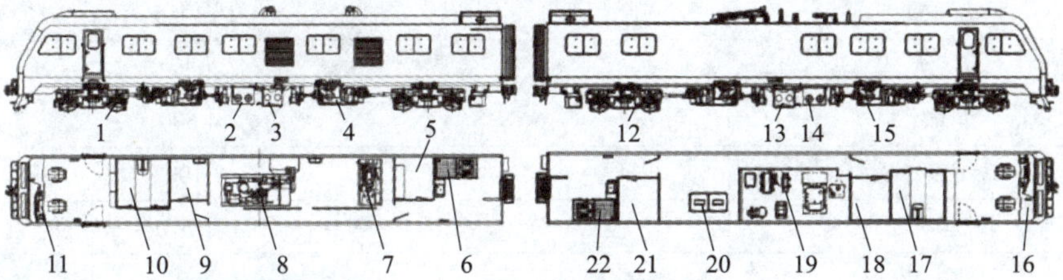

图 8-19　JJC 型接触网检修作业车设备安装分布示意

1、12—转向架；2、14—液压油箱；3、13—燃油箱；4、15—动力系统；5—配电室；6、22—卫生间；7—备发电机组；8—主发电机组；9、18、21—储物间；10、17—卧铺间；11、16—司机操纵台；19—弓网取电；20—配电柜

(二) 工作原理

工作原理与 JW-4G 型接触网作业车相似。

(三) 主要技术参数

JJC 型接触网检修作业车主要技术参数见表 8-5。

表 8-5　JJC 型接触网检修作业车主要技术参数

项目	参数名称	单位	技术参数
整车技术参数	最高运行速度	km/h	120
	轨距	mm	1 435
	动力单元数量	套	4

续上表

项目	参数名称	单位	技术参数
整车技术参数	装机功率	kW	353×2×2
	通过最小曲线半径(缓行)	m	145
	制动距离	m	≤800(紧急制动,平直道,初速 90 km/h) ≤1 400(紧急制动,平直道,初速 120 km/h)
	车钩缓冲形式	—	15 号小间隙车钩及 KC15 型缓冲器
	贯通作业平台长度	m	约 175
	最高风速	m/s	≤15
	线路坡度	—	33‰(通过);30‰及以下(起步)
	最大外轨超高	mm	180
	接触网最低导高	mm	5 150
	整备质量	t	约 545
	外形尺寸(长×宽×高)	mm	220 000×3 150×4 540
动力车技术参数	动力单元数量	套	2
	功率	kW	353×2
	轴列式	—	B-B
	整备质量	t	约 60
	轴重	t	约 14.5
	传动形式	—	液力传动
	车辆定距	mm	14 500
	转向架轴距	mm	2 100
	制动形式	—	JZ-7 型空气制动及手制动
	总风缸容积	L	500
	空压机排量	m^3/min	1.6×2
	排障器距轨面高度	mm	110±20
	柴油箱有效容积	L	1 450
	蓄电池容量	A·h	200×4
	外形尺寸(长×宽×高)	mm	22 065×3 150×4 450

六、HDX 型接触网检修作业车

(一)概　　述

HDX 型混合动力接触网检修作业车由内燃发动机、牵引电机及附属系统共同构成作业车的动力系统。动力系统采用柴油机和蓄电池两套动力,搭载三作业平台、高空作业斗、抬拨线装置和调平装置等作业机构。

HDX 型混合动力接触网检修作业车的动力系统采用下沉式布置,增大车上空间,降低室内噪声;隧道作业时由蓄电池提供牵引动力,环保、无污染,改善了作业环境;隧道外由发动机提供牵引动力,同时给蓄电池进行充电,如图 8-20 所示。

图 8-20　HDX 型接触网检修作业车外观

(二)工作原理

HDX 型混合动力接触网检修作业车配置两套动力单元,具有两个输入端的液力传动箱,通过 TCU(自动变速箱控制单元)实现动力的切换,如图 8-21 所示。液力传动时,牵引电动机处于脱开位,柴油机处于工作位;电传动时,通过变速箱内部离合器的啮合,将牵引电动机处于工作位,驱动车辆走行,柴油机处于脱开位;在无火回送时,牵引电动机处于脱开位。

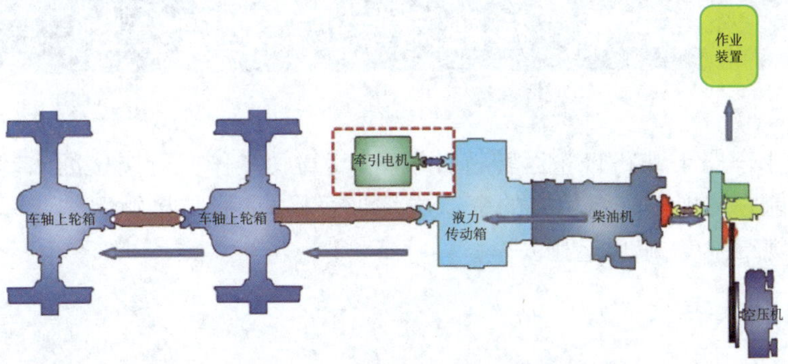

图 8-21　混合动力接触网作业车传动系统示意

电传动牵引系统由蓄电池、牵引逆变器、牵引电动机等组成,如图 8-22 所示。

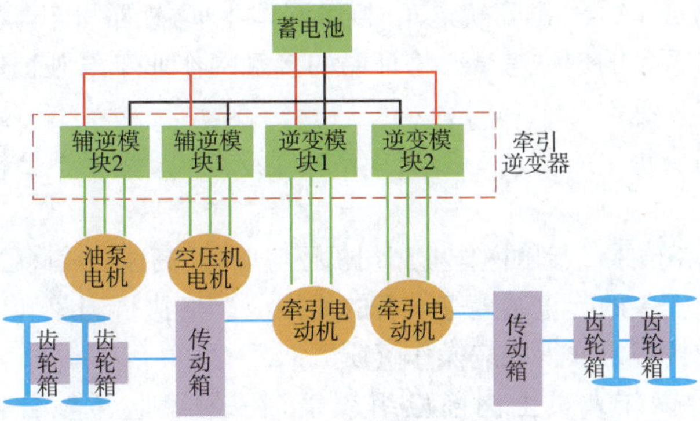

图 8-22　混合动力接触网作业车电传动示意

(三)主要技术参数

HDX 型混合动力接触网检修作业车的车辆参数与 DPT 型接触网检修作业车基本相同,不同性能参数见表 8-6。

表 8-6 HDX 型接触网检修作业车主要技术参数

项目	参数名称	单位	技术参数
整车技术参数	动力单元数量	套	2
	装机功率	kW	353×2
	发动机	—	WP12.480 型电喷水冷柴油发动机
	液力传动箱	—	日本 NICO 公司 TACHN-22-2001 型
	牵引电动机功率	kW	55
	最高运行速度(内燃)	km/h	120
	最高走行速度(电动)	km/h	20
	续航能力(内燃)	h	8
	续航能力(电动作业)	h	3

第三节 接触网作业车运用安全

接触网作业车属于铁路自轮运转特种设备,其驾驶操作实行岗位准入制度,驾驶操作接触网作业车前应按规定取得相应的资质或培训合格,掌握与接触网作业车行车安全、作业安全相关的规章制度,确保运用安全。

一、岗位准入要求

在我国铁路营业线上,承担施工、维修、检测、试验等任务的轨道车、接触网作业车驾驶人员,应当通过国家铁路局组织的考试,取得相应类别的铁路机车车辆驾驶证[1]。接触网作业车驾驶人员,应当通过国家铁路局组织的考试,并取得 L1 类(准驾大型养路机械和轨道车、接触网作业车)或 L3 类(准驾轨道车、接触网作业车)铁路机车车辆驾驶证[2]。

持有国家铁路局颁发的理论考试合格证明的接触网作业车驾驶证申请人,在司机指导下方能进行实际操作训练[3]。

接触网作业车司机每年应按规定参加资格年鉴工作[4],鉴定不合格者,不准驾驶接触网作业车。

进入高速铁路线路值乘的接触网作业车司机还应取得"高速铁路岗位培训合格证书"[5]。

接触网作业车上安装的起重装置等设备的使用应严格执行国家和国铁集团有关规定,起重设备操作人员应按规定取得相应操作资质[6]。

接触网作业平台操作人员上岗前应组织培训,经培训、考核合格后方可操作作业平台[6]。

二、职业能力要求

安全知识：接触网作业车司机应熟悉和掌握《铁路技术管理规程》《铁路车机联控作业》《铁路运输调度规则》《电气化铁路有关人员电气安全规则》《普速铁路接触网安全工作规程》《防止机车车辆溜逸管理办法》《轨道作业车管理规则》以及所在局集团公司行车组织规则、行车组织细则等与接触网作业车行车和安全相关的规章，正确理解规章各项要求，能够正确识别铁路行车信号、行车标志、线路标志等各种标志符号并严格执行，确保行车安全和作业安全。

专业知识：接触网作业车司机应熟悉行车安全设备的基本工作原理、结构和技术性能，按操作手册、作业指导书规范操作；熟悉所驾车型的基本结构、工作原理、检修保养内容及方法，掌握常见故障的处理方法及故障应急处置方法，按照一次出乘作业标准规范驾驶。

三、安全注意事项

1. 一般要求

(1)从事接触网作业车相关工作的人员，应严格执行《铁路技术管理规程》《铁路车机联控作业》《铁路运输调度规则》《电气化铁路有关人员电气安全规则》《普速铁路接触网安全工作规程》《防止机车车辆溜逸管理办法》和接触网作业车相关的安全规定，遵守《轨道作业车管理规则》相关的运行、作业、消防等安全管理要求。

(2)接触网作业车须配备轨道车运行控制设备(GYK)、机车综合无线通信设备(CIR)及防护备品(根据需要配备 GSM-R 手持终端)[7]，并应配备起复设备、防溜器具、轴温监测装置、灭火器具等[8]。

(3)接触网作业车应按规定进行年检鉴定，经年检鉴定合格并取得铁路局集团公司发放的“年检合格证”后，方可上线运行[9]。

2. 运行安全注意事项

(1)接触网作业车上线运行前应合理编组，保证车组操纵端具有良好的瞭望条件。司机应在运行方向的前端操纵接触网作业车[10]。

(2)司机须严格执行一次出乘、呼唤应答和车机联控等作业标准，规范操纵接触网作业车[11]。

(3)出乘前准备工作：司机应按规定开启行车安全设备；按规定进行制动机性能试验；检查确认走行传动系统、悬挂部件状态良好；检查确认车辆连挂及各作业机构复位、锁定状态符合要求；检查车上人员及车下周围人员安全；检查物料、工机具装载加固良好。动车前按规定撤除防溜、防护设施[11]。

(4)开车前，正副驾驶应共同确认行车凭证、发车信号正确无误[11]。

(5)司机应集中精力，严格执行“彻底瞭望、确认信号、准确呼唤、手比眼看”的“十六字令”，遵守各种允许及限制速度，严禁超速和臆测行车；时刻注意线路状况，随时检查各仪表状态，遇有异响、异味、走行制动系统等与安全有关的总成或部件异常、信号显示不明、地面信号机和机车信号显示不一致、危及行车和人身安全时，应立即采取减速或停车等必要的安全措施[11]。

(6)在长大下坡道运行时，司机应适时使用制动机，防止超速，不得关闭发动机，接触网作业车不得空挡运行[11]。

(7)在站内停车待避时,应进行保压制动;在车站停机等待时,应按规定设置防溜;正副驾驶不得同时离车[11]。

(8)接触网作业车严禁搭乘与工作无关的人员。接触网作业车乘坐人员应听从指挥,不准喧哗打闹,不得影响司机瞭望及操作,非操纵端司机位严禁与驾驶无关的人员入座。司机确认乘坐人员上、下车完毕后,方可动车[12]。

(9)在车站或停留线停留过夜时,应采取防溜措施,拧紧两端车辆的人力制动机,两端车辆用铁鞋双向止轮并加锁防盗,夜间车组两端以双面红色信号灯光防护,并派人值守[13]。

(10)接触网作业车在驻地停留,全部车辆须停在警冲标内[14]。

3. 电气化区段作业安全注意事项[15]

电气化区段作业前,应学习和掌握电气化区段施工安全常识,严禁在接触网及其支柱上挂绳索或衣物,不得在支柱上攀登或在支柱旁休息。在电气化铁路使用轨道作业车应执行《电气化铁路有关人员电气安全规则》的有关规定,未确认停电和采取安全措施前,应严格遵守以下规定。

(1)严禁攀登车顶,严禁使用或攀登作业平台、高空作业斗等作业机构。

(2)不得用水冲洗车辆。

(3)装卸长大物料时,不得高抬翻转,严禁竖立,并应注意避开接触网设备。

(4)任何人员及所携带的工具及物品与牵引供电设备带电部分应保持2 m以上的距离。

(5)在距接触网不足2 m处作业时,接触网须停电。

4. 起重作业安全注意事项[16]

(1)须指派胜任人员担任现场指挥,指定专人负责防护。

(2)双线或多线并行区段作业,邻线未封锁时,正确使用限位装置,不得侵入邻线建筑限界。邻线有列车通过时应停止作业。

(3)吊装前应确认力矩限制器、制动器、吊钩、绳索等工作状态良好。

(4)吊装时按规定使用支腿,严禁超载、偏载作业。

(5)高层摘挂应使用长杆挑钩,登高作业应确认攀登物牢固。

(6)两台或多台起重装置配合作业时须保持动作同步;升降、回转、变幅操作须分步进行。

(7)单钩起吊物料时,起吊前应拴挂方向绳,防止物料在空中转动。

(8)作业完毕后,须将吊臂和支腿完全复位并确认锁止可靠、不超限界,确认具备运行条件后,方可动车。

5. 装卸作业安全注意事项[17]

(1)应指派装卸车负责人,指定专人负责防护。

(2)邻线来车时,应停止装卸作业。

(3)卸车时不得偏卸,卸下的物料不得侵入本线或邻线建筑限界。

(4)按载重和集重有关要求装载,不得偏载,不准超限。

(5)装载货物应稳固。未达到装载加固要求,不得动车。

(6)跨装长大物件应使用货物转向架或游车。

6. 作业平台操作注意事项[18]

(1)司机未接到施工负责人接触网停电、接地线设置完成的通知,严禁打开平台电源控制开关及登梯门禁。

(2)在双线区段或站场内作业时,正确使用限位装置,严禁向有电侧或未封锁线路侧旋转作业平台。

(3)平台上有人员作业时,禁止移动车辆;平台上有作业人员时,车辆移动速度不得超过10 km/h;平台升降、旋转时严禁作业人员上、下作业平台;作业平台严禁超载、偏载,禁止使用平台顶、拽固定设备。

(4)作业结束,平台操作人员须将平台及平台上的装置复位,并将施工料具及时清理,与司机共同确认后方可动车。

7. 高速铁路作业安全注意事项[19]

在高速铁路线路上作业时,随车工机具、器材等物品应建立登记确认制度,作业结束后必须清点清楚、核对记录,确认携带工机具齐全后方可开车,如发生零部件、装载物料及工机具遗失,应及时报告。轨道作业车随车配备的工机具及辅助设备应落实定置及编号管理,临时上车的工机具及物料应专管专用,所有工机具应加贴反光标志。

8. 消防安全注意事项

(1)接触网作业车内原则上不得使用明火,因生产或生活确需用火时,由铁路局集团公司制定防火、防中毒安全措施,车内取暖宜选用电加热取暖器、冷暖空调机, 使用有安全装置的低压取暖炉时,炉具应可靠固定,严格按流程操作。

(2)接触网作业车加注燃油时,应注意防火,严禁在油箱附近及加油作业中吸烟;需使用电(气)焊时,应尽量远离油箱,清除附近的易燃易爆物品,并准备足够的灭火器。

9. 下列人员不得驾驶接触网作业车[20]

(1)走私、贩卖或者吸食毒品的。

(2)组织、领导或者参与恐怖主义活动的。

(3)饮酒、服用国家管制的精神药品或者麻醉药品,或者患有妨碍安全驾驶铁路机车车辆疾病,或者存在其他影响安全驾驶行为的。

(4)违章驾驶后未采取考核、教育、培训等措施的。

复习思考题

1. 接触网作业车是如何进行分类的?
2. 机械传动接触网作业车是如何传递动力的?
3. 液力传动接触网作业车是如何传递动力的?
4. 接触网作业车驾驶人员应具备什么资格?
5. 接触网作业车司机应具备哪些专业知识?
6. 分动箱的作用是什么?
7. 哪些人员不得驾驶接触网作业车?
8. 接触网作业车作业平台操作时应注意哪些问题?
9. 在接触网作业车运行中,司机应注意哪些问题?

引用规章文件

[1]《铁路机车车辆驾驶人员资格许可实施细则》(国铁设备监〔2016〕42 号)第一章第二条
[2]《轨道作业车管理规则》(铁工电〔2021〕24 号)第三章第四十二条
[3]《轨道作业车管理规则》(铁工电〔2021〕24 号)第三章第十四条
[4]《轨道作业车管理规则》(铁工电〔2021〕24 号)第三章第二十一条
[5]《轨道作业车管理规则》(铁工电〔2021〕24 号)第五章第七十七条
[6]《轨道作业车管理规则》(铁工电〔2021〕24 号)第三章第三十二条
[7]《轨道作业车管理规则》(铁工电〔2021〕24 号)第三章第二十四条
[8]《轨道作业车管理规则》(铁工电〔2021〕24 号)第三章第三十七条
[9]《轨道作业车管理规则》(铁工电〔2021〕24 号)第三章第二十八条
[10]《轨道作业车管理规则》(铁工电〔2021〕24 号)第四章第四十四条
[11]《轨道作业车管理规则》(铁工电〔2021〕24 号)第四章第五十二条
[12]《轨道作业车管理规则》(铁工电〔2021〕24 号)第六章第九十二条
[13]《轨道作业车管理规则》(铁工电〔2021〕24 号)第六章第九十八条
[14]《轨道作业车管理规则》(铁工电〔2021〕24 号)第四章第六十四条
[15]《轨道作业车管理规则》(铁工电〔2021〕24 号)第六章第九十三条
[16]《轨道作业车管理规则》(铁工电〔2021〕24 号)第六章第一百条
[17]《轨道作业车管理规则》(铁工电〔2021〕24 号)第六章第一百零一条
[18]《轨道作业车管理规则》(铁工电〔2021〕24 号)第六章第九十九条
[19]《轨道作业车管理规则》(铁工电〔2021〕24 号)第五章第七十九条
[20]《轨道作业车管理规则》(铁工电〔2021〕24 号)第三章第十五条

第九章

接触网施工与新线建设提前介入

学习任务

接触网施工是接触网新线建设、更新改造、大修的实现途径,施工质量直接关系着接触网的运行安全。高速铁路对接触网施工工艺和施工质量提出了更高的要求。新线建设提前介入是设备管理单位从源头卡控设备质量、监督施工单位按照设计施工的重要环节,掌握接触网施工基本知识、把控施工安全、做好新线建设提前介入工作是每位接触网从业人员重要的责任和值得学习的内容。

本章结合高速铁路接触网特点对高速铁路接触网施工步骤及方法进行重点介绍,结合实例对接触网施工的组织过程和施工安全管理进行介绍,还介绍了新建电气化铁路提前介入阶段划分、人员培训、各阶段主要工作等方面的内容。

通过学习,牢记电气化铁路建设全过程,熟悉电气化铁路施工基础知识、高速铁路的施工特点和步骤;掌握施工作业组织,施工安全管理,新线建设提前介入各阶段的工作重点和从设计、施工、材料等源头卡控工程建设质量的主要内容。

第一节　接触网施工基础知识

一、高速铁路接触网施工特点及步骤

高速铁路接触网施工特点:一是精准的施工测量技术;二是吊弦、腕臂均经过精确计算,采用工厂化预制;三是线索架设采用恒张力架线技术;四是接触网精调施工技术。其施工步骤如图 9-1 所示。

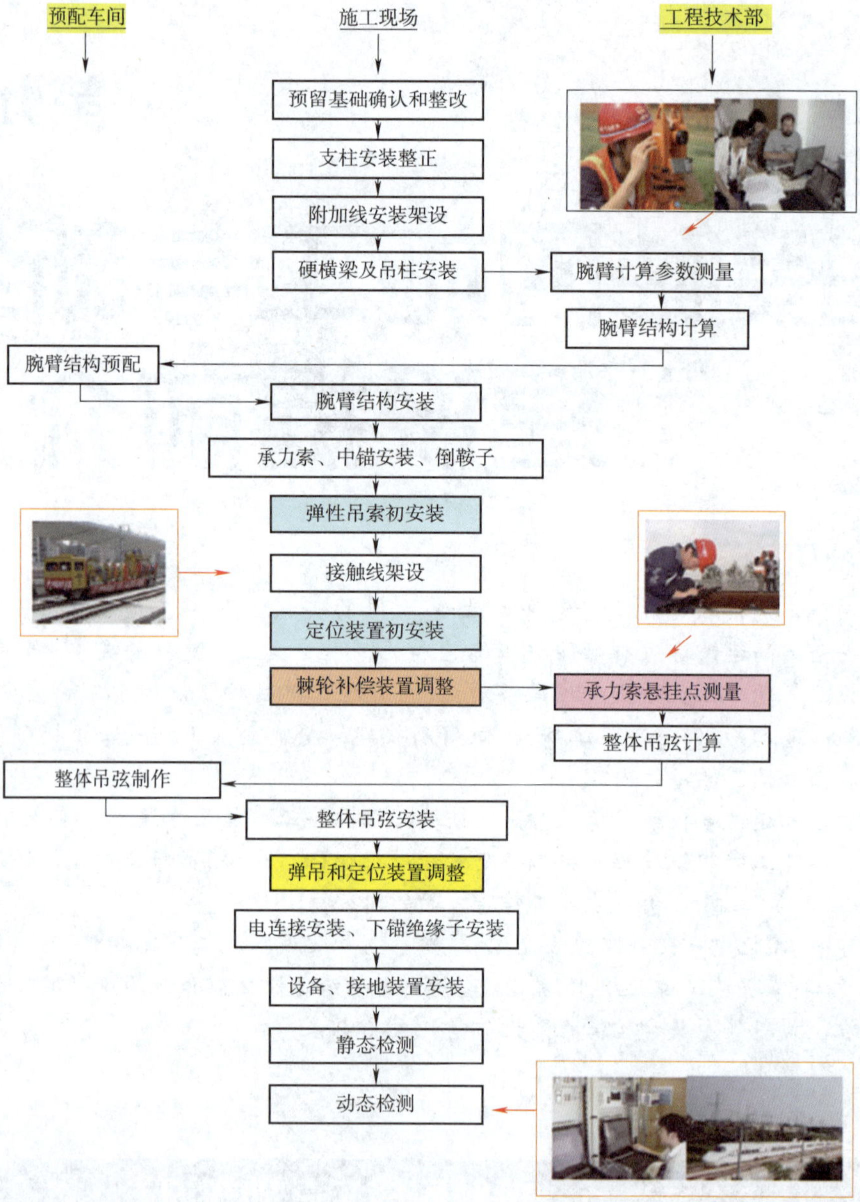

图 9-1　高速铁路接触网施工步骤

(一) 施工测量

新建高速铁路接触网工程从支柱基础定位测量、腕臂测量计算安装、吊弦测量计算安装、接触网检测精调等均应以线路轨道横、纵断面设计图为依据，采用精密测量控制网(简称精测网)来进行施工测量。通过高速铁路精测网基桩参数及其对应的线路参数、曲线桩位置坐标值及曲线参数值，可以确定接触网支柱侧面限界、支柱基础面相对于低轨面的高差、外轨超高等，以此作为接触网施工和复核站前专业施工的接触网基础工程质量的依据；需测量隧道内接触网的预埋槽道、锚栓、下锚断面位置，核查路基、桥梁上接触网支柱及拉线基础位置是否符合设计要求;需测量核定接触网支柱垂直线路中心线偏差及上部孔位的准确性、隧道内吊柱及锚栓的施工偏差;需测量并计算吊弦长度。

(二)腕臂施工

1. 数据采集

(1)轨道超高测量:用道尺或接触网激光测量仪测量轨道超高。

(2)划轨面标高记号:以工务线路精调到位后的实际轨面为基准,采用水准仪和塔尺进行测量,经换算后标记在支柱上。

(3)支柱倾斜率测量(mm/m):一般支柱可采用支柱斜率仪测量支柱线路侧斜率,以提高工作效率。硬横跨吊柱可用经纬仪测量。

(4)侧面限界测量:支柱内沿至轨道中心的距离,采用接触网激光测量仪测量支柱侧面限界,或者采用丁字尺、水平尺测量。硬横跨吊柱侧面限界用经纬仪、丁字尺和水平尺测量。

(5)测量跨距。

2. 数据处理

通过测量参数(侧面限界、支柱倾斜率、上底座安装高度、下底座安装高度、跨距);设计参数(拉出值、导高、结构高度、支柱类型、定位方式、跨距);零件参数(承力索底座、定位器、锚支定位卡子、套管单耳、双套筒连接器、双耳套筒、定位管连接器、拉线定位钩、防风拉线定位环);装配参数(零件之间的间隔尺寸、端头预留)建立腕臂预配计算模型进行计算,再通过定位器坡度和允许抬升校验零件装配能否满足要求,最后给出计算结果(预配表)。

3. 腕臂预配

腕臂预配的步骤为:(1)根据预配表备齐材料;(2)确定腕臂下料尺寸及各类零件安装位置;(3)在平、斜腕臂上做标记;(4)切割平、斜腕臂;(5)组装各类零件;(6)预配组合定位装置;(7)腕臂组合、包装;(8)填写预配记录。

4. 腕臂安装

腕臂安装的步骤为:(1)确定腕臂底座安装位置;(2)安装腕臂底座;(3)安装绝缘子;(4)安装腕臂;(5)检查精度;(6)将组合定位固定在斜腕臂上;(7)固定腕臂;(8)填写安装记录。安装腕臂底座、绝缘子、腕臂如图9-2至图9-4所示。

图9-2　安装底座

图9-3　安装绝缘子

图9-4　安装腕臂

(三)恒张力架线

1. 承力索、接触线架线流程

(1)架线前核查承力索、接触线的质量及长度,核查放线架的线轴直径是否与线盘的轴孔匹配,以免间隙过大而导致放线后产生硬弯,对曲线区段腕臂临时加固,如上下行腕臂对拉等。

(2)架设承力索。

(3)安装接触线调直器。

(4)架设接触线。

(5)检测接触线平直度。

(6)临时安装定位器。

(7)填写安装记录。

架设导线场景如图 9-5 至图 9-7 所示。

图 9-5 恒张力架线现场场景 1

图 9-6 恒张力架线现场场景 2

图 9-7 恒张力架线现场场景 3

2. 恒张力架线技术要点

(1)安装调直器的位置和方向正确。

(2)线盘引线方向正确,连接可靠。

(3)设定架线张力,一般取 8 ~ 10 kN。

(4)架线车运行速度保持 3 ~ 5 km/h,匀速行驶,中途不应停车。

(5)架线过程中张力变化范围 ±5%。

(6)落锚时紧线器连接可靠,张力转换平稳。

(7)接触线架设应在每个跨距内均匀悬挂不少于 4 个带有滑轮的工具吊弦,如图 9-8 所示。

(8)接触线架设完成后,应使用接触线专用检测尺和塞尺对接触线平直度进行检测,每300 m检测1处,最大空气间隙(即接触线平直度)不应大于0.1 mm/m,如图9-9所示。

图9-8　"S"钩及放线滑轮

图9-9　对接触线平直度进行检测

(四)吊弦安装

1. 数据采集

利用接触网激光测量仪测出悬挂点承力索高度(承力索距轨水平面的高差)和跨距,并做好记录。

2. 数据处理

通过建立整体吊弦预配的数学模型进行计算,得出每根吊弦的长度。

3. 吊弦预制步骤

(1)施工准备;(2)回头制作;(3)精调吊弦长度;(4)压接;(5)对成品长度进行复核;(6)标记;(7)包装;(8)填写预制记录。吊弦预制如图9-10所示。

图9-10　吊弦预制

4. 整体吊弦的制作要求

(1)铜绞线整体吊弦线应进行预张拉。

(2)制作应采用整体吊弦制作专用平台。

(3)压接宜采用恒压液压机。

(4)整体吊弦制作长度偏差应在±1.5 mm以内。

5. 整体吊弦安装

一个锚段只允许2个作业小组,分别从中心锚结向两侧下锚方向开始安装。从中心锚结到下锚方向的半个锚段范围内只允许1个作业小组按顺序依次安装,不得跳跃,不能任意选择安装位置。

(五)接触网施工精调技术

主要项目有:补偿装置、隧道吊柱、腕臂结构内重点部件精调检查,整锚段接触线高度平顺性调整,锚段关节式电分相装置、电连接线、中心锚结、上网隔离开关远动功能,隔离开关引线弛度,隧道入口、隧道内、低净空桥、接触网非工支下锚处动态电气绝缘(含开关引线),分段绝缘器,线岔及岔区接触网布置,静态几何尺寸调整,动态几何尺寸调整等。

(六)接触线平直度的控制

为满足高速铁路的高精确度、高平顺性、高稳定性、高可靠性和高安全性等要求,《高速铁路电力牵引供电工程施工技术规程》提出接触线平直度要求,实现接触线的高平顺性。接触线平顺性包括接触线相对轨面的高度、接触线平直度等要求。与轨道"长波""短波"高平顺性要求类似,一个工程项目全线的接触线("长波")、局部接触线("短波")、相邻局部接触线之间均应达到高平顺。

1. 接触线相对轨面的高度

(1)轨道调整完成后,接触线悬挂点距轨面的高度应符合设计要求(全线数百乃至上千米的"长波"),施工允许偏差+30 mm,且应同时符合下列(局部、"短波")要求。

①相邻跨距(100 m左右的"短波")接触线高度变化允许偏差不得大于20 mm(不超出图9-11所示阴影范围),即:本跨距与相邻跨距接触线高度变化趋势相同(同向)时,本跨距两悬挂点接触线高度允许偏差+20 mm;本跨距与相邻跨距接触线高度变化趋势不同(异向)时,本跨距两悬挂点接触线高度允许偏差±10 mm。

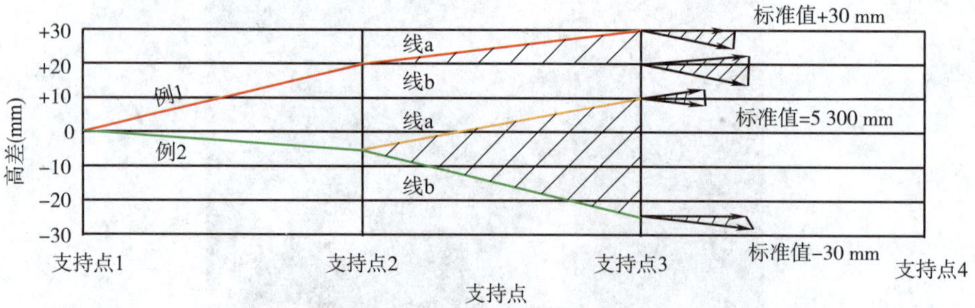

图9-11 相邻跨距接触线高度变化允许偏差示意

②1个跨距内(50 m左右的"短波")两相邻吊弦处的接触线高度差不得大于10 mm。

③定位点两侧第1吊弦范围内(10 m左右的"短波")接触线高度应相等,相对该定位点的接触线高度施工允许偏差±10 mm,且不得出现"V"形,如图9-12所示,以免该定位点处的弓网动态接触力超标。

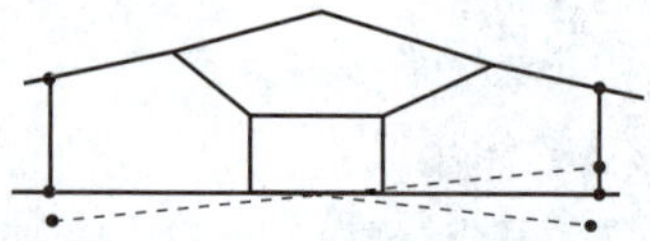

图9-12 定位点两侧第1吊弦范围内接触线高度施工允许偏差范围示意

(2)接触线工作支悬挂点高度变化时,时速 250 km 接触线坡度不得大于 1‰,坡度变化率不得大于 0.5‰。

2. 接触线平直度

我国高速铁路建设实践证明,接触网工程不论采用铜镁或铜锡合金接触线,只要严格遵照对接触线架设的相关要求,接触线硬弯不大于 0.1 mm/m,对接触线平直度的要求可以达到。

(七)施工作业放行列车条件[1]

《国铁集团铁路营业线施工管理办法》规定,高速铁路更换整锚段承力索、接触线,接触网故障恢复作业后几何参数发生变化、导线损伤或有临时接头时,开通后速度不超过 160 km/h;经对接触网调整后,限速不超过 200 km/h;再经精调、检测车检测合格,恢复正常速度。

二、普速铁路接触网施工

(一)施工测量

接触网施工测量主要是按照接触网设计平面图上规定的跨距、侧面限界等进行杆位的测量定位,即确定支柱和基础的位置。跨距的测量称为纵向测量,限界的测量称为横向测量。

(二)基坑开挖

1. 挖坑发现地下设施(如电缆、管道等)不能自行处理时,由施工负责人与有关单位联系处理。

2. 挖坑时必须注意路基的稳定,不得使其受到破坏和减弱。挖坑作业遇到排水沟(盲沟),应做疏通改道排水工作,以免积水影响路基的稳固。

3. 挖坑时,坑边不得放置重物或工具。

4. 挖坑时,应随时注意坑壁的稳定情况,如有变化,应及时加强防护措施。

5. 挖坑地段必须设专人经常巡回检查,发现情况及时处理与上报。开挖的基坑,于收工前进行检查,确认路基稳固,坑壁坚固,无塌落危险,方可离开,必要时应设专人看守。

6. 在站内或有行人通过的地段,挖坑时,应采取防人、畜坠落的安全措施,如悬挂标示牌或有木板盖住坑口,或设人防护,夜间应加设灯光防护,但不能与行车信号混淆。

(三)钢柱基础施工

钢柱基础施工首先要根据接触网设计平面图查出钢柱类型和基础类型,根据钢柱的类型和基础类型,来确定基础的各部尺寸和材料、零件等。现场常用的钢柱主要为 13 m 或 15 m 的钢柱。

接触网设计平面图中 G××/13 和 G××/15 基础类型,根据钢柱埋置地段情况以及土质情况来确定配套的材料零件是否符合相关规定。在施工中应注意地脚螺栓弯钩指向基础内部。

(四)横卧板底板的安装

1. 横卧板的安装

根据地质情况,为了保证土质松软地带钢筋混凝土柱的稳定性,加设横卧板以增大支柱与土块的接触面积,保证支柱的稳定性。在接触网施工设计时,根据地质的实际情况以及杆型决定是否加设横卧板,或只设上部横卧板,或上、下部均设横卧板。

2. 底板的安装

为了防止混凝土锚柱和软横跨柱受垂直负荷下沉，在土质松软时，支柱下面需加底板，以增大对地的接触面积而减小压强，底板必须在立杆前安装。底板中心应与支柱中心重合。为了方便，普通锚柱的底板用Ⅱ型横卧板代替，软横跨柱的底板规格采用平板式。

（五）架设承力索、接触线

1. 架线流程

架线流程如图 9-13 所示。

图 9-13　架线流程

2. 架线相关要求

（1）线索在车站的架线顺序应满足线索交叉的技术要求，即正线位于侧线下方，重要线路位于次要线路下方，工作支位于非工作支下方。

（2）线索在软横跨上穿线。承力索在穿越软横跨时，从上部固定绳和下部固定绳之间穿过，并悬吊在上部固定绳上的悬吊滑轮里。

（3）线索下锚穿线。穿线是指当遇线索交叉时，按照线索交叉的要求，将线索从已放线索的上方穿越的放线过程。

（4）起锚端的穿线方法

①架线车停车于起锚端道岔区放线锚段的股道起始位置。

②自放线线盘拉出线头，放出线索 30 ~ 50 m。

③在交叉点前（后）将线头吊起穿越已放线索。

④地面人员牵引线索沿下锚路径前进到下一个交叉点。

⑤重复步骤③、④，至锚柱附近。

⑥承力索做回头与锚柱装配绝缘子串相连，架线车开始向终锚方向放线。

（5）终锚端穿线方法

①放线车沿锚段路径至终锚需穿越时，暂不再将线索挂起，直至到达放线终锚柱时，停车将线索剪断。

②将线尾随同放线车折回至终锚端第一个穿线地点，利用放线车平台穿线；穿线后利用放线车牵引线头，至下一个穿线点，直至锚柱。

第二节　营业线接触网施工组织

一、施工作业组织[2]

（一）施工方案

为保证营业线施工的人身、行车和设备安全，营业线施工单位应当在施工前编制安全、完整、准确的施工方案，并经相关设备管理单位和行车组织单位会签后，上报铁路局集团公司主管业务部室（建设项目施工方案应先报项目管理机构预审，再报铁路局集团公司主管业务部室）。提报的施工方案应包括：施工项目及负责人、作业内容、地点和时间、影响范围及限制行车条件、设备变化和行车方式变化、技术标准、施工方式及流程、施工过渡方案、施工组织、施工安全和质量的保障措施、施工防护办法、列车运行条件、验收安排、指挥体系、应急预案等基本内容。

（二）施工安全协议

施工方案审核确定后，施工单位应当与设备管理单位、行车组织单位按施工项目分别签订施工安全协议。

设备管理单位在自管范围内进行的维修作业，可不签订施工安全协议；涉及非自管设备时应与相关单位签订施工安全协议。施工安全协议基本内容包括：工程概况（施工项目、作业内容、地点和时间、影响范围）；施工责任地段和期限；双方所遵循的技术标准、规程和规范；安全防护内容、措施及结合部安全分工（根据工点、专业实际情况，由双方制定具体条款）；双方安全责任、权利和义务（包括共同安全职责和双方各自安全职责）；违约责任和经济赔偿办法（包括发生铁路交通责任事故时双方所承担的法律责任）；安全监督检查和基建、技术改造项目配合费用；法律法规规定的其他内容。

（三）营业线施工组织实施

1. 提前申报施工计划

营业线施工实行计划管理，所有施工应当纳入施工计划。营业线施工单位在提交施工计划申请时，应当同时提交施工安全协议。未经审批、未签订施工安全协议、未纳入计划的施工项目，严禁施工。设备管理单位接到营业线施工单位的申请后，应当对施工方案和计划及影响范围进行认真核对，并在营业线施工开始前派员进行施工配合和安全监督。

2. 提前进行技术交底

营业线施工前，施工单位应当做好充分准备，并提前向设备管理和使用单位进行技术交底，特别是影响行车安全的工程和隐蔽工程。

3. 施工作业的组织实施（以高速铁路整锚段更换承力索、接触线为例）

（1）施工方案

①施工顺序为先换承力索、后换接触线。

②为保证新换线、索的平直度，严格防止新换线、索发生损伤、弯折，均采用恒张力车放线，其中承力索恒定张力 5 kN、接触线恒定张力 10 kN，放线速度为匀速 3 km/h，接触线从起锚一次性放线至落锚锚柱。

③承力索更换为防止新放承力索与反定位管斜拉线摩擦，采取将定位管侧斜拉线撤除，使用 ϕ10 mm 软绳临时固定定位管。

④为防止放线及落锚紧线过程中坠砣发生窜动，对两端补偿坠砣采取临时固定措施。

⑤为保证张力的均衡，中锚倒接安装完成后，方能对更换的承力索进行新承力索导入承力索座操作，开展安装吊弦吊索、吊弦等其他后续工作；对更换的接触线进行工作面确认、倒接安装定位、吊弦等其他后续工作。

(2)施工车辆编组及放线流程

所放锚段线索涉及的锚段关节开口、闭口布置如图 9-14 所示。

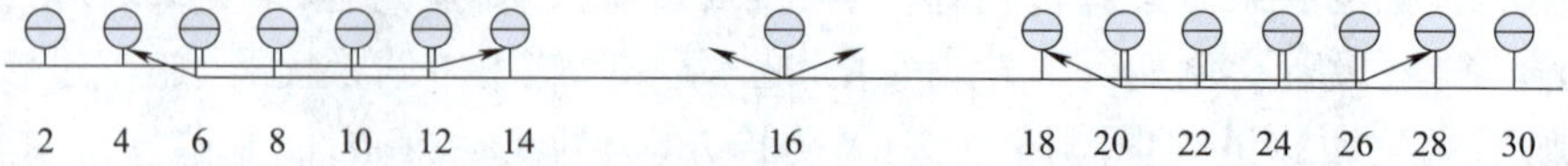

图 9-14 更换线索的锚段关节开口、闭口布置示意

根据放线过程中尽量减少穿线、翻线的原则,车辆编组及放线方向如图 9-15 所示。放线过程中,承力索、接触线穿线位置均在 6 号支柱(分别在工作支承力索、接触线上方穿线),自 6 号至 28 号以推行放线的方式展放线索。其中新承力索在 20 号 ~22 号跨中与旧承力索进行并锚,新承力索继续展放至 28 号支柱后断线,利用承力索柔软的特性,再折回在 20 号支柱翻越非支接触线后继续人工展放至 28 号支柱落锚;接触线则自 6 号支柱一直推放至 28 号支柱落锚。

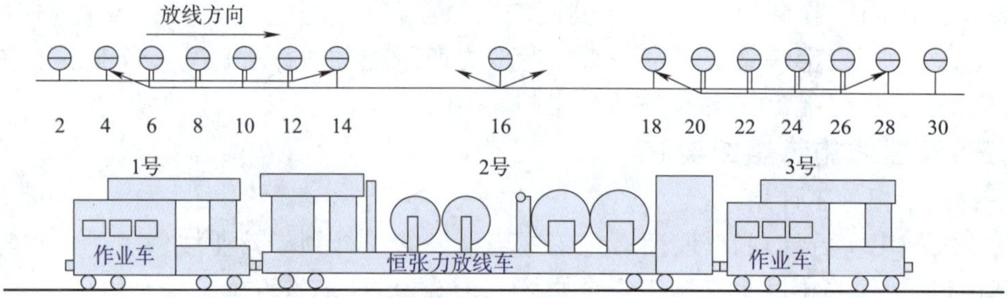

图 9-15 放线车辆编组及放线方向示意

(3)按照施工方案确定的施工方式及流程,将施工任务具体铺排到每一个天窗点里。具体如下:

第 1 个点:将既有压接式电连接线夹进行破拆,更换为螺栓式电连接线夹,对既有锚段参数及弹吊张力进行全面测量。

第 2 个点:进行承力索更换和弹性吊索更换,吊弦、电连接倒换。

第 3 个点:进行接触线更换,吊弦、电连接倒换。

第 4 个点:压接新电连接,调整 a、b 值,接触悬挂精调等。

(4)人员组织

根据作业范围和工作量,在人员组织上设置工作领导人 1 人、驻站联络员 1 人、接地防护 4 人、起锚作业组 3 ~6 人、落锚作业组 3 ~6 人、恒张力放线车组 6 人、梯车作业组 28 人(4 个组,每组 7 人)、测量组 4 ~6 人、作业车司机 6 人,共计至少 56 人。

(5)机具组织

接触网作业车 2 辆、恒张力放线车 1 辆、梯车 4 台;工程车 3 辆、中巴车 1 辆;4T 手拉链条葫芦 6 台、3T 手拉链条葫芦 6 台、1.5 T 手拉链条葫芦 3 台、钢丝绳滑轮组(4T、1:4、100 m)、绝缘滑轮组(1:4、20 m);钢丝套子(4T-5 m 2 根、4T-1.5 m 4 根、3T-5 m 2 根、3T-1.5 m 4 根);导线无损卡线器 2 套、通用卡线器(4T 2 套、3T 4 套、1.5T 2 套);放线滑轮

80 个,带防护 S 钩 100 个;弹性张力安装仪 2 台、弹性吊索张力测试仪 1 台、力矩扳手 30 把(含相应的套筒)、切刀 10 把、激光测量仪 3 台、大型照明灯具 4 组等。

(6)材料组织

JTMH-120 承力索线盘 2 盘(备线 1 盘)、CTMH-150 接触线盘 2 盘(备线 1 盘)、弹性吊索线夹 40 套、JTMH-35 弹性吊索 40 根、定位线夹 35 套、铜铝复合衬垫 35 套、C120A 型承力索电连接线夹 10 套、E95 型接触线电连接线夹 10 套、CT120A 螺栓式承力索电连接线夹 16 套、JB95 螺栓式接触线电连接线夹 8 套、载流吊弦 100 根等。

(7)后勤保障

由后勤部门牵头,对食堂就餐、住宿、饮水、车辆交通等进行统筹安排、控制,保证施工顺序进行。

4. 严把列车放行关

营业线施工完成,经营业线施工、设备管理单位检查确认达到放行列车条件后,由施工负责人(驻站、驻调度部门联络员)、设备单位检查人(或设备单位指定人员)办理开通登记(施工销记),车站值班员(或列车调度员)签认后,按规定开通线路。线路开通后,营业线施工单位、设备管理单位应当加强设备监测监控和维护,确保设备质量安全稳定。

5. 逐级提速,尽快恢复正常速度

具体执行本章第一节第一部分(七)内容的规定。

二、维修作业组织[3]

1. 高速铁路维修作业按照统筹安排、综合利用的原则实施综合维修生产一体化作业组织。原则上按车站和区间上、下行分别划分基本作业单元。接触网检修作业按供电臂划分停电单元。站内维修作业可根据需要划分不同作业区域。

高速铁路接触网设备上线检查、检测、维修工作应在天窗时间内进行,天窗时间外不得进入桥面、隧道和路基地段栅栏范围内以及车站站台安全线股道一侧。

2. 普速铁路维修作业应探索一体化作业组织,实施维修作业集中化、专业化,综合利用天窗。涉及上下行渡线时由铁路局集团公司施工办安排。同一区间或站内当日安排有施工天窗时,维修作业应在施工天窗内等时长套用,不再单独安排维修天窗。普速铁路车站到发线及编组站、区段站的维修天窗可根据车站性质、线路功能等特点,按运输影响分级管理,根据需要划分不同作业区域或作业单元,维修天窗时长和时段可适当调整。车站不办理接发列车(含到达场、出发场不办理接发列车一端)的行车设备,在确保安全的前提下,维修作业由车站负责安排。

普速铁路天窗点外作业项目(时速 160 km 以上列车间隔除外):接触网步行巡视、静态测量、测温等设备检查作业;接触网打冰,处理鸟窝、异物;在道床坡脚以外栅栏以内的标志安装及整修、基础整修、接地装置整修、支柱(拉线)基坑开挖、危树修枝等不影响设备正常运行的作业。点外作业必须制定天窗点外维修作业计划,并由设备管理单位车间或段一级批准。作业前应在车站“行车设备检查登记簿”内登记,车站值班员签认,应按规定设置驻站联络员、现场防护员,联系中断时必须停止作业。

三、施工安全管理[4]

1. 施工单位应建立健全施工安全保证体系,按规定设置安全生产管理机构,配备安全生产管理人员,履行施工安全管理和日常检查的职责;负责对全体施工人员进行施工安全教育,建立完善的施工安全责任制;严格执行营业线施工的各项规章制度,科学制定施工方案,对Ⅰ、Ⅱ级施工还应制定施工方案示意图、施工作业流程计划图、安全关键卡控表,并严格按审定的方案、范围和批准的封锁慢行计划组织施工。

2. 施工中应严格执行技术标准、作业标准、工艺流程和卡控措施,严禁无计划、超范围、无命令作业,确保施工质量;施工完成后达到放行列车条件并经设备管理单位确认后,方可申请开通线路。

3. 参加营业线施工的劳务派遣工和业务外包用工应由具有带班资格的正式职工(即带班人员)带领,不准上述劳务人员单独上道作业。劳务派遣工由劳务派遣单位进行必要的安全生产教育和培训,用工单位进行岗位安全操作规程和施工安全培训;业务外包用工由业务承包单位负责施工安全培训,设备管理单位可提供师资支持,并对培训情况进行监管。上述劳务人员应先培训,培训合格后方可上岗。对技术复杂、可能危及行车安全的接触网作业项目,严禁分包、转包。劳务派遣工和业务外包用工不准担任营业线施工的施工安全防护员和带班人员等工作,不准单独使用各类作业车辆。接触网立杆(预应力钢筋混凝土支柱)如图 9-16 所示。

图 9-16 接触网立杆(预应力钢筋混凝土支柱)

4. 加强汛期施工安全工作。营业线施工应认真执行铁路防洪工作管理相关规定,落实防洪措施。施工中应保持营业线排水系统的畅通,对可能影响营业线路基、桥涵、隧道等设施设备稳定的任何作业,应有足够可靠的安全防护措施,制定汛期防洪专项预案,有效应对突发事件。建设单位应及时组织设计、施工、监理及设备管理等单位和部门,对施工地段联合进行汛前防洪检查,发现问题由设计、施工单位及时处理。凡可能影响安全度汛的施工地段,施工单位应认真接受防洪部门的防洪检查和指导,按要求认真落实责任,并制定防洪预案。

5. 加强施工作业安全防护。施工作业前必须按规定设置驻站(驻调度所)联络员、现场防护员,驻站(驻调度所)联络员和现场防护员施工维修期间不得临时调换。现场防护员应根据施工作业现场地形条件、列车运行特点、施工人员和机具布置等情况确定站位和移动路径,并做好自身防护。作业过程中,驻站(驻调度所)联络员与现场防护员必须保持通信畅通并定时联系，确认通信良好。一旦联控通信中断，施工（维修）负责人应立即命令所有作业人员下道。

6. 对大型施工机械作业应严格执行来车前停止作业，“一人一机”防护、设置揽风绳等防止大型机械、车辆侵限倾覆的有关规定，如图 9-17 所示。

图 9-17　大型施工机械作业“一人一机”防护

第三节　新线建设提前介入概述

一、新线建设提前介入简介

提前介入的目的是通过提前介入建设项目的设计、建设、验收等各阶段的工作，充分运用设计、建设和运行相关规范，结合运营单位的运营经验，避免设计缺陷，监督施工单位按照工艺及流程装配、施工，提前发现问题、解决问题，避免出现返工，提高设备质量，为开通后的运营工作打下坚实的基础。

二、新线建设提前介入筹备工作

1. 介入时间：从新线的可行性研究审查开始，至该新线接管运营为止。

2. 阶段划分：设计阶段、建设阶段、验收阶段。

3. 机构设置：铁路局集团公司、供电段均应成立提前介入管理机构，落实提前介入各阶段的具体工作。

4. 人员培训：选拔人员集中培训。主要培训内容涉及项目建设标准、设计文件、施工图、细部设计及技术工艺标准等。

三、新线建设提前介入设计阶段工作重点

设计阶段可细分为（预）可行性研究、（初步）设计和施工图设计三个审查节点。设计阶段以建设部门牵头，各专业参与的方式开展审核工作。接触网专业主要围绕供电方案、主要设备选型、机构（人员）设置、接口工程、外部环境等方面，提出完善优化建议和意见。重

点审查如下事项是否符合设计和运行相关的国家标准、行业标准、国铁集团技术标准及技术条件等文件要求。

1. 供电方案:供电方式、供电单元划分、所址及分相位置选择、接触网悬挂类型和技术参数、越区供电方案、接地回流系统及细部设计等。

2. 主要设备选型:线索、隔离开关、锚段关节、分段分相、补偿、悬挂类型及支撑装置等。

3. 机构(人员)设置:机构(人员)设置、生产生活设施、备品备件和非安装设备可参考《高速铁路接触网运行维修规则》《普速铁路接触网运行维修规则》附件 1-3 或根据实际需求提报。

4. 接口工程:与工务、建筑等专业相关的站前接口工程,与电力、变电和电务等专业相关站后接口工程及其分界等。

5. 外部环境:风口、隧道、Ⅲ级及以上污秽等级特殊区段设计方案,防雷、风、鸟害、危树、塑料轻飘物、上跨建筑物、上跨电力线等外部环境防控和治理方案。

第四节　新线建设施工阶段提前介入

工程建设阶段提前介入的主要任务是参加站前接口工程施工、供电工程施工、工程调整(试)阶段等介入工作,监督施工单位按设计及工艺施工。同时,做好与既有营业线相关的施工安全监督检查工作。

一、站前接口工程施工阶段工作重点

1. 监督供电接口工程设计方案(含综合接地、预埋管线、电缆沟槽、化学锚栓、隧道洞室等)的实施。

2. 对接触网支柱基础、拉线基础、预埋槽道及管线、电缆沟槽、化学锚栓、接地回流系统等隐蔽工程质量进行监督、检查,做好一处一档,并留存影像资料[5,6]。

二、供电工程施工阶段工作重点[5,7]

1. 参加接触网专业物资技术规格审查,审核接触网关键设备(含零部件)抽样送检相关资料(含供应商资质、证书、产品合格证、检验报告等),参与设备及材料进场质量检验。

2. 每个施工单位布点应有提前介入人员,重点盯控零部件及设备安装是否符合设计、安装说明和工艺要求。

3. 对新建线路沿线外部环境进行排查,重点是危树清理、上跨电线路迁改、电力杆塔距线路距离及迁改防护、侵限建筑物(含废弃电力线路)拆除等是否完成。

4. 建立问题库和问题库对接机制,实行动态管理。

三、工程调整(试)阶段工作重点

继续盯控接触网设备调整是否符合设计、安装说明和工艺要求,重点盯控问题处理,尤

其是 A 类问题的处理。

四、工程施工阶段发现典型问题

站前施工问题，如工务专业的 CPⅢ标桩影响坠砣升降，如图 9-18 所示；接触网施工质量问题，如吊弦载流环低于导线面，如图 9-19 所示；材料质量问题，如腕臂棒式绝缘子在铁帽处开裂，如图 9-20 所示。

图 9-18　CP Ⅲ标桩影响坠砣升降

图 9-19　吊弦载流环低于导线面

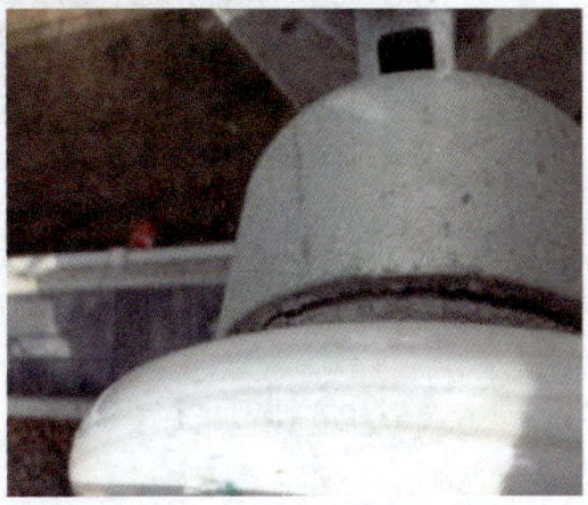

图 9-20　腕臂棒式绝缘子开裂

第五节　新线建设验收阶段提前介入

一、静态验收

静态验收的前提条件是接触网主体工程架设完成，工务线路精调到位，接触网前期发现的 A 类问题已全部处理完毕。

静态验收分内业检查和外业检查两部分。内业检查是对内业资料的完整性、全面性进行检查，并对有关内业资料进行重点抽查。外业检查包括观感质量检查、主要功能和实体质量抽查[8]。一般通过地面巡视检查、静态检测与上网检查三种方式相结合的形式开展外业检查，还应利用接触网检测车或带受电弓的接触网作业车开展冷滑试验，对弓网参数进行动态检查。

地面巡视检查主要是全线目测检查，重点对设备外观、外部环境等进行检查，发现问题进行测量或测试、拍照、录像等。

静态检测主要是对接触网几何参数，接触悬挂、附加导线、上网引线等电气安全距离，补偿装置 a、b 值，绝缘子、供电电缆绝缘情况，接地与回流装置，线索弛度等进行测试和测量。

上网检查主要利用接触网作业车、三平台作业车、梯车对接触网零部件及单项设备的安装状态、紧固力矩、防松措施进行抽查，如图 9-21、图 9-22 所示。

铁路局集团公司根据静态验收情况，编制静态验收报告报国铁集团，由国铁集团组织专家对静态验收报告进行评审。

图 9-21 利用梯车上网检查

图 9-22 利用检修列上网检查

二、动态验收

静态验收合格，影响联调联试的问题已整改完毕，满足动态验收条件后，组织开展动态验收。动态验收一般包含联调联试、动态检测和运行试验三部分，均需供电段人员添乘及配合。在此期间，各项施工比照铁路营业线施工管理有关规定进行管理，供电段应做好施工监管与配合。

联调联试是以新建铁路达到设计速度为目标，在工程静态验收合格后，通过动态检测对各系统及相关系统间接口、匹配关系进行综合测试；供电专业主要对牵引供电、接触网、远动等系统的性能或功能进行评价和验证，为全线各业务系统和整体系统的调试、优化提供技术支持，使各系统和整体系统的功能及性能达到标准要求。

动态检测是通过采用检测列车、综合检测列车、测试动车组和相关检测设备，对接触网几何参数、接触线平顺性、弓网受流性能、接触网性能进行检测，对动车组自动过分相性能、供变电系统测试、接触网短路试验、SCADA 系统功能进行测试，为动态验收提供技术依据。

运行试验主要通过列车运行图参数测试、故障模拟、应急救援演练和按图行车试验，检验供电系统在正常与非正常条件下运输组织的适应性，检验设备故障和自然灾害条件下的应急处理能力。故障模拟一般涉及的项目有：临时登乘动车组处理接触网故障；接触网挂有异物需组织动车组降弓通过；SCADA 系统故障，需各工种配合；动车组停于分相无电区，需向无电区远动送电、组织退行闯分相；接触网故障，动车组惰行通过整条供电臂等。

三、初步验收

初步验收是指建设项目动态验收合格后，由初步验收单位（通常为国铁集团）组织对静态验收和动态验收结果进行检查和确认。

四、安全评估

初步验收合格后，运营前，由铁路安全监察部门组织或委托有资质的第三方机构进行安全评估。主要从安全管理、规章制度、主要设备管理、设备检修、安全措施、职工素质等方面进行检查，确认是否具备开通安全运营的条件，提出开通运营的安全评估意见。

复习思考题

1. 作业任务过程中，对作业区防护通信有何规定？联控通信中断，应当如何处理？
2. 冰雪天气接触网结冰、受电弓取流不畅时，供电部门应当采取哪些措施？
3. 作业任务完成后，工作领导人应当完成哪些具体程序？
4. 高速铁路接触网故障抢修的基本原则是什么？
5. 新线建设提前介入的目的和意义是什么？
6. 新线建设提前介入培训工作的主要内容是什么？
7. 设计、建设、验收阶段提前介入工作的主要内容有哪些？
8. 静态验收、动态验收的前提条件是什么？
9. 动态验收过程中的动态检测内容是什么？

引用规章文件

[1]《国铁集团铁路营业线施工管理办法》(铁调〔2021〕160 号)附件 9
[2]《国铁集团铁路营业线施工管理办法》(铁调〔2021〕160 号)第七章第四十二、四十四条
[3]《国铁集团铁路营业线施工管理办法》(铁调〔2021〕160 号)第十二章第六十九、七十、七十二～七十七条
[4]《国铁集团铁路营业线施工管理办法》(铁调〔2021〕160 号)第十七章第一百零七条，第十八章第一百一十六～一百一十八、一百二十条
[5]《普速铁路接触网运行维修规则》(铁总运〔2017〕9 号)、《高速铁路接触网运行维修规则》(铁总运〔2015〕362 号)第三章第十七条
[6]《高速铁路电力牵引供电工程施工质量验收标准》(TB 10758—2018)第 3.1.4 条
[7]《普速铁路接触网运行维修规则》(铁总运〔2017〕9 号)、《高速铁路接触网运行维修规则》(铁总运〔2015〕362 号)第三章第十六条
[8]《高速铁路工程静态验收技术规范》(TB 10760—2021)3.0.2、3.0.6、9.2.1

第十章

接触网事故案例

学习任务

接触网设备具有结构复杂、技术要求高和运行条件恶劣等特点，决定了接触网设备是铁路行车设备的安全薄弱环节之一。高处作业、高电压和在运行线路上作业等特点使得接触网维修作业人员的人身安全工作压力较大。强化遵章守纪意识，严格按规章制度作业，既是确保设备安全运行的需要，也是保证作业人身安全的需要。

本章介绍了由于作业人员、施工作业、设备和外部因素造成的典型接触网事故案例。

通过学习，了解接触网事故类型和发生原因，加深对规章的理解和认识，增强遵章守纪意识，提高风险防范的能力。

第一节　人身安全事故

一、感应电击伤

案例一

1. 事故概况

某日，××供电工区在××车站V形天窗作业完毕后，地线操作人未返回，接地线监护人××进行拆除地线作业。因接地线挂钩卡在接触线电连接线夹上无法拆除，接地线监护人××在上网进行处理时，被感应电击伤，抢救无效死亡。构成铁路交通一般B1类事故。事故现场如图10-1所示，作业示意如图10-2所示。

2. 原因分析

工区当日在车站停电作业结束后，拆除了20号支柱T线及F线、76号支柱F线设置的3组接地线。剩余的1组接触网股道电连接接地线因地线挂钩卡在电连接上无法拆除，地线监护人在未设置任何安全措施的情况下，在地线操作人未到达时，自己作为监护人违规拆除地线，在地线挂钩卡在电连接线夹上无法拆除时，盲目攀登76号支柱上网摘除地线，被感应电击伤死亡。

图 10-1 事故现场

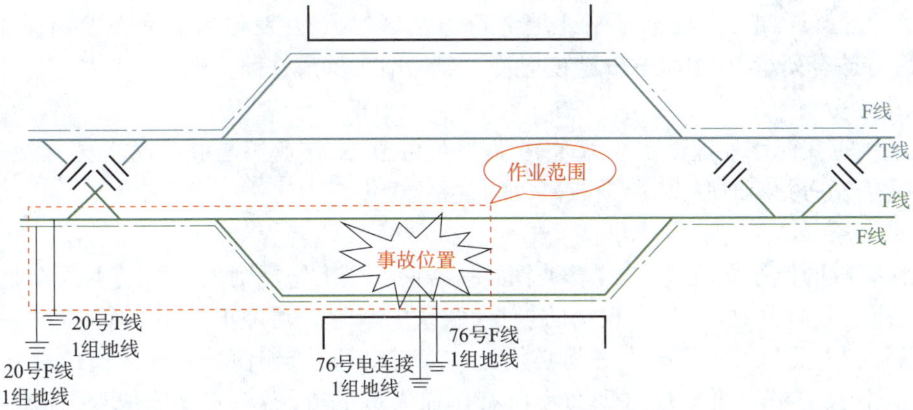

图 10-2 事故现场作业示意

3. 规章导读

此次事故的作业人员违反了《普速铁路接触网安全工作规则》中的“装设或拆除接地线时,操作人要借助于绝缘杆进行,未装设接地线时,禁止攀登平台、车顶和支柱”[1]和“验电和装设、拆除接地线必须由两人进行,一人操作,一人监护”[2]的规定要求。

案例二

1. 事故概况

某日,××干线××工区进行接触网检修作业,接触网工××在车站内软横跨下行侧Ⅰ道定位立柱处进行软横跨直吊线检修过程中,左手臂侵入上行侧接触网带电设备空气绝缘间隙,被电弧灼伤。诊断为双上肢、颈背部烧伤(浅Ⅱ度烧伤),全身烧伤面积为28%,构成轻伤事故。

2. 原因分析

人员触电的直接原因是作业人员思想麻痹，身体没有距带电设备保持1 m及以上安全距离，作业过程中左手臂瞬间触及有电设备最小空气绝缘间隙，被电弧烧伤。作业监护人在作业过程中，未及时提醒作业人员保持与带电部分的安全距离，监护不到位。

3. 规章导读

此次事故的作业人员违反了《普速铁路接触网安全工作规则》中的“停电作业时，作业人员（包括所持的机具、材料、零部件等）与周围带电设备的距离不得小于下列规定：25 kV为1 000 mm”[3]。作业人员在作业前，工作领导人（监护人员）应向作业人员指明停、带电设备的范围，加强监护，并提醒作业人员保持与带电部分的安全距离。

二、车辆伤害事故

案例

1. 事故概况

某日，××供电段工区作业人员处理接触网支柱倾斜故障中，作业人员乘坐接触网作业车到达车站，其中4名接触网工下车，携带照明灯具和检修工具前往故障现场。途中4人违章沿上行道心行走，当行至车站北端上行道岔区时，1人发现后方来车及时跳下，其他3人被后方旅客列车以110 km/h速度碰撞，当场死亡，构成铁路交通较大事故。

2. 原因分析

接触网工在前往处理设备故障途中，盲目行走道心，作业组与驻站联络员、现场防护员未保持通信畅通并定时联系，是造成事故的重要原因。

3. 规章导读

此次事故的作业人员违反了《普速铁路接触网安全工作规则》的规定，上线作业时必须按规定登记，设置驻站联络员、现场防护员，联系中断时必须停止作业。作业过程中，联络员、现场防护人员与工作领导人之间必须保持通信畅通并定时联系，确认通信良好。一旦联控通信中断，工作领导人应立即命令所有作业人员下道，撤至安全地带[4]。不同作业组分别作业时，不准共用现场防护人员。在未设好防护前不得开始作业，在人员、机具未撤至安全地点前不准撤除防护。作业人员在线路上行走应按照步行巡视的相关要求，一般情况下应面向来车方向。必须上道查看设备时，两人必须一人防护，一人上道检查。

第二节 施工作业事故

一、卸载支柱倾倒侵限

案例

1. 事故概况

某日，××供电维管段在进行供电线悬挂倒接过程中（在栅栏网外设备纠缺整治），卸载后的旧供电线支柱突发断裂，倾倒在上行线栅栏网边，现场人员向通过列车发出停车手信号，随后工区立即对倾倒支柱进行了清理，影响列车运行 132 min。构成铁路交通一般 D9 事故。

2. 原因分析

经现场调查，倾倒的 G19 支柱型号为 12 m 锥形支柱，支柱埋深 2.8 m，露出地面高度 9.2 m，距离上行线栅栏网 6.6 m，距离上行线线路中心 12.4 m。G19 支柱原始裂纹如图 10-3 所示，G19 支柱倾倒后如图 10-4 所示。

图 10-3　G19 支柱原始裂纹

图 10-4　G19 支柱倾倒

支柱倾斜断裂的原因为 G19 号供电线支柱存在严重裂纹现象，悬挂倒接完毕卸载后受力情况发生变化造成支柱倾斜，在自身重力作用下发生断裂。

3. 规章导读

《普速铁路接触网运行维修规则》规定，支柱翼缘不得有横向、斜向和纵向裂纹；支柱翼缘与横腹板结合处裂纹及横腹板裂纹宽度不超过 0.3 mm 时，要及时修补，大于 0.3 mm 时应更换；环形等径预应力混凝土支柱表面应光洁平整；合缝处不得漏浆，不应有混凝土剥落、露筋等缺陷；支柱弯曲度不大于 2‰，杆顶封堵良好；支柱应具有防止安装设备扭转及滑动措施[5]。

二、电力机车进入无电区

案例

1. 事故概况

某日，一电力牵引货车运行至××站 4 道终到停车时，司机汇报 4 道接触网无电，影响本列。构成铁路交通一般 D10 事故。

2. 原因分析

司机汇报接触网无电后，供电抢修人员检查发现该站 4 道、5 道无电，合上该站 18 号隔离开关，给 4 道、5 道送电。经初步分析，该站正进行新建铁路货场工程，因 H2 道、H3 道、H4 道与公路平交道口接触网限界门未能安装完毕，涉及人员伤害和设备损伤的严重隐患，不满足供电送电要求。供电段在车站登记接触网带电范围时，漏写 4 道、5 道接触网暂未送电信息，导致列车进入无电区停车。

3. 规章导读

《普速铁路接触网运行维修规则》规定，接触网设备投入运行前，供电段要做好运行准备工作,配齐并培训运行维修人员,组织学习有关规章制度,熟悉即将接管的设备;配合有关部门共同做好电气化铁路安全知识的宣传教育工作[6]。供电段技术主管部门、车间、工区相关人员应定期对技术资料进行检查,并不断修订完善,确保技术资料完整准确。

三、作业机具遗留线路侵限

案例

1. 事故概况

某日,某繁忙干线,某施工单位进行接触网改造施工,作业完毕后施工单位遗留一个防护灯在线路旁,被运行中的列车撞上。该事故构成铁路交通一般 C13 类事故。

2. 原因分析

作业组工作领导人在组织作业时,点毕销令时未确认清楚人员及机具已撤离至铁路建筑限界以外后,盲目销令。

3. 规章导读

《国铁集团铁路营业线施工管理办法》规定,施工单位要严格执行铁路安全生产各项规章制度。对于施工前超范围准备、施工中挖断光电缆、爆破损坏行车设备、作业车辆溜逸、轨道车辆违章行驶、施工后线路未达到放行列车条件违章放行列车、开通后整修线路不及时、机械和料具侵限、使用封联线和违章使用手摇把等危及行车安全的问题,要制定管理制度,坚决杜绝此类问题发生。施工料具要集中管理,必要时派人看守[7]。

《普速铁路接触网安全工作规则》规定,工作票中规定的作业任务完成后,由工作领导人确认具备送电、行车条件,清点全部作业人员、机具、材料撤至安全地带,拆除接地线,宣布作业结束,通知要令人请求消除停电作业命令。接地线拆除后,人员、机具必须与接触网设备保持规定的安全距离。作业车辆驶出封锁区间(站场进入指定位置后)或人员及机具撤离至铁路建筑限界以外后,方可申请取消行车封锁[8]。

四、隔离开关调试后未恢复

案例

1. 事故概况

某日,某城际客运专线,供电段工区天窗点内进行隔离开关远动调试,调试完毕后未恢复成闭合状态,导致动检车进入无电区停车,工区人员现场闭合隔离开关后恢复供电,接触网停电 44 min,影响客车 7 列。该事故构成铁路交通一般 D10 事故。

2. 原因分析

作业组作业完毕后未将调试的隔离开关恢复状态进行确认清楚。

3. 规章导读

《国铁集团铁路营业线施工管理办法》规定,设备管理部门和单位应根据工程规模和专业性质,委培熟悉业务的人员对施工涉及行车安全的各方面实行全程监督检查。对封锁施工应根据施工质量,最终确认满足线路放行列车条件后,方可开通线路[9]。

第三节 接触网设备故障

一、零部件松脱烧断

案例

1. 事故概况

某日，某高速铁路发生跳闸，重合闸不成功。检查发现站场 I 道下行，55 号吊柱定位器在定位线夹处脱落侵限，与下腕臂底座横梁瞬间绝缘距离不足放电，电弧烧伤定位器销钉端头、下腕臂底座横梁，构成弓网故障。

2. 原因分析

故障发生后，从现场情况、材料规格、安装图纸、6C 监控、巡视检修各方面开展深入排查。此处为动车组高速区段，弓网抬升量大，定位器、定位线夹长期处于高频振动状态。对比新定位器销钉和故障定位器销钉端头断裂痕迹，判断该处定位销钉在弓网振动下弹出定位线夹与高速铁路列车受电弓剐蹭击伤。现场检查发现故障定位器定位钩处有明显磨损痕迹，判断定位器长期不受力，反作用定位线夹后，加剧了定位线夹与定位销钉凹槽处磨损。新旧定位器定位钩对比如图 10-5 所示。

图 10-5 新旧定位器定位钩对比

3. 规章导读

《高速铁路接触网运行维修规则》规定，定位器应处于受拉状态（拉力≥80 N）。定位线夹安装正确[10]。

带 U 形插销的定位线夹因 U 形插销安装不密贴或定位器销钉在定位线夹中安装不到位造成运行中的定位线夹脱落引发接触网故障问题多次发生，应引起注意。

二、绝缘子闪络

案例

1. 事故概况

某日，某城际高速铁路天窗修作业结束，两个供电单元送电时均发生阻抗Ⅰ段动作跳闸，经查分别为两处支柱斜腕臂绝缘子击穿造成接触网跳闸，停电 141 min，影响 10 趟动车组晚点。

2. 原因分析

当日故障地区附近为阵雨天气，凌晨雨停后，现场为浓雾天气。上道检查接触网设备，发现两处斜腕臂绝缘子有明显放电痕迹，综合判断为斜腕臂绝缘子送电时大雾天气引起雾闪跳闸。现场发现的斜腕臂绝缘子放电痕迹如图 10-6 所示。

图 10-6　现场斜腕臂绝缘子放电痕迹

3. 规章导读

《高速铁路接触网运行维修规则》规定，供电段每年应对接触网线路周围 2 km 以内的所有污染源进行调查，确定污秽等级，明确绝缘部件监测监控及清扫维护要求。特殊处所应缩短周期，适时安排清扫[11]。

三、技术参数超限

案例

1. 事故概况

某日，某高铁台通知高速动车组终到巡检时发现 7 车受电弓弓角被击打，通过受电弓视频回放发现该车曾运行至某支柱处受定位器击打。

2. 原因分析

天窗点上道检查发现 202 号线岔 136 号接触网支柱特型定位器本体存在击打痕迹，定位管上有撞击相磨痕迹。经查看车载视频，列车通过时，定位管与定位器之间疑似有接触。分析判断为带辅助悬挂无交叉线岔施工质量不达标，导致 136 号支柱特型定位器安装不规范,尾部与工支接触线高度不足,动车组受电弓抬升作用下,受电弓弓角击打特型定位器根部。故障定位器如图 10-7 所示。

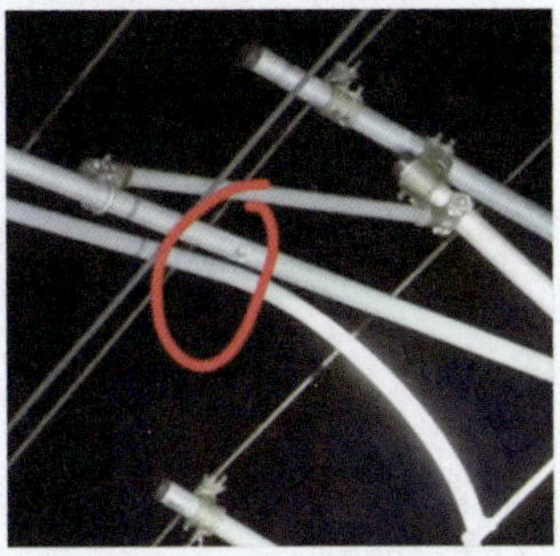

图 10-7　故障定位器

3. 规章导读

《高速铁路接触网运行维修规则》规定,受电弓动态包络线是指运行中的受电弓在最大抬升及摆动时可能达到的最大轮廓线。接触网任何设备不得侵入动态包络线范围内。受电弓动态包络线应符合下列规定:受电弓动态抬升量 150 mm(线岔始触区为 200 mm),横向摆动量直线区段为 250 mm,曲线区段为 350 mm[12]。

四、电气距离不足

案例

1. 事故概况

某日,某高速铁路上行六跨关节式电分相,通过的某动车组进入分相第一断口处相间短路,变电所 214、212 馈线先后跳闸,重合失败,中性区接触线断线并打坏两架运行受电弓,动车组在区间制动后停车。抢修耗时 314 min,影响客车 21 列。

2. 原因分析

该分相处特型定位器 U 形销安装不密贴,长期振动下局部磨损失效,导致特型定位器本体搭接在该定位处中性区锚段接触线上,短接北侧分相断口,分相中性锚段接触悬挂带电。当通过的动车组受电弓由南进入分相第一个断口时,同时接触中性段和南侧锚段接触线发生相间短路,短路跳闸和重合闸大电流烧熔中性锚段接触线。抢修过程中,现场单位和机构多、协同难度大且作业面小,抢修料具不足,人员分工不细,又数次临时调整抢修方案,延误了抢修时间。

3. 规章导读

《高速铁路接触网故障抢修规则》规定,高速铁路接触网故障抢修要遵循"先行供电""先通后复"和"先通一线"的基本原则,以最快的速度满足滞留列车供电条件,尽快疏通线路并尽早恢复设备正常的技术状态。为保证快速抢通,在确保安全的前提下,允许接触网降低技术条件临时恢复供电开通运行[13]。

已判明故障性质及故障最小停电单元,短时内无法彻底恢复,但经确认或处理,满足机车车辆限界及惰行条件的,可采用最小故障停电单元停电,列车降弓惰行通过故障点的方式组织行车;对影响较小,恢复用时不长的故障,应组织一次性恢复到接触网正常技术状态。故障破坏严重,影响范围大,难以短时恢复到接触网正常技术状态的,宜采用分次恢复方式,即对故障临时处理后,开通线路,申请列车以限速、降弓惰行等方式通过故障地点,另行申请时间组织彻底恢复[14]。

五、断　线

案例

1. 事故概况

某日,××区间接触网102号~106号柱间的中心锚结两跨距内承力索2处断线、接触线中心锚结辅助绳断线并落地,被通过的列车碰上,接触网短路跳闸。

2. 原因分析

102号~106号支柱间接触网承力索损伤,额定承载能力下降,在补偿装置拉力和通过列车机械振动的作用下,承力索被拉断,并悬于半空中,被通过的行包货运列车碰上,造成接触网短路跳闸。

3. 规章导读

《普速铁路接触网运行维修规则》规定,承力索损伤后不能满足该线通过的最大电流时,若系局部损伤,可以加电气补强线,若系普遍损伤则应更换;承力索损伤后不能满足规定的机械强度安全系数时,若系局部损伤,可以加补强线或切除损坏部分重新接续,若系普遍损伤则应更换[15]。

六、其　他

案例一　隔离开关误动作

1. 事故概况

某日,××区间下行线G1号分相救援电动负荷开关因误动合闸,导致变电所断路器跳闸,重合失败。经接触网人员现场处理后,恢复接触网供电。

2. 原因分析

当日供电段对上下行分相救援供电开关试验。试验中,下行线G1号分相电动负荷开关进行最后一次合闸操作失败后,忽略了该开关本身存在记忆功能,没有采取有效的防范措施,仍然按照正常试验后的要求,将开关恢复至正常状态,就通知现场人员撤离,造成G1号远动控制的电动负荷开关自动合闸,引发相间短路跳闸。

3. 规章导读

《普速铁路接触网运行维修规则》规定,常动隔离开关运行10年达到寿命周期且评估后不能满足质量要求,或运行状态不能满足要求的设备、零部件应进行更换;在车站一端宜设电分段锚段关节,装设隔离开关,纳入远动控制并视频监控;隔离开关操作机构应完好无损并加锁。操作时平稳正确无卡阻和冲击,联锁、限位器作用良好可靠;操作机构箱应密封良好,箱体及托架等无锈蚀并可靠接地;电动隔离开关操作机构的分合闸电机、接触器等部件状态良好,接线紧固,限位开关位置正确,操作灵活可靠[16]。

案例二 标识牌侵限

1. 事故概况

某日，××上行线左侧一根高 4 m 的“禁止双弓”标牌倾倒侵入限界，通过的货车司机发现前方线路左侧标牌倾倒在线路上，立即采取紧急停车措施，停车过程中机车左侧扫石器与倾倒的标牌发生刮碰。撞损的“禁止双弓”标志如图 10-8 和图 10-9 所示。

图 10-8 上部固定点脱钩位置

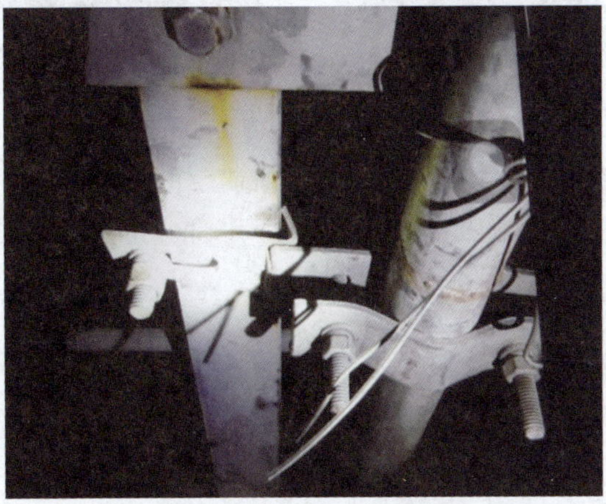

图 10-9 下部固定点扭曲变形

2. 原因分析

“禁止双弓”标牌安装不牢固，在距离桥面 0.9 m 处的上部固定点钩状固定金具扁钢开口处脱钩，在不良天气下被大风吹倒侵入限界，与通过列车发生刮碰。

3. 规章导读

《铁路技术管理规程》《普速铁路接触网运行维修规则》等规定，各种标识和揭示牌应完整无损、安装牢固、字迹清晰、便于瞭望，不得侵入限界，与行车有关的标识一般应设于列车运行方向的左侧[17]。

案例三　作业车侵限

1. 事故概况

某日，××车间的接触网高空作业车进行接触网检修作业时，由库内5道发车，运行至到发线13号～17号道岔间，由于接触网作业车高空作业斗副臂侵限，对接触线放电造成跳闸。

2. 原因分析

作业人员对高空作业斗进行演练未将副臂完全收缩回位，高空作业车出库前，司机未认真检查确认高空作业斗的回位状态。接触网作业车高空作业斗收回状态如图10-10所示。接触网作业车高空作业斗未收回状态如图10-11所示。

图10-10　接触网作业车高空作业斗收回状态

图10-11　接触网作业车高空作业斗未收回状态

3. 规章导读

《普速铁路接触网安全工作规则》规定，作业前工作领导人应向作业人员指明停、带电设备的范围，加强监护，并提醒作业人员保持与带电部分的安全距离。任何情况下作业人员及所持的机具和材料不得侵入邻线建筑限界[18]。

案例四　补偿绳脱出

1. 事故概况

某日，某高铁线路，接触线下锚补偿绳抽脱，半锚段接触线失去张力，×动车组运行至问题区段发生弓网故障。

2. 原因分析

通过3C监测视频和4C检测图像分析，该处接触线补偿装置棘轮安装偏斜，下锚补偿绳未完全入槽，部分补偿绳缠绕在棘轮齿边外侧。在温度变化棘轮转动情况下，大轮补偿绳从槽道内脱出卡在小轮上，接触线补偿失效，受电弓弓角从中心锚结辅助绳上方钻入，引发弓网故障。

3. 规章导读

《高速铁路接触网运行维修规则》规定，补偿绳不得有散股、断股、接头现象，且不得扭绞，与其他部件、线索相摩擦。棘轮补偿装置安装正确，棘轮本体无裂纹、变形，转动灵活无卡滞。棘轮大小轮转动灵活，轮槽上下偏斜不得大于5 mm[19]。

案例五　隧道吊柱化学锚栓松脱

1. 事故概况

某日，某客运专线，××动车组回库检查发现受电弓存在击打痕迹。通过及时对供电2C装置检测数据进行分析，发现某处隧道内接触网吊柱倾斜侵限。

2. 原因分析

检查确认固定接触网吊柱底座的4颗化学锚栓中的2颗，因施工工艺不到位(锚栓螺杆表面清洁、孔内壁清扫不彻底)，锚固剂混合不均匀(胶体黏合物软化、未完全凝固)且注胶量不足(螺杆埋入部分拔出后超过1/2表面无胶附着)，发生松脱滑出。该处隧道吊柱化学锚栓松脱如图10-12所示。

图10-12　吊柱化学锚栓松脱

3. 规章导读

《铁路电力牵引供电设计规范》(TB 10009—2016)规定，隧道内供电设备安装基础设计中，应严格控制后置锚栓使用范围，具备条件的，应采用安全、可靠、耐受动荷载、防火、经济、便于调整和接地的预埋结构。

《高速铁路电力牵引供电工程施工质量验收标准》(TB 10758—2018)规定，桥梁及隧道区段的化学锚栓锚固抗拔力不应小于设计工作荷载。检验数量：施工单位全部检验。

第四节　外部原因事故

一、路外单位营业线施工

案例

1. 事故概况

某日，××线供电跳闸重合失败，区段某处上跨铁路渡槽垮塌，砸断接触网设备和贯通线电力设备，接触网线索严重受损300 m，定位及支撑装置受损8套，贯通电杆折断2根，构成铁路交通事故一般类C14事故。事故区段水槽坍塌情况如图10-13所示。

图 10-13 水槽坍塌

2. 原因分析

某处上跨铁路渡槽因地方拆除工程公司私自拆除造成垮塌。

3. 规章导读

《中华人民共和国安全生产法》《铁路运输安全保护条例》《建设工程安全生产管理条例》《铁路技术管理规程》《国铁集团铁路营业线施工管理办法》规定，铁路营业线施工必须把确保安全放在首位，坚持“安全第一、预防为主、综合治理”的方针，要坚持运输、施工兼顾的原则，加强施工计划管理，加强施工组织和施工期间的运输组织，按计划、有组织地进行各项施工，积极推广使用技术先进的施工机具和施工方法，提高施工作业效率和质量。

二、隧道岩层脱落

案例

1. 事故概况

某日，× × 区间上行隧道内承力索、接触线断线，事故延时 234 min，影响客车 2 列、货车 12 列。该事故构成铁路交通一般 C14 事故。故障现场和隧道内现场临时恢复如图 10-14 所示。

图 10-14 故障现场和隧道内现场临时恢复

2. 原因分析

故障地点位于一处长 267 m 的单线隧道内，隧道内接触网采用弓形腕臂结构，结构高度 500 mm，经检查隧道内孔岩层脱落短接接触网悬挂。

3. 规章导读

《普速铁路接触网运行维修规则》规定，接触网运行维护应根据环境、气候特点，针对风、洪雨、雷、冰、污闪、锈蚀、异物和危树等影响供电安全的外部环境因素，建立有效机制，减少对接触网设备运行安全的影响[20]。

三、上跨线掉落

案例

1. 事故概况

某日，某支线接触网跳闸，重合不成功，铁路公安部门现场调查反馈，事发现场发现地方电力线路施工作业，电力跨越线掉落到接触网上。构成铁路交通一般 D9 类事故。

2. 原因分析

某地方电力公司承接的农村电网(400 V)改造工程施工作业，其间施工人员擅自对同杆架设的 10 kV 电力线路进行作业时导线固定不牢靠掉落在接触网上，造成接触网跳闸停电，影响正常行车。

3. 规章导读

《电气化铁路有关人员电气安全规则》规定，电力线路、光电缆、管道等跨越电气化铁路施工时，须在接触网停电并做好安全防护措施后进行[21]。

四、彩钢板挂网

案例

1. 事故概况

某日，某繁忙干线上、下行供电臂接触网跳闸，自动重合不成功。检查发现线路上多处接触网挂有彩钢瓦，上行有一根接触网电杆被砸断。经抢修临时恢复，供电停时 230 min，影响客车 7 列、货车 17 列。该事故构成铁路交通一般 C14 事故。

2. 原因分析

当日突发狂风暴雨天气，大风将线路外侧距离路堑坡顶外侧 5 m 处四层楼房顶彩钢瓦吹上接触网。路外彩钢瓦吹入线路挂上接触网照片如图 10-15 所示。

图 10-15 路外彩钢瓦吹入线路挂上接触网

3. 规章导读

《普速铁路接触网运行维修规则》规定，接触网运行维护应根据环境、气候特点，针对风、洪(雨)、雷、冰、污(雾)闪、锈蚀、鸟害、异物、危树等影响供电安全的外部环境因素，建立有效机制，减少对接触网设备运行安全的影响。应当利用接触网安全巡检装置(2C)、车载接触网运行状态检测装置(3C)、接触网悬挂状态检测监测装置(4C)等加强对接触网进行外观检查[22]。

五、接触网结冰取流不畅

案例

1. 事故概况

某日，某高速铁路线路，由于连续出现降雪、冻雨天气，供电设备出现不同程度的覆冰等突发情况。多列动车组报告取流不畅，严重影响运输秩序。

2. 原因分析

受冰雪、冻雨天气影响，接触网支撑、悬挂装置均容易覆冰，导致受电弓贴合不密，造成动车组取流不畅，无法正常运行。动车组运行中产生风力和线索舞动，接触网上的冰块容易掉落在动车组车顶上，造成部分动车组受电弓风管受损和绝缘击穿。

3. 规章导读

《铁路技术管理规程(高速铁路部分)》规定，供电部门应掌握接触网导线结冰情况，需要列车限速时，应立即登记“行车设备检查登记簿”，向列车调度员提出限速申请。需要接触网除冰时，供电部门提出除冰申请，列车调度员应及时安排接触网除冰车辆上线运行。遇接触网导线覆冰时，可取消天窗停电作业，并在天窗时间内开行动车组、单机，进行热滑融冰[23]。

复习思考题

1. 作业任务过程中，对作业区防护通信有何规定？联控通信中断时，应当如何处理？
2. 受电弓动态包络线是什么？在《普速铁路接触网运行维修规则》和《高速铁路接触网运行维修规则》中有哪些规定？
3. 冰雪天气接触网结冰，受电弓取流不畅时，供电部门应当采取哪些措施？
4. 作业任务完成后，工作领导人应当完成哪些具体程序？
5. 事故抢修采取一次性恢复和临时性恢复的原则是什么？

引用规章文件

[1]《普速铁路接触网安全工作规则》(铁总运〔2017〕25 号)第六章第八十一条

[2]《普速铁路接触网安全工作规则》(铁总运〔2017〕25 号)第六章第八十二条
[3]《普速铁路接触网安全工作规则》(铁总运〔2017〕25 号)第六章第六十四条
[4]《普速铁路接触网安全工作规则》(铁总运〔2017〕25 号)第九章第一百一十三条
[5]《普速铁路接触网运行维修规则》(铁总运〔2017〕9 号)第七章第一百三十六条
[6]《普速铁路接触网运行维修规则》(铁总运〔2017〕9 号)第三章第十八条
[7]《国铁集团铁路营业线施工管理办法》(铁调〔2021〕160 号)第十八章第一百一十六条
[8]《普速铁路接触网安全工作规则》(铁总运〔2017〕25 号)第六章第八十五条
[9]《国铁集团铁路营业线施工管理办法》(铁调〔2021〕160 号)第十八章第一百一十条
[10]《高速铁路接触网运行维修规则》(铁总运〔2015〕362 号)第七章第一百一十九条
[11]《高速铁路接触网运行维修规则》(铁总运〔2015〕362 号)第五章第八十四条
[12]《高速铁路接触网运行维修规则》(铁总运〔2015〕362 号)第七章第九十七条
[13]《高速铁路接触网故障抢修规则》(铁总运〔2014〕53 号)第一章第二条
[14]《高速铁路接触网故障抢修规则》(铁总运〔2014〕53 号)第五章第四十一条
[15]《普速铁路接触网运行维修规则》(铁总运〔2017〕9 号)第七章第一百零八条
[16]《普速铁路接触网运行维修规则》(铁总运〔2017〕9 号)第七章第一百四十四条
[17]《普速铁路接触网运行维修规则》(铁总运〔2017〕9 号)第七章第一百六十一条
[18]《普速铁路接触网安全工作规则》(铁总运〔2017〕25 号)第六章第六十九条
[19]《高速铁路接触网运行维修规则》(铁总运〔2015〕362 号)第七章第一百一十四条
[20]《普速铁路接触网运行维修规则》(铁总运〔2017〕9 号)第三章第二十六条
[21]《电气化铁路有关人员电气安全规则》(铁运〔2013〕60 号)第二章第十八条
[22]《普速铁路接触网运行维修规则》(铁总运〔2017〕9 号)第四章第七十六条
[23]《铁路技术管理规程(高速铁路部分)》(铁总科技〔2014〕172 号、〔2017〕221 号)第十七章第三百四十九条

第十一章

职工队伍建设

学习任务

铁路接触网运用维修工作专业性强，职业技能要求高。国家职业标准明确了接触网工队伍结构、岗位准入制度、业务培训等内容，培养高素质的职工队伍是接触网安全运行的重要保证。

本章对铁路接触网工入职基本条件、维修人员理论和技能要求、岗位晋升要求、岗位设置要求进行了介绍。

通过学习，了解铁路接触网运用维修工种队伍结构、岗位设置和应具备的主要职业技能，明确铁路接触网维修人员学习提高的方向和职业发展规划。

第一节 队伍结构

按国家职业标准，接触网工分为初级工、中级工、高级工、技师、高级技师五个等级[1]。接触网工是指安装、调试、检修、保养铁路电气化牵引供电接触网设备的人员。

一、职业技能[2]

1. 初级工能正确使用安全防护用具和常用工具，使用常用仪表、仪器，开挖基坑，推扶梯车，登杆作业和标画杆号、参数牌，识别接触网平面图、安装图，识别接触网常用零部件，在地面组装腕臂，清扫绝缘子，制作吊弦，正确理解作业防护。

2. 中级工能进行整正支柱、回填基坑、装配简单支柱、制作各种线索接头和回头，调整接触悬挂及补偿装置、分段、分相，操作、检调隔离开关、避雷器及接地线装置及维护附加悬挂，完成各种测量及巡视及施工记录、检修记录，要、销接触网作业命令，完成驻站防护、现场行车防护，监护验电接地、倒闸作业及远离作业，担当停电、远离作业领导人。接触网中级工检修分段绝缘器如图 11-1 所示。

3. 高级工能进行基坑定位测量，混凝土基础浇制及养护，装配复杂支柱，测量计算中心柱、转换柱、道岔定位柱和双线路腕臂柱的参数并选用零部件，更换、调整分段及分相，预配、安装、更换隔离开关、避雷器，根据监测、检修结果分析接触网运行状态，制定设备缺陷整改措施，制定列车起复时接触网拆除、恢复配合方案，组织施工（检修）及验交，签发接触网停电、间接带电、远离作业工作票。

图 11-1　检修分段绝缘器

4. 技师能进行交桩测量及线路中线和标高复测，进行桥涵、沙坑等复杂地段基础施工处理，测量软横跨参数并用水准仪和经纬仪测量、计算软横跨分段长度，绘制软横跨预制草图并组织安装，根据平面设计图、施工记录、设计变更通知书、竣工文件等资料绘制接触网竣工平面图（草图）、撰写技术总结，查找分析各种故障原因并提出解决措施。接触网软横跨安装施工如图 11-2 所示。

图 11-2　接触网软横跨安装施工

5. 高级技师能编制接触网大型施工组织方案，并计算材料用量，安排人员和配备施工机械,组织接触网各部工程施工,根据发现的缺陷提出处理方案,组织接触网工程验交;组织开展技术攻关活动;指导编制和审定接触网施工、检修工艺;对技师以下接触网工进行安全技术培训。

二、技能等级晋升序列及年限要求[1]

按照《接触网工》(国家职业标准),接触网工职业技能分为五个等级,即初级工、中级工(国家职业资格四级)、高级工(国家职业资格三级)、技师(国家职业资格二级)、高级技师(国家职业资格一级)。接触网工技能等级晋升序列及年限要求如图 11-3 所示。

职业资格晋升序列及年限

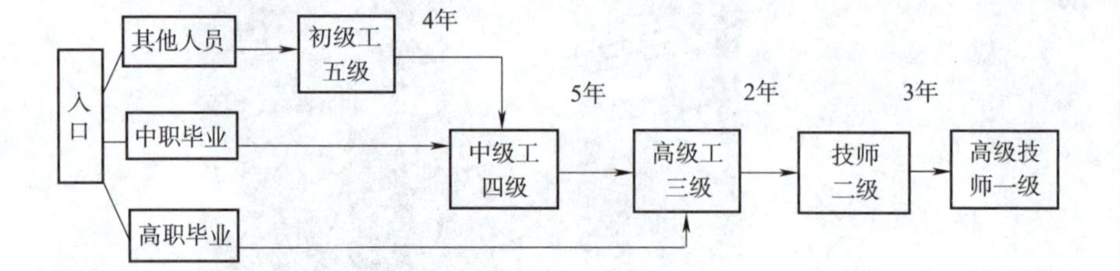

培训阶段		新职人员阶段	初级工阶段	中级工阶段	高级工阶段	技师阶段	高级技师阶段
类别 \ 对象		所有新职人员	初级工	中级工	高级工	技师	高级技师
资格性培训	培训时间	定职、上岗前 150 学时	晋级前 150 学时	晋级前 150 学时	晋级前 150 学时	晋级前 150 学时	
资格性培训	培训层次	国铁集团、局集团公司定点培训机构					
资格性培训	培训形式	脱产					
资格性培训	考核要求	见《接触网》(国家职业标准)分表					
适应性培训	培训周期		每两年 60 学时,"四新"知识根据需要确定				
适应性培训	培训层次		以基层单位为主,重要培训项目由部、局统一组织				
适应性培训	培训形式		脱产、半脱产、师带徒、非脱产自学				
适应性培训	考核要求		见《接触网》(国家职业标准)分表				

图 11-3　接触网工技能等级晋升序列及年限要求

第二节　岗位准入

接触网工岗位实行准入制度,新职作业人员须达到岗位准入要求、并经过培训考核合格后持证上岗。本节依据《高速铁路主要行车工种岗位准入管理办法》,重点介绍了接触网运用维修岗位准入有关要求。

一、基本要求[1]

接触网工须具备高中及以上学历,铁道供电或相关专业毕业,接触网工初级工职业资格，一般从事接触网施工、检修工作不少于 1 年，或从事电力、变配电检修、接触网作业车驾驶工作不少于 1 年，或经电气工程及自动化专业毕业并在接触网工区见习不少于 1 年，具有良好的身体素质和职业道德。

二、技能要求[2]

1. 掌握接触网相关基础知识。

2. 掌握铁路现场作业安全防护办法。

3. 能按标准和工艺要求对接触网进行检查、检修、测试、调试。

4. 能正确填写、使用相关检修记录、台账，能够依据记录、台账对接触网相关数据和信息进行统计、分析和评价。

5. 能使用接触网常用工器具、仪表、仪器。

三、职业生涯发展

1. 新职工入职后一般先安排到工区接触网检修岗位进行锻炼，生产锻炼期铁路供电运用维修车间一般指定具有较高业务水平和丰富实践经验的专业技术人员或高技能人才签订师徒合同进行业务指导。

2. 经过见习实践和生产岗位锻炼，根据经营发展需要和自身特点，向操作技能、专业技术或者管理岗位方向发展。

第三节 业务培训

一、培训类型[2]

接触网运用维修人员业务培训主要包括新职、转岗和晋升等岗前资格性培训以及铁路局集团公司、基层站段组织的适应性培训和日常培训。

(1)岗前资格性培训主要是针对接触网工在任职前组织开展的业务培训。经过培训考试合格后，取得本职业相应等级的“职业资格证书”“安全合格证书”“铁路岗位培训合格证”后方可获得上岗资格。其中高速铁路接触网工岗前资格性培训须由国铁集团组织。

(2)岗位适应性培训是指在岗人员适应岗位生产要求和安全生产需要而进行的各种培训，包括劳动安全、防洪、春运、暑运、防寒过冬、驻站联络员、调图、新知识、高技能人才等。

(3)日常性培训由车间(班组)组织，根据“干啥学啥，缺啥补啥”的原则，采用多种培训方式开展的基本知识、基本技能等日常各类培训。

(4)管理和专业技术人员培训，主要包括岗位初任培训、岗位能力提升培训等。

接触网实作考核如图 11-4 所示。

图 11-4　接触网实作考核

二、技能竞赛

为了激发、调动接触网工学技术、比技能的积极性，培养和发现高技能人才，通过技能竞赛选拔优秀技术能手，营造学技练功、岗位成才的良好氛围，大力弘扬劳模精神、劳动精神、工匠精神，车间、基层站段、铁路局集团公司和国铁集团定期举办技能竞赛。

1. 竞赛方式

技能竞赛一般以实际操作竞赛为主，附加理论知识竞赛。实际操作竞赛采取现场或模拟操作方式，理论知识竞赛采取闭卷笔试方式。

2. 竞赛内容

（1）理论知识。本工种“国家职业标准”和“铁路职业技能培训规范”的内容，《铁路技术管理规程》、接触网设备故障处置规定、上级部门技术规章和标准等内容。

（2）实际操作。一般分为单人和团体项目。团体技能竞赛项目更换腕臂如图 11-5 所示。

图 11-5　团体技能竞赛更换腕臂

3. 技能竞赛表彰奖励

技能竞赛优胜者授予荣誉称号或者获得其他奖励，如国铁集团或国家级技能竞赛获奖选手按照相关规定授予“全路技术能手”“全国技术能手”等荣誉称号，并可直接晋升到高一级技能等级。

复习思考题

1. 接触网工按技能等级分为哪几类？
2. 接触网工培训类型有哪几种？
3. 接触网工职业生涯发展的方向有哪些？
4. 接触网工岗位为什么实行准入制度？
5. 如何才能在技能竞赛中脱颖而出？

引用规章文件

[1]《接触网工》(国家职业标准)

[2]《铁路特有工种技能培训规范　接触网工》(铁总劳卫〔2016〕156 号)

附　　录

附录 1　接触网图形符号

根据 TB/T 10059—2015《铁路工程图形符号标准》，在接触网平面布置图中，将铁路线路及设备、接触网布置等用规定的图例符号来表示，其内容见表 1。

1. 适用于一般的站场及区间接触网平面。

2. 接触网制图采用的线型、线宽基本线宽为 b，一般采用 0.5 mm、0.7 mm 或者 1.0 mm。平面图中粗线线宽 1.0b，中线线宽 0.5b，细线线宽 0.35b。

3. 平面图中所注尺寸均以 mm 计，适用于比例尺 1∶1 000 及 1∶2 000。

4. 规定符号见表 1。

表 1　接触网图形符号

序号	图形符号	名　称	说　明
1	 (粗)	接触网正线	
2	 (细)	加强线	
3	 (细)	供电线	
4	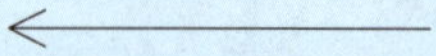	承力索硬锚	
5		接触线补偿下锚	
6	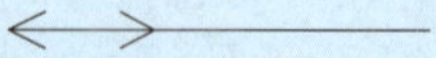	承力索补偿下锚	
7		链型悬挂硬锚	
8	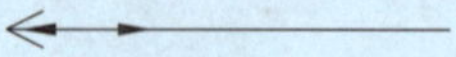	半补偿链型悬挂下锚	
9		全补偿链型悬挂下锚	
10	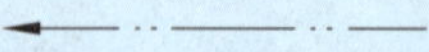	加强线下锚	
11		回流线下锚	
12		AT 供电线下锚	

续上表

序号	图形符号	名 称	说 明
13		保护线下锚	
14		架空地线下锚	
15		接触线硬锚供电线及分区亭引出线下锚	
16		拉出值	拉出值300 mm,书写位置即为拉出方向
17	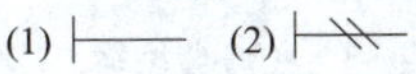	拉线基础	(1)单拉线基础 (2)双拉线基础
18	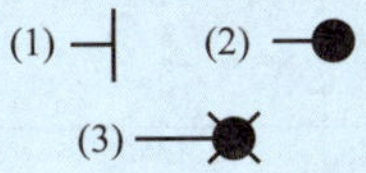	区间腕臂钢筋混凝土柱	(1)设计 (2)既有 (3)拆除
19	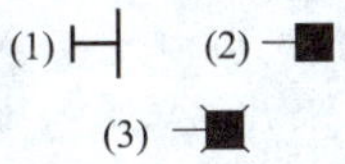	区间腕臂钢柱	(1)设计 (2)既有 (3)拆除
20		站场腕臂钢筋混凝土柱	圆直径 $d=2.5(1/2\ 000)$ 圆直径 $d=4.0(1/1\ 000)$
21		站场腕臂钢柱	
22		定位钢筋混凝土柱	
23		双线腕臂钢柱	用于高速铁路平面图
24	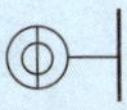	下锚钢柱	
25	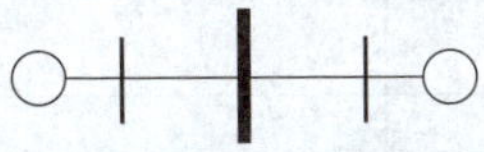	钢筋混凝土柱软横跨	
26	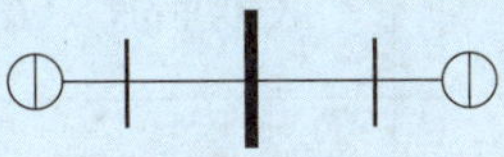	钢柱软横跨	
27	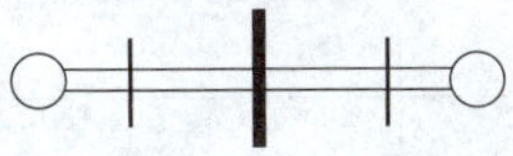	钢筋混凝土柱硬横跨	
28	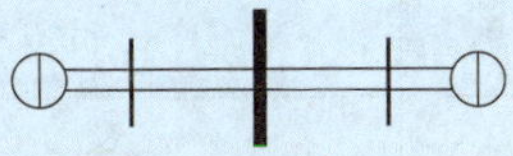	钢柱硬横跨	
29		隧道内接触网悬挂点	
30		隧道内接触网悬挂定位点	

续上表

序号	图形符号	名　称	说　明
31	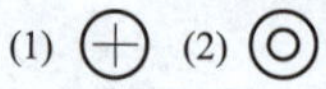	车站雨棚内接触网悬吊	(1)腕臂柱与雨棚柱合架 (2)雨棚内采用吊柱
32	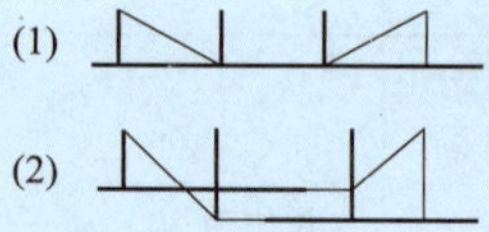	三跨关节	(1)非绝缘 (2)绝缘
33	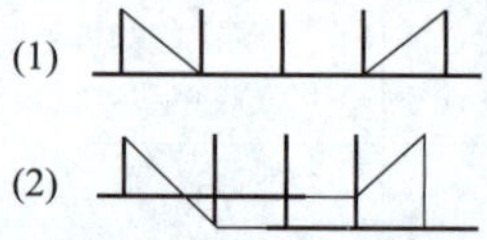	四跨关节	(1)非绝缘 (2)绝缘
34	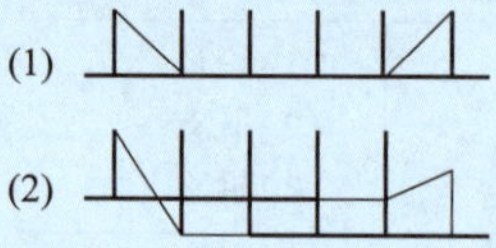	五跨关节	(1)非绝缘 (2)绝缘
35	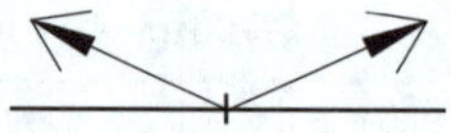	全补偿链型悬挂中心锚结	
36	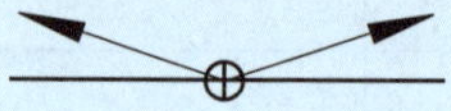	防串中心锚结	
37	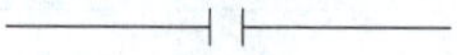	分段绝缘子串	
38		分段绝缘器	
39		分相绝缘器	
40		绝缘锚段关节	用于供电分段示意图
41		两段口关节式电分相	
42	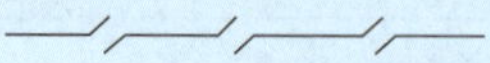	三断口关节式电分相	
43		氧化锌避雷器	
44		股道间电连接	

续上表

序号	图形符号	名　　称	说　　明
45	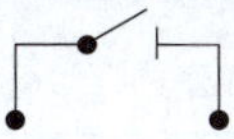	手动常开隔离开关	
46	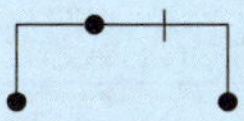	手动常闭隔离开关	
47	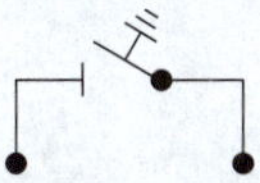	带接地刀闸隔离开关(打开状态)	
48	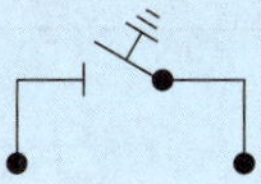	带接地刀闸隔离开关(闭合状态)	
49	(1) 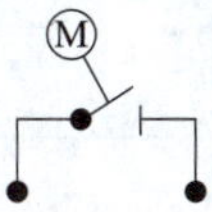 (2) 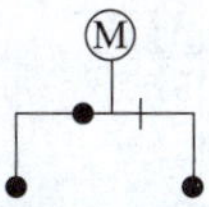	单极电动开关	(1)常开型 (2)常闭型
50	(1) 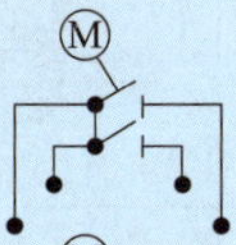 (2) 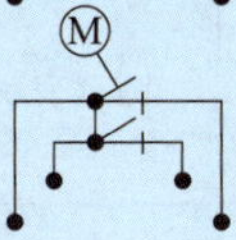	双极电动开关	
51	(1) 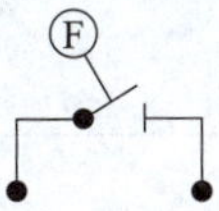 (2) 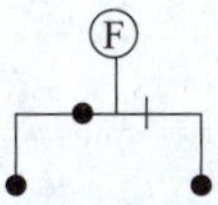	单极负荷开关	
52	(1) 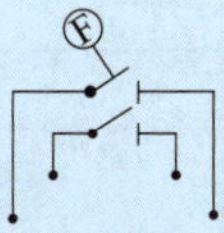 (2) 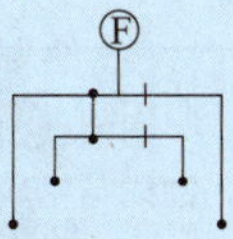	双极负荷开关	

续上表

序号	图形符号	名　　称	说　　明
53	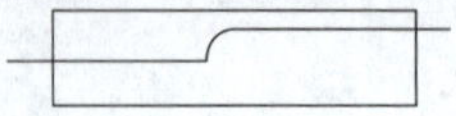	区间隧道	
54	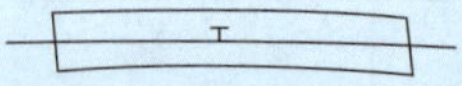	站场内隧道	
55	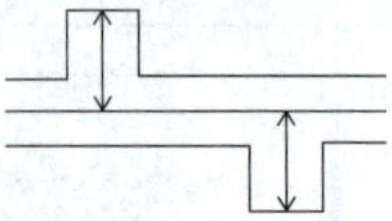	单线隧道内非绝缘关节	
56	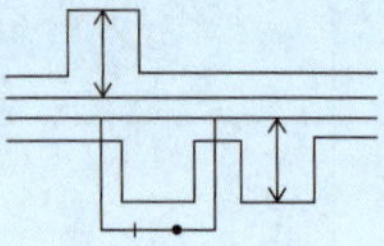	单线隧道内绝缘关节	
57	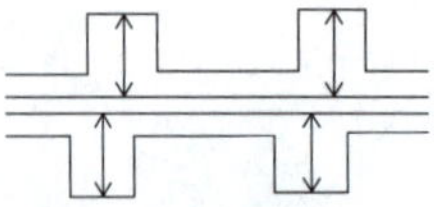	双线隧道内非绝缘关节	
58	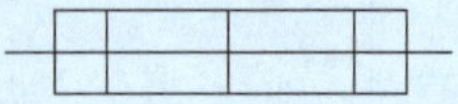	上承桥	
59	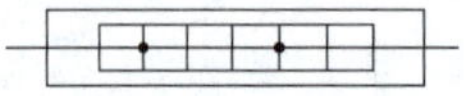	下承桥	圆点表示接触网悬挂点
60	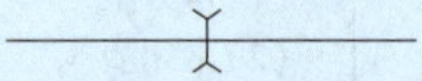	小桥、涵	
61	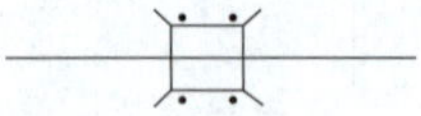	有限界门的平交道	
62	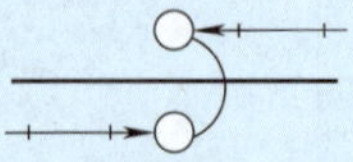	回流线跨越接触网	
63	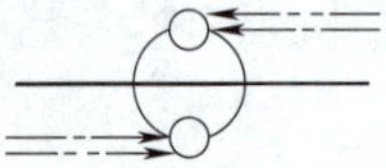	AT 供电线保护线跨越接触网	
64		吸上线位置	回流线、保护线、自耦变压器中性线与钢轨连接处

续上表

序号	图形符号	名 称	说 明
65		吸流变压器	
66	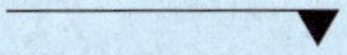	接触网起测点	
67		预留锯齿孔	
68		桥电缆孔	
69		手孔	
70		牵引供电电缆	
71		接触网电缆过轨	
72		接扼流圈中性点	
73	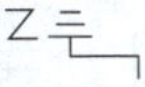	基础综合地线端子	
74		接触网工区	用于供电分段示意图
75		接触网工区附领工区	用于供电分段示意图
76		接触网普通接地	
77		供电分束标志	

附录2　接触网常用标准及技术规章目录

接触网常用标准及技术规章见表2。

表2　接触网常用标准及技术规章

序号	名　称	标准编号或文件号
	一、国家标准	
1	轨道交通　地面装置　电力牵引架空接触网	GB/T 32578—2016
2	轨道交通　客运列车断电过分相系统相互匹配准则	GB/T 36981—2018
	二、行业标准	
1	铁路电气牵引供电设计规范	TB 10009—2016
2	高速铁路设计规范	TB 10621—2014
3	铁路电力牵引供电工程施工质量验收标准	TB 10421—2018
4	高速铁路电力牵引供电工程施工质量验收标准	TB 10758—2018
5	高速铁路工程静态验收技术规范	TB 10760—2021
6	高速铁路牵引供电系统雷电防护技术导则	TB/T 3551—2019
7	25 kV 电气化铁路接触网用分相绝缘器	TB/T 3037—2002
8	电气化铁路高压交流隔离开关和接地开关	TB/T 3150—2007
9	电气化铁路接触网硬横跨　第1部分:格构式硬横跨	TB/T 2920. 1—2008
10	电气化铁路接触网硬横跨　第2部分:钢管硬横跨	TB/T 2920. 2—2008
11	电气化铁路接触网隧道内预埋槽道	TB/T 3329—2013
12	电气化铁路接触网用分段绝缘器	TB/T 3036—2016
13	电气化铁路用铜及铜合金绞线	TB/T 3111—2017
14	电气化铁路用铜及铜合金接触线	TB/T 2809—2017
15	车载控制自动过分相技术条件	TB/T 3197—2018
16	电气化铁路接触网用绝缘子　第1部分:棒型瓷绝缘子	TB/T 3199. 1—2018
17	电气化铁路接触网用绝缘子　第2部分:棒型复合绝缘子	TB/T 3199. 2—2018
18	电气化铁路接触网零部件	TB/T 2075. 1—2020 ~ TB/T 2075. 13—2020
19	电气化铁路接触网零部件技术条件	TB/T 2073—2020
20	电气化铁路接触网零部件试验方法	TB/T 2074—2020
	三、国铁集团技术标准及规章管理制度	
1	铁路技术管理规程(高速铁路部分)	铁总科技〔2014〕172号
2	铁路技术管理规程(普速铁路部分)	铁总科技〔2014〕172号
3	关于《铁路技术管理规程》第一次修订内容的通知	铁总科技〔2017〕221号
4	高速铁路简统化接触网装备暂行技术条件	TJ/GD 026—2018
5	接触网电动隔离开关及控制装置暂行技术条件	TJ/GD 023—2018

续上表

序号	名　　称	标准编号或文件号
6	电气化铁路接触网用棒形复合绝缘子暂行技术条件	TJ/GD 032—2019
7	电气化铁路25 kV无间隙金属氧化物避雷器暂行技术条件	TJ/GD 033—2019
8	电气化铁路接触网整体吊弦检验暂行技术条件	TJ/GD 034—2020
9	电气化铁路接触网故障抢修规则	铁运〔2009〕39号
10	电气化铁路接触网器材管理办法	铁运〔2010〕12号
11	国铁集团铁路营业线施工管理办法	铁调〔2021〕160号
12	电气化铁路有关人员电气安全规则	铁运〔2013〕60号
13	高速铁路接触网故障抢修规则	铁运〔2014〕53号
14	高速铁路接触网安全工作规则	铁总运〔2014〕221号
15	关于修订《高速铁路接触网安全工作规则、普速铁路接触网安全工作规则》部分内容的通知	铁工电〔2020〕49号
16	高速铁路接触网运行维修规则	铁总运〔2015〕362号
17	高速铁路接触网精测精修实施办法	铁总运〔2015〕363号
18	磁感应器自动过分相装置运营管理办法	铁总运〔2015〕285号
19	供电故障应急处置基本流程	运供电函〔2016〕208号
20	供电故障应急处置基本流程补充内容	工电函〔2017〕33号
21	普速铁路接触网运行维修规则	铁总运〔2017〕9号
22	普速铁路接触网安全工作规则	铁总运〔2017〕25号
23	普速铁路供电调度规则	铁总工电〔2017〕284号
24	高速铁路供电调度规则	铁总运〔2017〕12号
25	电气化铁路接触网定位管吊线优化技术方案	工电供电函〔2019〕24号
26	普速铁路接触网大修规则	铁工电〔2019〕71号
27	电气化铁路接触网隔离开关设计安装技术要求	工电供电函〔2020〕83号

参考文献

[1] 于万聚．高速电气化铁路接触网[M]．成都：西南交通大学出版社，2005.

[2] 汪松滋．电气化铁道接触网事故与安全运行[M]．北京：中国铁道出版社，1993.

[3] 铁路职工岗位培训教材编审委员会．接触网工[M]．北京：中国铁道出版社，2010.

[4] 韩晓峰，余颢．高速铁路接触网[M]．成都：西南交通大学出版社，2020.

[5] 吉鹏霄，张桂林，等．电气化铁路接触网[M]. 2 版．北京：化学工业出版社，2011.

[6] 张道俊．接触网运营检修与管理[M]．北京：中国铁道出版社，2016.

[7] 佟立本．铁道概论[M]．北京：中国铁道出版社，2010.

[8] 章来胜．接触网主导电分流回路的危害及对策[J]．上海铁道科技，2017(4)：76-77.

[9] 陈琦，闫英武，赵大坪，等．接触网承力索的最大断股数及维修措施的探讨[J]．高速铁路技术，2014，5(5)：10-13，34.

[10] 李军杰．高速铁路电连接线断裂原因分析及预防措施[J]．铁路采购与物流，2020，15(3)：40-42.

[11] 宋奇吼，陈劲草．接触网维护与检修[M]．北京：中国铁道出版社，2014.

[12] 刘国庆．接触网作业车[M]．北京：中国铁道出版社，2012.

[13] 靳旭东，张之明，牛会民．高速铁路接触网作业车司机专业知识导读[M]．北京：中国铁道出版社有限公司，2021.

[14] 金鹰重型工程机械有限公司．JW-4G 型接触网检修作业车用户手册[Z]．襄阳：金鹰重型工程机械有限公司，2016.

[15] 宝鸡中车时代工程机械有限公司．DPT 型接触网检修作业车用户手册[Z]．宝鸡：宝鸡中车时代工程机械有限公司，2019.

[16] 宝鸡中车时代工程机械有限公司．JJC 型接触网检修作业车列用户手册[Z]．宝鸡：宝鸡中车时代工程机械有限公司，2016.

[17] 北京二七轨道交通装备有限责任公司．BR711 型接触网多功能综合作业车用户手册[Z]．北京：北京二七轨道交通装备有限责任公司，2015.